통찰의 도구들

일잘러의 6가지 통찰 습관

통찰의 도구들

일잘러의 6가지 통찰 습관

박병태 지음

리더북스

변화에서 가장 힘든 것은

새로운 것을 생각해 내는 것이 아니라

이전에 가지고 있던 틀에서

벗어나는 것이다.

- 케인즈(John Maynard Keynes)

추천의 글

지구상에 존재하는 정보량을 바이트 단위로 환산하면 전 세계에 존재하는 모래알 수의 1,200배 정도가 된다고 한다. 지난 2년 동안 쏟아진 것만 그 이전 인류 문명 2000년 동안 나온 것의 10배라고 추산한다. 가히 정보 폭증의 시대다. 이 방대한 정보의 바다에서 아무런 방향타 없이 나에게 필요한 정보를 찾아내는 건 불가능에 가깝다. 그러니 다양한 분야의 변화를 큰 흐름으로 읽어내고 자기 삶과 연결하는 인사이트는 더 이상 선택의 문제가 아니다. 본질을 파악하고 하나로 꿰뚫는 것의 중요성을 말하는 공자의 일이관지(一以貫之)처럼, 방대한 데이터에서 답을 찾는 능력은 이러한 통찰에서 나온다.

미래학자 앨빈 토플러는 1970년에 출간한 그의 저서《미래의 충격》에서, '미래의 문맹은 읽지 못하는 사람이 아니라 배우는 법을 못 배운 사람'이 될 거라고 했다. 매일 새로운 지식과 정보가 쏟아지는 시대가 도래할 것이니 필요할 때 자기 분야의 새로운 지식과 트렌드를 학습할 수 있어야 하고, 그래서 학교에서 배운 것으로 평생 먹고사는 것은 이제 불가능하다는 뜻이다.

토플러의 예언은 현실이 되었다. 지난 2018년 미국의 대학에서 수강한 학생 중 실제 대학생은 4분의 1밖에 되지 않았다. 나머지는 일반인이 자신의 분야에서 등장한 새로운 지식을 습득하기 위해 대학에서 관련 과목을 선택 수강한 경우였다. 시대의 변화를 따라가기 위한 교육과 훈련의 필요는 새로운 교육의 흐름인 전환교육(Transformative education)이라는 신조어를 만들어냈다. 이러한 추세는 글로벌 트렌드가 될 가능성이 높고, 그래서 미래의 대학이 평생교육기관의 성격을 함께 갖게 될 거라는 예측은 설득력이 있다.

미국의 노스이스턴대학이 2018년에 미국과 캐나다의 기업을 대상으로 조사한 '고용주 조사(Employer Survey)'에 따르면, 기업이 특정한 하나의 분야에 전문성을 가진 지원자에 대해 보이는 관심이 예전보다 확연히 적다. '기본적인 소양과 충분한 호기심이 있다면 전문성은 필요할 때 습득할 수 있다'는 관점의 전환으로 해석할 수 있다. 새로운 지식이 쏟아지고 기술 트렌드가 시시각각 바뀌는 시대에 특정 전문성으로 오래 버티지 못하기 때문으로 볼 수도 있다. 기존 조직이 없어지고 새로운 부서가 빈번하게 만들어지는 시대에, 특정 부서에서만 역할을 할 수 있는 사람을 채용하려는 기업이 점점 줄고 있다는 뜻이기도 하다. 게다가 관련 없어 보이던 영역들이 서로에게 영향을 미치는 일은 비일비재하다. 전체를 조망하는 인사이트는 이러한 변화에 대응하는 강력한 도구가 된다.

이 책에서 저자가 다양한 사례와 논증을 통해서 설득력 있게 보여주는 주요 메시지는 통찰의 능력이 교육과 훈련을 통해 얻을 수 있다는 것이다. 구체적으로 저자가 제시하는 여섯 가지의 습관은, 그가 의료 분야에서 터득한 경험과 직관의 토대 위에서 다양한 사례를 통해 빛을 발한다.

자신의 분야와 세상의 빠른 변화를 체감하는 모든 이들에게 박병태 박사의 책이 방향타 역할을 하기를 기대한다.

- 박형주(아주대 수학과 석좌교수, 아주대 16대 총장)

참모습은 속을 보아야 보인다. 이게 통찰이고 인사이트다.

저자는 우리나라 의료계에서 선도적 역할을 하는 서울성모병원에서 행정, 경영, 교육 등을 이끌어 오며 다양한 실전경험을 가지고 있다. 또한 끊임없이 학문적 노력도 계속하고 있다. 이러한 '이론과 실제'를 바탕으로 통찰의 의미와 접근방법을 흥미롭게 제시하고 있다.

통찰은 호기심으로 시작하여 관심, 관찰, 공감을 통해 접근할 수 있다는 데 동의한다. 지적인 눈과 마음의 눈이 연결되어야 번쩍이며 창조의 불빛이 솟아나는 것이다. 복잡한 세상을 연구하고 강의하는 나에게도 정신이 번쩍 드는 매력적인 책이다.

- 윤은기(한국협업진흥협회 회장, 전 중앙공무원교육원장)

박병태 교수는 급변하는 환경에 담담하면서도 냉철한 6가지 통찰의 습관을 제시하고 있다. 4차산업혁명의 정보화 시대를 살아갈 우리는 이 책을 통하여 통찰에 이르는 방법론을 터득하고 혁신의 무기를 장착하게 될 것이다.

- **구정완**(가톨릭대학교 보건의료경영대학원장)

차별화된 고객경험 관리는 기업 운영의 기본이 되었다. 박병태 박사는 성모병원 개원 프로젝트를 현장에서 진두지휘한 경험과 겨자씨키움센터를 만든 통찰을 통해 고객 경험의 새로운 실천방법을 제시해 주고 있다.

- **장익환**(LG전자 부사장)

이 책은 박병태 박사의 깊이 있고 폭넓은 식견이 그대로 담겨있는 글들이다. 인생에서 만났던 수많은 결정의 순간들과 삶의 의미를 되돌아보고자 할 때 '본질에 충실하자'라는 생각으로 노력했는데 이 책은 이를 위한 명쾌하고 구체적인 해답과 방법을 주는 지혜서이다.

- **최승혜**(가톨릭대학교 은평성모병원장)

복잡하고 불투명할수록 현상 뒤에 숨어 있는 본질을 찾아야 한다. 이를 위해서는 새로운 눈과 관찰과 연결이 필요하다. 반복적인 도전을 통한 경험의 축적이 필요하다. 저자는 이 책에서 이 모든 것을 6가지 습관 모델로 풀어내고 있다. 많은 분들이 이 책을 읽고 좋은 인사이터가 될 수 있기를 기대해 본다.

- 김기찬(가톨릭대학교 경영학부 교수)

박병태 교수는 통찰을 보고, 행하고, 자기 것으로 만드는 과정을 쉽게 그리고 가슴에 와 닿게 하는 놀라운 경험을 제공한다. 특히 의료영역에서 4차산업혁명 시대의 변화에 대비한 통찰과 창조를 기반으로 지혜로운 해결 방법을 제시해 주고 있다.

- 김대진(가톨릭중앙의료원 정보융합진흥원장)

박병태 박사는 30년 넘게 의료 현장의 혁신가로서 문제의 본질을 꿰뚫어 온 인사이터이다. 이 책은 오랜 실무 경험과 연구를 바탕으로 통찰에 이르는 방법론을 제시함으로써 4차산업혁명 시대에 직면한 우리에게 미래를 꿰뚫어 볼 수 있는 새로운 단서를 제시하고 있다.

- 정영권(대한병원행정관리자협회장)

일을 열심히 하는 것보다 더 중요한 것은 잘하는 것이다. 박병태 박사는 못하는 것이 뭘까 궁금할 정도로 무슨 일이든 감동적으로 해낸다. 생각하고 그것을 실현하는 실행력을 늘 배우고 싶었는데 책에서 그 비결을 만날 수 있다니 이 얼마나 놀라운 축복인가?

- **김찬배**(《존중의 힘》, 《요청의 힘》 저자)

이 책은 뛰어난 통찰을 얻는 방법을 단순하게 6가지 습관으로 보여주고 있다. 더욱 놀라운 것은 통찰이 매우 어려운 것이 아니라 가벼운 일상의 활동을 통해 누구나 실행할 수 있는 비법을 보여주고 있다. 본서를 애독하는 이유다.

- **윤인모**(대한의사협회 기획이사)

prologue

통찰(洞察)은 '본질을 꿰뚫어 봄'을 말한다. 문제가 있을 때 가장 이상적인 형태로 해결하는 것을 의미하기도 하고 문제를 해결하는 단서를 발견하게 해주는 주체를 의미하기도 한다.

이 책을 쓰면서 통찰에 대해 무릎을 친 한마디는 '하나의 원리로 모든 것에 통달했다.'라는 '일이관지(一以貫之)'다. 《논어(論語)》 위령공편(衛靈公篇)과 이인편(里仁篇)에서 공자는 제자 자공과 대화를 나눈다.

"자공(子貢)아, 너는 내가 많이 배우고 배운 것을 모두 이해하는 사람이라고 생각하느냐?"

"그러하옵니다. 아닙니까?"

"아니다. 나는 일이관지(一以貫之), 즉 하나로 모든 것을 꿰뚫었느니라."

이 말은 본질을 파악하여 하나로 꿰뚫었다는 의미다. 대상이 하나만 있을 때는 통찰이 아니라 관찰이다. 통찰이 가능해지려면 주위의 상황을 새로운 관점에서 종합적으로 다르게 봐야 한다.

우리가 문제에 부닥쳐 한없이 복잡하고 오리무중인 상태로 헤매고 있을 때 명쾌하게 상황을 정리하고 시원한 대응 방안을 제시하는 사람이 있다. 이런 사람은 부러울 수밖에 없다. 그런데 이런 통찰 역량은 선천적으로 타고나는 것은 아니다.

어떻게 통찰을 얻을 수 있을까?

통찰은 창의적인 삶의 한 과정이다. 단계별로 실행하는 과정에서 어느 순간 복잡하게 얽히고설켜 있거나 풀리지 않던 문제 전체를 꿰뚫는 선명한 번쩍임을 경험하게 된다. 이것이 통찰이다. 통찰과 유사한 창의적 사고는 '디자인 씽킹', '시스템 다이내믹스'가 있고, '창의적 문제 해결을 위한 이론(TRIZ)', '창의적 발상 기법(SIT)' 등 다양한 방법론이 있다. 이런 창의적 사고와 방법들은 대부분 문제를 찾고 해결 방법을 찾는 과정에 초점을 맞추고 있다. 통찰은 이와 같은 창의적 방법들을 종합하고 반복함으로써 터득할 수 있다.

이 책은 전작 《인사이트 좀 있는 사람》을 읽은 독자들이 "인사이트를 위한 다양한 생각과 필요성은 알겠는데 구체적으로 어떻게 인사이트를 얻을 수 있는가?"라고 질문한 것에 답하기 위해 썼다. 필자는 서울성모병원과 은평성모병원을 개원한 경험이 있고, 겨자씨키움센터라는 창의조직을 운영하며 통찰에 관해 연구한 것을 정기적으로 교육했다. 30년 넘게 실무에서 터득한 통찰력과 새로운 관점으로 보는 6가지 습관을 실천하기 위해 노력했다. 이 책은 창의적 발상 너머의 통찰에 이르는 필자만의 방법론을 정리한 것이다.

《통찰의 도구들》은 '보는 과정(Watching)'과 '행하는 과정(Acting)' 그리고 '통찰을 얻는 과정(Gaining)'으로 구성되었다.

보다 (Watching) → 행하다 (Acting) → 얻다 (Gaining)

제1부 '보는 과정'은 관심 두기, 관찰하기, 공감하기 습관이다.

통찰력을 기르는 첫 번째 습관은 '관심 두기'다.

관심 두기는 미지의 영역을 알고 싶어 하는 호기심에서 비롯된다. 지금까지 자기 인식에 없었던 영역을 궁금해하는 것이다. 궁금하면 관심을 두게 되고, 관심이 있으면 관찰하거나 연구하게 된다. 그러므로 일잘러로서 '인사이터(Insighter)'가 되는 출발점은 '관심 두기'다.

두 번째 습관은 '관찰하기'다.

전에 없던 것을 처음으로 시도하려면 이미 존재하는 걸 깊이 관찰해야 한다. 관찰을 통해 새로운 원리를 터득하고, 자신이 가지고 있거나 또는 주변의 것을 제대로 인식해야 한다. 적극적인 태도로 육감(六感)을 활짝 열어 관찰하고 그 내용을 기록하는 것이 중요하다.

세 번째 습관은 '공감하기'다.

깊이 관찰하여 무언가 발견했더라도 관찰자 중심이 되어서는 안 된다. 문제에 직면한 대상이나 잠재적인 사용자 관점에서 바라보아야 한다. 공감하려면 상대방의 관점에서 경험한 것을 이해하고 왜 그런지 생각해 보는 자세가 필요하다. 그 안에서 문제를 해결하는 단서를 찾아내야 한다.

제2부 '행하는 과정'은 발상하기, 연결하기, 실행하기 습관이다.

네 번째 습관은 '발상하기'다.

'발상'은 공감을 통해 발견한 문제를 해결하는 실마리를 찾는 과정이다. 다양한 생각을 펼치는 '발산적 사고'와 유용한 것을 골라내는 '수렴적 사고' 과정을 거치게 된다.

다섯 번째 습관은 '연결하기'다.

스티브 잡스는 "진정한 창의력은 연결하는 것이다."라고 강조했다. 이미 각각 존재하는 개념 또는 존재 자체를 연결하거나 접목함으로써 지금까지 없었던 새로운 것을 만드는 과정을 '연결'이라고 한다.

여섯 번째 습관은 '실행하기'다.

실행 단계에서 지금까지 진행해온 아이디어를 실제로 만들고 피드백해야 한다. 정확한 콘셉트를 정하고 적용하는 단계다. 단순한 글이나 개념이 아니라 실물로 만들거나 그림으로 표현해야 한다. 실행은 실패와 성공의 두 가지 가능성이 있어 부담스러울 수밖에 없다. 그런데도 실행해야 하는 이유는 새로운 것이 탄생하도록 덧붙이는 과정이 필요하기 때문이다.

제3부 통찰력은 1번부터 6번 습관을 반복해야만 힘을 발휘한다. 성공적인 실행과 실패가 반복되어야 지식 너머의 '통찰' 단계로 접어들 수 있다. 단계별 습관을 제대로 실행한 사람은 성공 확률이 높을 뿐만 아니라 실패하더라도 그것을 교육과 경험의 기회로 삼을 수 있다. 그래야 재도전할 수 있고 결과적으로 성공을 이룰 수 있다. 본질을 꿰뚫는 다수의 경험을 통해 지혜의 영역에 발을 담글 수 있다. 그러므로 통찰은 '축적의 습관'이라고 할 수 있다.

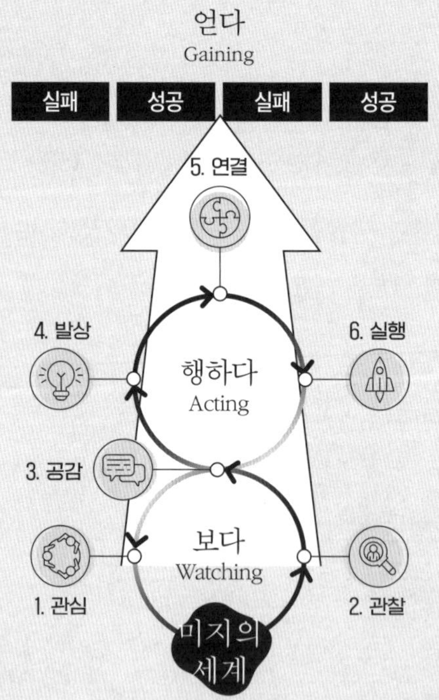

통찰은 4차산업혁명의 정보화 시대를 사는 현대인에게 마지막 남은 혁신의 무기다. 통찰은 하나의 명제로 세상이 깜짝 놀랄 큰 변화를 일으키는 '하이 콘셉트(High Concept)'와 실생활에서 부닥치는 크고 작은 다양한 문제들을 해결하고 더 나은 방향으로 개선해 나가는 '로우 콘셉트(Low Concept)'로 구분할 수 있다. 이 책에서는 '로우 콘셉트'를 중심으로 일반인도 실천할 수 있는 내용에 중점을 두었다.

어떻게 생각했는지, 무엇을 새롭게 보았는지, 무엇을 연결했는지, 얼마나 설득력 있게 실행하고 통하게 했는지에 따라 엄청난 통찰의 결과를 불러올 수 있다. 통찰은 4차산업혁명 시대에 인간만이 할 수 있는 가장 위대한 일을 이루게 하는 통로가 될 것이다.

이 책은 기계나 로봇이 할 수 없는 영역을 제대로 터득하여 미래를 내다보는 리더십을 발휘해야 하는 CEO와 창의적인 분야에 종사하는 인재들에게 인사이트를 제공하기 위한 목적으로 쓴 책이다. 또한 미래의 주역인 자녀들이 맹목적인 암기식 교육의 한계를 극복하고 창의적인 인사이터로 성장하기를 희망하는 학부모에게도 참된 교육 방향을 제시하는 좋은 지침서가 될 것이다.

CONTENTS

제1부 보다(Watching)

CHAPTER 3 세 번째 습관, 공감하기

제2부 행하다(Acting)

CHAPTER 4 네 번째 습관, 발상하기

제3부 얻다(Gaining)

제1부

보다

Watching

CHAPTER 1

첫 번째 습관, 관심 두기

일본 아오모리현의 논 아트(Art)

사람들이 가장 기대하는 것 중의 하나는 성공이 아닐까? 누구나 좋은 기회를 알아채고 그 기회를 거머쥐어 이익을 얻고 싶어 한다. 그러므로 성공하기 위한 출발점은 좋은 기회를 만드는 것이다. 기회는 정설(定說)을 역설(逆說)로 바꾸는 데 있다. 즉, 현재 업계에 널리 퍼진 정설을 뒤엎는 요소를 발견해야 한다. 이러한 기회를 거머쥘 수 있는 것은 비즈니스가 살아 움직이는 생명체이기 때문이다.

지금 비즈니스 환경에서는 정설이라 여겨지는 것도 영원하지는 않다. 그 때문에 역설이 파고들 기회가 만들어진다. 중요한 것은 변화의 흐름 속에서 무엇이 정설이고 역설인지 파악할 수 있는 안목을 기르는 것이다. 이와 같은 안목은 무엇으로부터 시작될까? 바로 '관심'이다.

일본 아오모리현 이나카다테촌은 쌀의 명산지다. 그러나 고령화와 인구 감소 등으로 예전과 달리 쌀의 매출이 해마다 줄어들었다. 이를 극복하고자 벼를 활용한 논 아트(Art) 홍보에 주력했지만 그 노력이 쌀 판매로 이어지지 않았다.

고심하던 아오모리현에서는 일본의 광고대행사 히쿠호도가 개발한 '라이스 코드(Rice-code)'라는 앱에 주목했다. 이 앱을 통해 논 자체를 매장으로 만드는 새로운 시도를 한 것이다. 논에 심어진 벼를 보자마자 자신도 모르게 사진을 찍고 싶게 멋진 풍경을 만들어 놓았다. 스마트폰의 카메라를 논으로 향하면 쌀을 구매하는 사이트로 자동으로 이동하는 시스템을 개발한 것이다. 그 결과 2017년에 이나카다테촌에는 마을 인구의 50배 가까운 40만 명의 관광객이 다녀갔고 연간 약 10억 원의 관람료 수입이 발생하는 성과를 이루었다.

아오모리현 논 아트[1]

복잡한 문제로 골머리를 앓고 있거나 실마리를 도저히 찾을 수 없는 상황에서 기막힌 방법을 찾아내는 사람이 주변에 있을 것이다. '어떻게 저런 원리를 찾아냈을까?' 생각하며 부러운 눈으로 쳐다보게 된다. 이런 기막힌 원리를 '통찰(Insight)'이라고 한다.

통찰은 눈에 보이지 않는 것을 눈에 보이게 만드는 능력이다. 경쟁이 심한 현대사회를 살아가는 동안 남들이 볼 수 있는 것만 본다면 경쟁자들을 제치고 앞으로 나아갈 수 없다. 기회는 언제나 남들이 보지 못하는

1 "日 색깔벼 '논아트', 이색적인 경관에 관광객 40만", 세계일보, 2016.7.25

곳에 있기 때문이다. 중국 최대 인터넷 쇼핑몰 알리바바(Alibaba)의 전 회장 마윈(馬雲)은 "모두가 동의하는 곳에는 기회가 없다."고 했다. 남들이 볼 수 있는 것을 똑같이 본다면 기회가 없다는 말이다. 남들이 볼 수 없는 문제의 본질을 정확히 파악하고 그것을 기반으로 미래를 예측할 때 그 경쟁력은 아무도 따라올 수 없는 초격차를 이루게 된다.

인사이터의 첫 번째 습관인 '관심 두기'에서는 수많은 세상 만물과 현상 중에서 특별한 분야에 관심을 두는 순간 새로운 것을 볼 수 있고 문제를 발견하여 더 나은 변화를 추구할 수 있다는 내용을 제시한다.

"좋은 기억력의 비결은 주의력이며,
어떤 대상에 대한 주의력은 그에 대한 우리의 관심에 달려 있다.
우리는 마음에 깊은 인상을 남긴 것들은 쉽게 잊지 못한다."
- 트라이언 에드워즈(Tryon Edwards)

1.

변화의 시작은 관심이다

관심은 호기심이라는 씨앗에서 시작된다. 관심은 에너지이기도 하다. 사람은 자기 기준으로 보고 잘 맞지 않는 것에는 무관심하다. 자기가 듣고 싶어 하는 것만 듣고, 보고 싶어 하는 것만 보고, 알고 싶어 하는 것만 알려고 든다. 그러므로 많은 사람이 알고 있는 대부분은 자기 관심의 결과이다. 신념이나 직관이라는 것도 자신이 관심을 둔 것의 결과물이다.

김춘수 시인의 〈꽃〉에는 '네가 나를 꽃이라 부르기 전까지 나는 그냥 하나의 몸짓에 지나지 않았다.'라는 구절이 있다. 우리의 관심으로 주변

사물과 사람은 몸짓에 불과할 수 있고, 의미 있게 존재할 수도 있다. 사회적 존재로서 인간의 삶은 대부분 타인의 마음을 얻는 일과 관련이 있다. 우정은 친구의 마음을 얻는 일이고, 사랑은 좋아하는 사람의 마음을 얻는 일이다. 경영진은 직원들의 마음을 얻어야 하고, 부서의 책임자는 부하 직원들의 마음을 얻어야 원만하고 효율적으로 업무가 진행된다. 즉, 사람의 마음을 얻으면 모든 일이 원활하고 사람의 마음을 얻지 못하면 모든 일에 문제가 생긴다.

"스님, 사람의 마음을 얻으려면 어떻게 해야 합니까?"

"마음을 얻으려면 먼저 마음이 어디에 있는지를 알아야 합니다. 마음은 어디에 있을까요?"

"잘 모르겠습니다……."

"사람의 마음은 콩밭에 있습니다."

이 선문답을 그냥 우스갯소리로 넘기면 유머에 지나지 않는다. 그러나 '그렇구나! 타인의 마음을 얻으려면 먼저 상대방의 마음이 어디에 있는지를 알아야 하고, 그러기 위해서는 상대방의 마음이 머무는 콩밭에 관심을 두어야 하는구나.'라는 깨달음을 얻으면 인생이 달라질 수 있다. 고객이든, 부모든, 친구든, 환자든, 학생이든 가릴 것 없다. 그런데 대다수 사람은 상대방의 관심만 얻고 싶을 뿐 상대방의 마음이 머무는 콩밭에 대해서는 알려고 하지 않는다. 그 결과 두 사람 사이에는 소통과 공감이 이뤄지지 않고 존중과 배려가 없다. 텃밭을 알고 싶으면 그 텃밭에 마음을 두어야 한다.

사람은 자기가 관심 있는 쪽으로 생각한다. '+'그림을 보여주면 수학자는 덧셈이라 하고, 신부님은 십자가라고 한다. 교통경찰은 사거리라 하고, 간호사는 적십자라 한다.

술을 좋아하는 사람에게 길을 물으면 술집을 기준으로 길을 알려준다.

"저쪽 코너에 호프집이 하나 있거든요. 거기서 오른쪽으로 돌면 '길모퉁이'라는 술집이 나옵니다. 거기서 왼쪽으로 150m만 가시면 됩니다."

그런데 책을 좋아하는 사람에게 길을 물으면 서점을 중심으로 길을 알려줄 것이다.

친하게 지내는 두 친구가 있었다. 한 명은 시골에서 상경한 촌놈이고, 한 명은 서울 토박이였다. 어느 날 두 사람이 이태원 골목을 걷고 있는데 시골 친구가 걸음을 멈추며 말했다.

"친구야, 어디서 귀뚜라미 소리가 나는데?"

서울 친구가 어리둥절하며 응수했다.

"야, 서울 한복판에 무슨 귀뚜라미 소리야? 촌스럽기는."

두 사람은 반신반의하며 귀뚜라미 소리가 난다는 쪽으로 갔고 어느 가게의 정원수 아래서 귀뚜라미를 발견했다. 서울 친구가 말했다.

"와, 신기하다. 이 소음 많은 데서 어떻게 귀뚜라미 소리를 들었지?"

그러자 시골 친구가 주머니에서 동전 하나를 꺼내더니 땅바닥에 떨어뜨렸다. "땡그랑" 하면서 동전이 떨어지는 소리가 나자 지나가던 사람들이 동전 소리가 나는 쪽을 쳐다보았다. 그것을 보고 시골 친구가 말했다.

"친구야, 봤나? 문제는 관심이야!"

관심은 남들이 못 보던 것을 보게 하고, 못 듣는 것을 듣게 하는 힘이 있다.

관심의 실천

어느 특정한 인물이나 문제 또는 현상에 마음을 두었다고 해서 모든 일이 해결되지 않는다. 마음에 둔 여인이 있을 때 '나는 저 여인이 마음에 들어. 그러니 관심을 가져야지.'라는 생각만으로는 가까워지지 않는다. 그녀가 어떤 옷을 즐겨 입는지, 어떤 음료를 마시는지, 취미는 무엇인지 관심을 두고 그녀의 눈에 자주 띄는 노력도 필요하다. 어느 날은 우연을 빙자한 만남 같은 이벤트를 만들어야 연애할 기회를 얻을 수 있다.

관심을 실천적 행동으로 전환하기 위해서는 어떻게 해야 할까?

❶ 관심 목록을 작성한다.

영국 극작가 조지 버나드 쇼(George Bernard Show)는 '인간에 대한 가장 나쁜 죄는 미워하는 것이 아니라 무관심이다.'라는 말을 남겼다. 사람은 태어나서 죽을 때까지 누군가가 자신에게 지속적인 관심을 두기를 바란다. 그러므로 내가 무엇에 관심이 있고 또 관심을 받고 싶은지 목록을 정리해볼 필요가 있다. 그 목록은 언젠가 내가 이룬 성과의 리스트가 될 수 있다.

❷ 관심을 최우선 모토로 삼는다.

관심 목록을 적었으면 그것을 항상 기억하고 눈에 보일 수 있게 하며 모든 행위의 최우선으로 두어야 한다.

다음 문장에서 알파벳 F는 몇 개일까?

FEATURE FILMS ARE THE RESULT OF YEARS OF SCIENTIFIC STUDY COMBINED WITH THE EXPERIENCE OF YEARS.

3개? 아니다. 6개다. 3개는 쉽게 찾을 수 있는데, 나머지 3개는 'OF'에 포함되어 잘 보이지 않는다. 분명히 눈앞에 있는데 왜 발견하지 못했을까? '부주의 맹시 효과(Inattentional blindness)' 때문이다. 이것은 우리의 뇌가 어느 한 가지에 집중하면 다른 것은 인식하지 못하는 현상이다. '부주의 맹시 효과'에 관한 유명한 실험이 있다.

하버드대학의 크리스토퍼 차브리스(Christopher Chabris)와 일리노이대학의 대니얼 사이먼스(Daniel Simons)는 농구공을 패스하는 두 팀의 동영상을 만들었다. 시청자들에게 흰색과 검은색 유니폼으로 구분된 팀원들 간의 패스 횟수를 세어보게 했다. 시청자들이 농구공을 몇 번이나 패스하는지 집중하는 동안 고릴라 복장을 한 학생이 코트를 가로질러 천천히 걸으며 고릴라처럼 가슴을 두드리는 행동을 했다. 그런데 신기하게도 동영상을 보면서 패스 횟수에 집중한 수천 명의 시청자는 고릴라를 보지 못했다. 농구 경기에 무슨 고릴라가 있느냐고 우기기까지 했다.

이 실험에 나타난 현상은 1992년 아리엔 맥(Arien Mack)과 어빈 록

(Irvin Rock)에 의해 '부주의 맹시 효과'라고 명명되었다. 1999년 〈퍼셉션(Perception)〉에 발표되면서 큰 반향을 일으켰다. 국내에서도 2011년 《보이지 않는 고릴라》[1]라는 제목으로 번역되어 출간되었다.

❸ 매일 관심 사항을 실천한다.

최근에 누군가로부터 "관심 가져주셔서 고맙습니다."라는 말을 들어본 적이 있는가?

관심은 뇌의 발달과 어린 시절의 경험을 통해 형성된 버릇이기 때문에 타인에게 관심이 많은 사람이 있고 적은 사람도 있다. 따라서 자신이 타인에게 관심이 적은 성향이라면 연습하여 성향을 바꿀 필요가 있다. 전(前) 화이자(Fizer) 회장 제프 킨들러(Jeffrey Kindler)가 관심사를 실천에 옮긴 일화는 유명하다.

"나는 매일 아침, 1센트짜리 동전 10개를 왼쪽 바지 주머니에 넣고 집을 나선다. 회사에 출근해 직원들을 만나면 그들의 이야기를 최선을 다해 경청한다. 상대방의 이야기를 충분하게 경청했다고 판단되면 왼쪽 주머니에 있는 동전 하나를 오른쪽 주머니로 옮긴다. 저녁에 퇴근하면 양쪽 주머니에 남아 있는 동전을 비교해 보고 오른쪽 주머니로 옮겨간 동전의 개수만큼 10점씩 점수를 준다. 모든 동전이 오른쪽 주머니로 옮겨갔으면 100점이라는 점수를 준다. 이런 방법으로 매일 저녁 만점을 받는 것이 날마다 내가 실천하는 가장 중요한 일과 중 하나다."

1 크리스토퍼 차브리스. 대니얼 사이먼스, 김명철 옮김, 김영사, 2011.

변화는 관심에서부터

이승헌의 〈참 좋은 명언 이야기〉[2] 중 '관심은 사랑입니다'에는 초등학교 교실에서 세 개의 양파를 키우는 사례가 나오는데 관심의 중요성을 일깨워 준다.

첫 번째 양파는 교실 앞쪽에 두고 아이들이 매일 사랑한다는 말과 칭찬을 해주었고, 두 번째 양파는 매일 미워하는 말을 하고 부정적인 에너지를 보냈다. 세 번째 양파는 아예 관심조차 두지 않았다. 얼마 후 사랑과 관심을 받고 자란 양파는 싱싱하게 잘 자랐지만 미움을 받고 자란 양파는 잎이 틀어지고 보기 싫은 모습이 되었다. 무관심했던 세 번째 양파는 잎도 시들시들해지고 뿌리도 썩어 있었다. 아이들은 양파를 되살리기 위해 미움을 준 양파와 무관심했던 양파에게 매일 사랑과 칭찬의 말을 해주기 시작했다. 그렇게 일주일이 지나자 죽어가던 양파가 새롭게 살아나는 놀라운 일이 벌어졌다.

모든 변화의 시작은 관심에서부터 시작된다. 마음에 맺히고 계속 되새기게 되는 무엇이 관심의 촉매다. 그 무엇에 대한 이끌림과 관심에서 전에는 보지 못하고 깨닫지 못했던 것을 보게 되고, 질문하면서 변화가 시작된다. 관심을 두는 만큼 보이고 보이는 만큼 알게 된다. 보이는 것을 무심히 지나쳐버리면 그뿐이다. 그러나 보이는 것에 관심을 두면 이야기가 스며 있고, 새로운 것을 발견하게 된다. 문제 해결의 실마리를

2 이승헌, 희망에너지충전소, 희망다이어리, '관심의힘…사랑입니다'

찾을 수도 있다.

《도시의 보이지 않는 99%》[3]는 신호등과 과속방지턱부터 자전거 도로와 도시 재생 공원까지 우리가 무심코 지나치는 것을 다루고 있다. 우리는 '도시'라는 단어를 들으면 서울 롯데타워, 파리 에펠탑, 뉴욕 엠파이어스테이트빌딩과 같은 랜드마크를 떠올린다. 그러나 실제 도시를 구성하고 지속 가능하게 하는 요소는 따로 있다. 우리 눈에 잘 띄지 않는 곳에 존재하는 교통 표지판, 회전문, 맨홀 뚜껑, 공원 벤치, 울타리, 신장개업 가게의 풍선 인형 같은 것들이 마천루를 지탱한다. 그런 것들은 우리가 관심을 가져야 보이고 그것이 보이면 변화가 시작된다.

남다른 관심

지식생태학자 유영만 교수는 2020년 5월 〈HRD〉 기고문에서 '관심을 갖고 관찰하지 않으면 통찰에 이를 수 없다. 혁신은 관계없는 것처럼 보이는 현상에 관심을 갖고 관찰하는 가운데 시작된다.'라고 했다. 사용자에 관심을 기울이고 그들의 행동을 유심히 관찰하며 궁리에 궁리를 거듭하면서 생각하는 과정이 바로 '관찰'이다. 관찰은 관심에서부터 출발한다.

무언가에 관심을 두는 것은 그것에 대해 질문하기 시작하고 궁금해 한다는 것이다. 사랑할 때도, 친구를 사귈 때도, 비즈니스를 할 때도 관심에서부터 시작된다. 관심을 둔다는 것은 질문을 시작한다는 의미다.

"요즘 잘 지내? 코로나 팬데믹으로 어수선한데 궁금해서 전화했어."

---

3 로먼 마스, 커트 콜스테트, 강동혁 옮김, 어크로스, 2021.

"응, 잘 지내. 전화해줘서 고마워. 너는?"

우리는 질문 문화에 익숙하지 않다. 질문할 기회도 없었고, 질문하는 것 자체가 문제가 되는 시대를 살아왔다. 질문 자체를 꺼리고, 질문하는 것도 질문을 받는 것도 부담스러워한다. 주입식 교육의 폐해라 할 수 있다. 그런데 질문한다는 것은 관심이 있다는 것이다. 혁신이나 문제를 해결하기 위해 통찰을 원한다면 제일 먼저 그 대상에 관심을 두고 질문하기 시작해야 한다.

장석주 시인의 '대추 한 알'이라는 시가 있다. 시인은 나무 끝에 매달려있는 대추 한 알에 관심을 두고 꽃피고 여물 때까지 살펴보고 관찰했기에 이런 시를 쓸 수 있었을 것이다. 무언가에 관심을 가져야 통찰을 위한 다음 단계로 넘어갈 수 있다.

대추 한 알

장석주

저게 저절로 붉어질 리는 없다
저 안에 태풍 몇 개
저 안에 천둥 몇 개
저 안에 벼락 몇 개
저 안에 번개 몇 개가 들어 있어서
붉게 익히는 것일 게다
저게 혼자서 둥글어질 리는 없다

저 안에 무서리 내리는 몇 밤
저 안에 땡볕 두어 달
저 안에 초승달 몇 날이 들어서서
둥글게 만드는 것일 게다
대추야
너는 세상과 통하였구나

호기심

호기심은 관심의 출발이다. 가장 호기심이 많은 사람은 누구일까? 온종일 쉼 없이 세상을 탐색하는 아이들이다. 어른들은 아이랑 한두 시간만 같이 보내도 거의 파김치가 된다. 어린아이는 마치 스펀지처럼 세상의 온갖 지식을 있는 그대로 습득한다.

어린아이들이 왕성한 호기심을 일으키는 배후에는 '아세틸콜린(Acetylcholine)'이라는 신경전달 물질이 작용한다. 이 물질은 어린아이 때는 노력하지 않아도 자동 분비된다. 이 물질 때문에 아이들은 눈만 뜨면 엄청난 호기심과 집중력을 켜놓은 상태가 된다. 하지만 뇌의 자동 메커니즘은 어른으로 성장하면서 멈추게 되고 수동적으로 작동한다. 의도적으로 노력해야만 호기심이 생긴다.

호기심을 나타내는 또 다른 용어가 있다. '니오타니(Neoteny)'라는 생물학적 용어다. 이 물질은 생물학적 성장이 끝났음에도 의식 안에서 호기심, 상상력, 장난치기, 새로운 것을 배우고 싶어 하는 욕구들을 불러일으킨다. 어린아이 같은 단계를 여전히 밟아 나가며 어린 시절의 감성과 환상을 그대로 간직한 어른들을 은유적으로 지칭하는 용어다.[4]

아인슈타인(좌)[5]과 천상병 시인(우)[6]

혀를 내밀고 장난스럽게 웃고 있는 아인슈타인이나 아이 같이 눈을 찡그리며 미소 짓는 천상병 시인의 모습에서 '니오타니'를 연상할 수 있다.

그렇다면, 어린아이와 같은 호기심을 키우는 방법은 무엇일까?

뇌과학자 프레데리케 파브리티우스(Friederike Fabritius)는 《뇌를 읽다》[7]에서 호기심을 불러일으키는 아세틸콜린 분비를 촉진하는 활동으로 3가지를 제안하고 있다.

❶ '의식적으로 주의를 집중한다.' 관심 대상을 정하고 집중하여 그것

4 Philip Perkis, 〈Teaching Photography〉, Notes Assembled, 2016.

5 출처: 중앙일보, '혀 내민 아인슈타인 사진' 1억원에 팔려, 2009. 6. 21일자

6 출처: https://namu.wiki/w/%EC%B2%9C%EC%83%81%EB%B3%91?rev=126

7 프레데리케 파브리티우스, 한스 하게만, 박단비 옮김, 빈티지하우스, 2018.

을 바라보거나 관찰하는 것이다.

스탠퍼드 디스쿨의 티나 실리그(Tina Seelig)는 《인지니어스》[8]에서 하버드 대학에서 예술사 강의를 하는 제니퍼 로버츠(Jennifer Roberts) 교수의 수업을 소개한다. 그녀는 첫 수업 시간에 예술 작품을 하나 보여 주며 학생들에게 아무것도 하지 말고 3시간 동안 지켜보라고 했다. 처음에는 불만을 보이던 학생들도 3시간 동안 한 작품을 보면서 그동안 보지 못한 것을 보고, 생각하지 못했던 것들을 떠올리게 된다. 이처럼 의식적으로 주의를 집중하는 것이 호기심을 불러일으키는 방법이다.

❷ '신체운동을 한다.' 가만히 앉아 있기보다는 움직임을 통해 새로운 생각과 호기심을 자극할 수 있다.

❸ '새롭고 놀라운 경험에 지속적으로 노출시킨다.' 한 번도 해보지 못한 것에 자신을 노출시키면 호기심이 더 커질 수 있다. 이를 통해 그동안 자기 안에 내재되어 있었지만 아직 발견하지 못했던 것들을 발견할 수 있다.

한 우물 파기

호기심을 자극하기 위해서는 주변의 환경변화에 관심을 기울여야 한다.

농업이 현대화되기 전에는 밭을 일구던 '쟁기(Plow)'라는 농기구가 있었다. 쟁기는 소나 말을 이용해 논밭을 가는 농기구로 농작물을 재배할 땅을 갈고 흙을 잘게 부수는 데 사용된다. 현대적인 농업 관리체계가

8 티나 실리그, 김소희 옮김, 리더스북, 2017.

시작되기 전에 각 농가에서는 재산 증식의 목적도 있었지만 농사일을 도울 수 있도록 소 한 마리씩을 키웠고 어미 소가 되면 쟁기를 목에 걸어 밭을 가는 데 활용했다.

그런데 모든 소가 원하는 방향대로 밭을 갈고 쟁기질을 잘할 수 있는 것은 아니다. 전에 없던 멍에를 씌우는 순간부터 소가 말을 듣지 않는다. 겨우 멍에를 얹고 나면 소가 바른 방향으로 밭을 가는 것이 아니라 이리저리 제멋대로 가거나 쟁기를 잡기도 전에 내달려 낭패를 보는 경우가 다반사다. 그러므로 처음 소를 길들일 때는 혼자 쟁기질을 못 하고 보조를 세워 고삐를 잡고 원하는 방향대로 소를 끌고 가야 그나마 쟁기질을 할 수 있다. 그렇게 몇 년에 걸쳐 조련하고 숙련된 소는 마침내 혼자서도 쟁기질을 할 수 있는데 그때는 쟁기를 잡는 한 사람만 있어도 자로 잰 것처럼 똑바로 밭을 일굴 수 있게 된다.

소를 이용한 쟁기질(좌) 트랙터를 이용한 밭 일구기(우)

그런데 오늘날의 농업관리 환경은 어떻게 변하였는가? 6~8개의 쟁기가 달린 트랙터를 이용하면 소보다 몇 배 수월하게 밭 갈기가 가능하다. 그런데 이런 환경의 변화를 감지하지 못하고 작년보다 조금 더 반듯

하고 깔끔하게 밭을 잘 일굴 수 있게 소 훈련에 몰두하는 것이 문제 해결의 방법이 될 수 있을까? 아니다. 적절한 시점에 트랙터로 밭을 갈 수 있도록 운전 기술을 배워두는 것이 문제 해결에 더 가까이 다가가는 것이다.

4차산업혁명도 마찬가지다. 이미 우리 곁에 트랙터와 같은 빅데이터, 인공지능, 로봇, 3D프린팅, 가상현실, 증강현실, 메타버스 같은 4차산업혁명의 물결이 다가왔는데 아직도 소 훈련에만 집중하면 문제를 제대로 보지 못하는 것이다.

우리가 창의성이나 통찰을 중요하게 생각해야 하는 이유는 그동안 못 봤던 것을 찾아내서 불편을 해소하고 좀 더 나은 상태로 바꿔야 하는 필요성 때문이다. 단순한 변화에서부터 4차산업혁명과 같은 거대한 물결에 신속하게 대응하는 혁신적인 변화에 이르기까지 모두 필수적인 사고 과정이기 때문이다. 그리고 이런 변화의 필요성을 감지하는 것은 지금 하는 일에 매몰되어 소몰이 훈련만 하는 것이 아니라 주변을 살피고 관심을 두는 것에서 시작된다.

2.

고객을 이해하는 것이 관심이다

고객의 입장이 되어 고객을 이해하는 차원을 넘어 스스로 고객이 되어 보는 과정에서 전혀 새로운 관점의 통찰과 아이디어를 얻을 수 있다.

만약, 병원을 운영하는 최고경영자가 대다수 환자가 입원하는 다인실에 한 번도 입원해 본 적이 없다면 어떨까? 한 번도 VIP 병실에 입원해 본 적이 없다면 어떨까? 그런 체험 없이 최고경영자가 서비스를 향상시켜야 한다고 주장하거나 환자에게 불편함을 주지 않아야 한다고 강조할 경우 현장에서 일하는 구성원들은 어떻게 생각할까?

변화를 위해서는 관심이 필요하다. 더 나아가 그것을 직접 체험해보는 노력이 필요하다.

인간 내면에 대한 이해

기업은 효율성이라는 이름으로 운영 전략을 수립할 때 회사의 운영 시스템과 판매 데이터에 의존할 수밖에 없다. 이는 과거와 현재를 분석하는 데는 유용하지만 사람들이 원하는 미래 지향적인 통찰을 얻는 데는 한계가 있다. 직접 고객의 환경으로 들어가 살아있는 사용자 관점의 통찰을 얻게 될 때 비로소 왜곡된 시장 정보를 걸러낼 수 있는 눈을 가질 수 있다.

새로운 영역이나 생소한 지역에서 사업 기회를 모색할 때는 먼저 사용자 집단에 관심을 두는 것에서 시작해야 한다. 이런 노력을 통해 기존에 가지고 있던 생각의 틀을 깨는 새로운 통찰을 얻을 수 있다.

새로운 개념의 소셜 네트워킹 앱을 고민한다면 다양한 앱을 직접 사용해 봐야 한다. 단순히 기능을 훑어보는 것이 아니라 열렬한 회원이 되어 다른 회원들과 커뮤니케이션도 해보고 콘텐츠를 공유하기 위해 노력해야 한다. 그것이 관심이다.

인도네시아에 병원을 신축하는 프로젝트를 고민할 때 사무실 책상에서 사업계획서를 검토하는 것으로는 한계가 있다. 현장에 직접 방문할 때에도 수박 겉핥기식의 방문은 아무런 도움이 되지 않는다.

얀 칩체이스(Jan Chipchase)는 《관찰의 힘》[1]에서 글로벌 프로젝트를 진행할 때 자신이 활용하는 '현지인 되어 보기' 노하우를 소개한다. 보통 현지 조사는 유명 호텔에 머물면서 제한적인 지역 문화를 경험하는 데 반해 그는 일반 주택가에 숙소를 마련한다. 자전거를 타고 시내 곳곳을 돌아다니고, 새벽 4시에 도시와 함께 깨어나 마을을 산책하고, 미장원이나 이발소에서 현지인과 소통하면서 조사 대상자를 소개받고, 현지인과 함께 출·퇴근하는 등 새로운 문화 체험에 필요한 유용한 팁을 공유한다. 공과금을 내기도 하고, 병원에도 가고, 출근 시간에 늦어 발을 동동 굴러 보기도 해야만 비로소 그 문화 속의 사람들을 제대로 이해할 수

1 얀 칩체이스, 사이먼 슈타인하트, 야나 마키에이라 옮김, 위너스북, 2019.

있다.

상품을 기획하고 디자인할 때 자신이 직접 현지인이 되어 상품의 최종 소비자가 되어 보는 자세는 매우 중요하다. 어떤 현상에 대해 사용자의 이야기를 듣고 이해하는 것과 몸으로 직접 체감하는 것은 차원이 다르다. 고객으로부터 발견한 통찰은 그 무엇보다 강한 신뢰와 확신을 줄 수 있다.

예를 들어, 성모병원과 함께 사용자 중심의 당뇨병 환자 혈당관리 애플리케이션을 개발한다고 해보자. 가장 현실적이고 값진 방법은 직접 그 애플리케이션을 사용하는 환자가 되어 보는 것이다. 하루에 3번씩 혈압과 혈당을 체크한 다음 매번 환자 노트에 수치를 기록하고, 점심은 일부러 칼로리가 낮은 음식을 먹고, 조미료를 덜 쓰는 식당을 골라 다니는 체험을 하는 것이다.

2022년 1월 5일부터 7일까지 미국 라스베이거스에서 열린 세계 최대 규모의 IT 가전 전시회 'CES 2022(Consumer Electronics Show 2022)'는 오미크론 확산의 영향으로 전시 규모가 예년보다 절반이었지만 총 2,300여 개 기업이 참관한 행사였다. 그중에서도 가장 눈에 띄는 것은 헬스케어 분야였다. 1967년 6월에 시작된 CES 역사상 헬스케어 분야가 기조강연(Keynote speaker)을 맡은 것은 이번 행사가 처음이었는데, 애보트(Abbott)사의 CEO 로버트 포드(Robert B. Ford)가 바로 주인공이었다.

CES 2022에서 최고혁신상을 수상한 제품은 애보트사에서 개발한 '프리스타일 리브레(Freestyle Libre)'라는 1형 당뇨병 환자 대상 연속혈

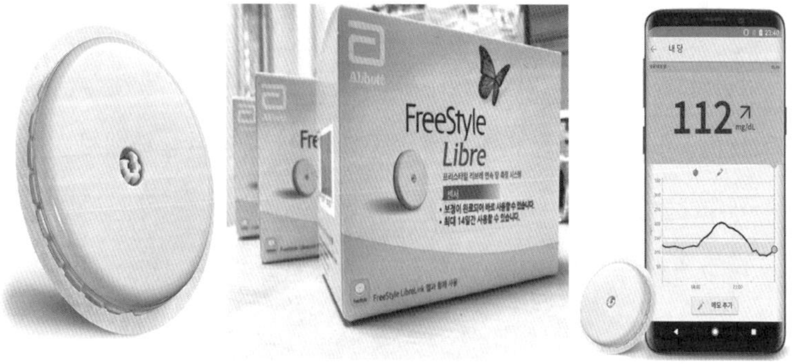

CES 2022에서 최고혁신상을 받은 연속혈당측정기[2]

당측정기였다. 이 기기는 동전만 한 측정기기를 팔뚝에 부착하고 스마트폰 앱을 이용하여 측정하면 자동으로 혈당 수치를 알 수 있는 기기다. 이 제품은 당뇨병 환자가 하루에 3번씩 혈당 체크를 위해 침을 찔러야 하는 고통을 없애기 위해 직접 체험한 것을 바탕으로 나올 수 있었다.

고객의 불편은 통찰의 원천

유니버설 디자인(Universal Design)은 디자이너 패트리샤 무어(Patricia Moore)가 주장하고 수많은 기업에 영감을 준 디자인이다. 그녀는 젊은 시절 냉장고 손잡이의 디자인에 관해 토론하던 중 충격을 받았다. 패트리샤는 관절염이 있고 근력이 약한 노인들도 쉽게 여닫을 수 있는 냉장고를 디자인해야 한다고 생각했지만 동료 디자이너들은 "우리는 그런 사람들을 위해 냉장고를 디자인하는 것이 아니야."라고 주장했기 때문이다.

2 출처: http://www.mdon.co.kr/mobile/article.html?no=30831

그때부터 패트리샤는 나이, 성별, 장애나 인종에 관계없이 누구나 보편적으로 사용할 수 있는 유니버설 디자인의 길로 뛰어들었다. 2012년 10월 〈월간 디자인〉에는 그녀의 스토리가 소개되었는데, 당시 26세였던 그녀는 1979년부터 3년이 넘는 시간을 80대 노인으로 분장하여 살았다고 한다.

그녀는 대충 노인처럼 분장한 것이 아니라 분장 전문가의 도움을 받아 실제 노인과 같은 신체적 불편함을 체험하며 그들을 이해하기 위해 최선을 다했다. 흰머리 가발과 주름진 얼굴로 특수 분장을 했을 뿐만 아니라 귀에 솜을 끼워 소음을 막고 안경을 뿌옇게 만들어 청력과 시력을 노인 수준으로 떨어뜨리는 변장을 하고 3년을 산 것이다. 다리는 철제 보조 기구를 달아 사용하기 불편하도록 만들었다. 그녀는 집 없는 거지에서부터 부잣집 노인까지 9명의 노인 역할을 수행하며 그들의 불편을 세심한 부분까지 파악하기 위해 모진 시간을 보냈다. 그렇게 3년간 노인의 모습으로 미국과 캐나다의 116개 도시를 돌아다니는 체험을 한 그녀의 경험은 가히 충격적이었다고 한다. 그녀는 이 체험을 통해 "사람은 누구나 젊을 때 즐겼던 것을 나이가 들면서도 똑같이 즐기고 싶어 한다."라는 결론을 얻었다.

그녀는 3년간의 경험을 바탕으로 디자인 회사를 설립했고, 제너럴일렉트릭(GE), 존슨앤존슨(Johnson & Johnson), 킴벌리클락(Kimberly Clark)과 같은 기업을 도와주는 역할을 수행했다.

이 사례는 '사용자처럼'이 아니라 '진짜 사용자'로 살면서 터득한 경험적 통찰은 책상에서 인터넷으로 찾아낸 정보와는 비교할 수 없는 힘을 지닌다는 것을 보여준 유명한 사례이다.

내가 고객의 이름을 불러주었을 때

우리는 일반 대중식당에 가면 누가 먼저랄 것도 없이 냅킨과 숟가락, 젓가락부터 세팅한다. 식탁의 위생 상태에 대한 우려 때문이기도 하지만 상대에 대한 '배려'가 더 크다. 그렇다면 이렇게 식당에서 존중받는 느낌을 사업 아이디어로 떠올린다면 어떨까?

얼마 전 한 지인이 음식점을 준비하고 있다는 말을 듣고 필자가 자주 이용하는 식당의 사례를 소개해주었다. 그 식당은 서초역 근처에 있는 '소연'이라는 국숫집이다. 음식점은 무엇보다 깨끗하고 맛이 있어야 하는 것은 기본이다. 이런 기본에 더하여 고객을 위한 배려를 추가로 얹는다면 도움이 될 거라고 지인에게 알려주었다.

이 식당은 고객에게 특별한 배려를 해준다. 처음 이곳을 방문했을 때 받았던 특별한 배려는 두고두고 잊히지 않는다. 보통 일반적인 식당에 가면 테이블 세팅 용지를 사용하는데 이 식당은 식탁 전체를 덮는 친환경 비닐이나 A4용지 크기의 1인용 세팅 용지를 사용한다. 특히 조그만 세팅 용지를 아주 잘 활용한다. 예약한 사람의 이름과 그날 모임의 목적을 프린트하여 세팅 용지로 활용하는 것이다. 작은 정성을 들인 것이지만 직접 체험해보면 생각보다 큰 감동을 받게 된다. 관심은 고객의 이름을 불러주고 알아주는 것에서 시작한다.

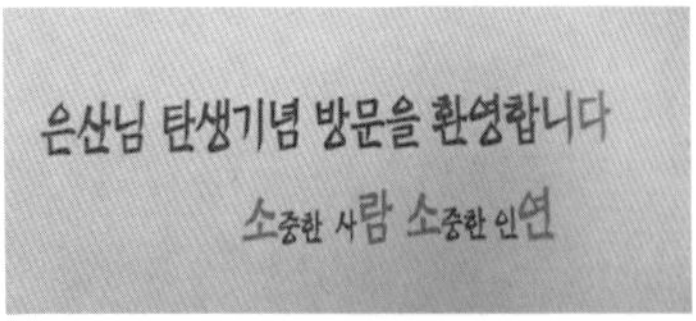

서초역 인근 '소연' 식당의 테이블 세팅 용지

컬처 코드

문화별로 달리 각인된 코드를 발견하면 비즈니스에서 새로운 기회를 잡을 수 있다.

클로테르 라파이유(Clotaire Rapaille)는 그의 저서 《컬처 코드》[3]에서 어떤 문화 속에서 일정한 대상에 각인된 무의식적인 의미를 '컬처 코드'라고 했다. 미국인들이 자동차에 기대하는 것은 '자유'와 '관능적인 경험'이다. 미국인들의 자동차에 대한 사랑은 처음 자동차 열쇠를 손에 쥐었을 때의 해방감과 자동차 뒷좌석에서의 첫 경험이라는 설렘이 자리 잡고 있다. 이러한 발견을 통해 탄생한 크라이슬러사 피티크루저(PT Cruiser)는 대단한 성공을 거둔 바 있다.

이처럼 문화적인 코드를 발견하고자 하는 노력은 일잘러에게 비즈니스적 통찰과 신선한 아이디어의 영감을 준다. 겉으로 드러나는 일차적인 불편함을 해결하는 솔루션이 아니라 그 뒤에 숨어 있는 문화적 맥락까지 고려할 때 사람들로부터 환영받는 제품과 서비스를 개발할 수 있다.

사람은 누구나 자신만의 고유한 문화를 가지고 있다. 문화는 각자 타고난 성향과 성장 환경에 의해 오랜 기간에 걸쳐 형성되며 사람들의 사고방식과 행동 패턴에 영향을 미친다. 그러므로 반드시 고객이나 소비자가 아니더라도 누군가를 더 잘 이해하기 위해서는 상대의 문화적 특성을 파악해야 한다. 마찬가지로 우리가 사용자들로부터 새로운 통찰을 얻기 위해서는 사용자들의 문화적 맥락 속으로 뛰어 들어가 그들과

---

3 클로테르 라파이유, 김상철, 김상수 옮김, 리더스북, 2007.

공감하며 하나가 되려는 노력이 필요하다.

부르키나파소(Burkina Faso)[4]라는 다소 생소한 나라가 있다. 19세기 말 프랑스 지배령에 있다가 독립한 나라로 자원이 부족하고 강수량이 적어 최빈국에 속하는 나라 중 하나다. 그 국가에서 우리나라의 병원 경영을 공부하고 고국에 돌아가 뜻을 펼치고자 유학 온 신부님이 있다. 그 신부님은 대학원 입학 전 한국어 공부를 위해 기숙사에서 약 4km쯤 떨어져 있는 우리 사무실로 날마다 공부하러 오셨다. 처음에는 머리도 식힐 겸 운동 삼아 걸어오는 것으로 생각했으나 땀을 뻘뻘 흘리며 날마다 사무실에 오는 것이 궁금하여 그 이유를 물었다.

"신부님, 왜 날마다 여기까지 오시는 거예요? 기숙사 건물 바로 아래층이 도서관인데, 도서관에서 공부하면 좋을 텐데요. 여기가 공부하기 좋으신 건가요?"

알고 보니, 그 신부님은 아직 정식 대학원생이 아니라서 도서관을 출입할 수 없었다. 날마다 커피숍에서 공부하는 것도 부담되어 무료로 사용할 수 있는 우리 사무실로 공부하러 온다고 했다.

이 상황을 어떻게 해결하는 것이 좋을까?

두 가지 접근 방법이 있다. 우선, 원칙적으로 대학원생이 아니기 때문에 도서관을 출입할 수 없으므로 사무실에 올 때마다 잘해드리는 방법이다. 편안한 자리를 마련해 주거나, 공부하는 중에 힘내시라고 커피 한 잔을 내어 드리거나, 필요한 책을 한 권 더 사드리는 등의 방법이다.

---

4 부르키나파소는 아프리카에 있는 공화국이며 수도는 와가두구이다. 독립 당시의 이름은 오트볼타 공화국(Republique de Haute-Volta)이었으나, 1984년부터 부르키나파소라는 국명으로 바뀌었다. 19세기 말에 프랑스 보호령이 되었다가 1960년 8월 오트볼타 공화국으로 독립했다.

또 다른 방법은 아직 정식 대학원생이 아니지만 도서관에서 공부할 수 있도록 방법을 찾아주는 것이다. 절차와 규정이 있지만 이미 기숙사에 기거하고 있고 조만간 대학원생이 될 사람이고 무엇보다 바로 아래층에 도서관이 있는데 대학원생이 아니라는 이유로 출입을 제한하는 것은 바람직하지 않기 때문이다.

두 가지 중 어느 방법을 선택할 것인가? 문제란, 이상적인 상태와 현실 간의 괴리다. 관심 두기는 문제에 관심을 갖고 문제의 본질을 정확히 찾아가는 과정이다. 이 상황에서 문제의 본질은 무엇인가? '어떻게 하면 신부님이 효과적으로 공부할 수 있도록 상황을 만들 것인가?'이다. 잘못 생각하면 문제의 본질을 해결하지 않고 문제의 주변에서 부가적인 해결 방법을 찾는 데 집중할 수 있다. 우리는 신부님께 기숙사 출입증에 도서관 임시 출입증도 추가하여 도서관을 이용할 수 있도록 해드렸다. 그날 이후부터 신부님은 우리 사무실에 오지 않고 있다. 왜냐하면, 문제가 해결되었기 때문이다.

CHAPTER 2

두 번째 습관, 관찰하기

세상에서 제일 유명한 미술 작품 중 하나는 미켈란젤로의 다비드(David)상이다. 균형 잡힌 몸매를 칭찬할 때 다비드를 떠올리며 "조각 같은 몸매"라고 한다. 다비드는 우리에게 널리 알려진 〈다윗과 골리앗〉에 나오는 다윗을 조각으로 만든 것이다. 그래서 다비드상을 볼 때마다 더욱더 강인하고, 영웅적이며, 느긋하고 사색적일 뿐만 아니라 완벽한 남성을 상징하는 이미지를 떠올린다. 다비드상의 얼굴은 매끄럽고 주름이 없다. 굳게 다문 입술은 살짝 올라간 상태여서 엷은 미소를 짓는 것처럼 보인다. 조각상이지만 결연한 의지마저 느낄 수 있다.

다비드상

자세는 편안해 보이고, 오른쪽 어깨가 약간 기울어져 있으며 오른손은 허벅지까지 내려와 있다. 한마디로 완벽한 남성을 상징하는 조각상이다. 그런데 실제 다비드상을 정면에서 바라볼 수 있는 높이에서 보면 평화롭고 느긋한 이미지는 사라진다.

미술가이자 법학자인 에이미 E. 허먼(Amy E. Herman)에 따르면 대부분의 관람객은 다비드상을 바라볼 때 높이가 5m 그리고 약 2m 높이의 받침대에 있는 7m 높이의 다비드상을 봐 온 것이라고 한다. 하지만 원거리가 아니라 실제 다비드상의 눈높이까지 7m를 올라가서 바라보면 전혀 다른 다비드를 만나게 된다.

가까이에서 본 다비드상

실제 높이에서 다비드상을 360도 회전 컴퓨터로 촬영하여 자세히 관찰해보면 느긋하고 온화한 남자와는 정반대의 모습이 나타난다. 콧구멍은 벌어져 있고, 두 눈은 부릅뜨고 있다. 눈썹 근육에는 깊은 주름이 잡혀 있다. 걱정에 사로잡힌 듯이 한 곳을 응시하고 있고, 온몸에 드러난 근육이 긴장된 것을 볼 수 있다. 이 모습을 관찰한 피렌체 대학교의

해부학 교수들의 설명에 의하면, 다비드상이 '공포와 긴장과 공격성이 결합된 느낌을 자아낸다.'라고 한다. 그뿐만 아니라 다비드상이 육체적으로 완벽하다는 사실도 깨지고 만다. 다비드의 눈은 사시이고 손과 머리는 기형처럼 크며 두상이 납작하다. 성기도 신체에 비해 크기가 조화롭지 않아서 완벽한 육체와는 거리가 멀다. 왜 보는 각도나 거리에 따라 다비드상이 다르게 보일까? 에이미 박사는 다비드의 진실을 보기 위해서는 다비드의 시선 쪽으로 이동해야 한다고 말한다. 미켈란젤로는 다비드의 시선에 빙의하여 조각을 완성했다고 한다. 따라서 다비드의 눈높이가 아닌 관객의 위치에서 바라볼 때 육체의 완성도가 나타나도록 다비드상을 제작했다.

이 사례가 시사하는 것은 무엇인가? '다르게 보는 관점'이다. 같은 관점으로 바라보면 언제나 똑같은 모습이지만 다른 관점에서 보면 전혀 새로운 모습이 보인다. 그러므로 바로 앞에 있는 것만 보지 말고, 당연한 것을 당연하게 받아들이지 말고, 끊임없이 관점을 바꿀 때 우리는 일상에서 더 많은 정보를 발견할 수 있다.

제2장 '관찰하기'에서는 관찰을 통해 남들이 볼 수 없는 것을 보고 기회를 찾을 수 있다는 것을 강조한다. 스쳐 가듯 한두 번의 관찰로는 통찰을 얻을 수 없지만, 관찰이 여러 번 반복되거나 자세하게 관찰하는 습관을 통해 통찰력을 기를 수 있다. 관찰이 힘을 얻기 위해서는 관찰 내용이 나의 머릿속에 이미 들어 있는 정보 및 경험들과 융합되어야 한다. 그러므로 단순한 관찰뿐만 아니라 지식과 경험을 쌓는 노력도 병행되어야 한다.

"내가 가치 있는 발견을 했다면,

다른 능력보다 참을성 있게 관찰한 덕분이다."

- 아이작 뉴턴(Isaac Newton)

1.

관찰의 눈은 기회의 눈이다

관찰(觀察)이란, '사물의 현상이나 동체 따위를 주의 깊게 잘 살펴보는 것'이다. '눈에 보이는 것을 그냥 바라보는 것'이 아니라 '각별하게 관심을 두고 살펴보는 것'이다. 관찰은 '볼 관(觀)'과 '살필 찰(察)'이 결합하여 '눈여겨보고 살핀다'라는 의미다. 그러므로 관찰이란 '가볍게 흘려버릴 수 있는 것이나 사소하게 여길 수 있는 것에 관심을 두고 적극적으로 눈여겨서 잘 지켜보는 것'이다.

관찰은 '대상이 되는 사물이나 상황을 주의 깊게 보고 살피는 것'은 물론 '발견과 이해의 과정'까지 포함하고 있다. 단순히 보는 것을 넘어 방향을 바꿔보고, 전후좌우로 살펴보고 뒤집어 봄으로써 그 안에 숨겨진 의미를 발견하고 그것으로부터 이해를 얻는 과정이다.

관찰은 문제가 있거나, 불편하거나, 개선이 필요한 대상에 관심을 두고 시작하기 때문에 목적을 수반한다. 목적이 있으므로 관찰의 대상이 무엇이든 관찰의 결과는 성과로 나타날 수 있다. 그 이유는 관찰이 명확한 의도를 포함한 적극적인 행위이기 때문이다. 관찰의 목적은 기존과 다른 새로운 것을 찾아내는 것이다.

관찰하여 새로운 깨달음을 얻은 사례는 수없이 많다. 고대 그리스 철

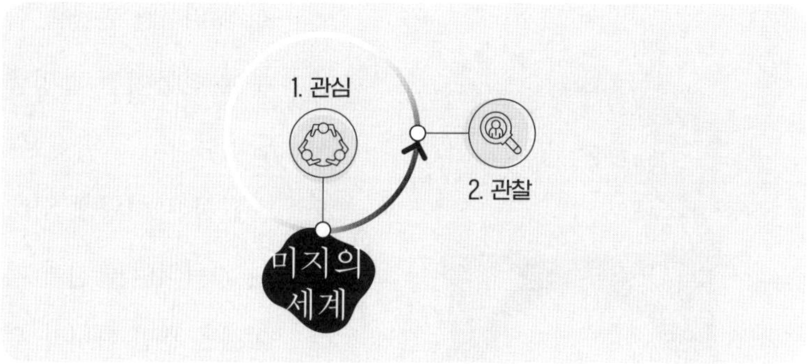

학자이며 수학자 겸 물리학자였던 아르키메데스(Archimedes)는 목욕하기 위해 욕조에 몸을 담갔다가 수면이 높아지는 것을 보고 비중의 개념을 발견했다. 피타고라스(Pythagoras)는 물체의 길이가 음의 높낮이와 관련이 있음을 처음 알아냈다. 갈릴레오 갈릴레이(Galileo Galilei)는 높은 곳에서 바라보는 바다는 낮은 곳에서 바라보는 바다보다 더 넓게 더 멀리 볼 수 있다는 사실을 관찰함으로써 지구가 둥글다는 이론을 발견했다. 뉴턴(Isaac Newton)은 아무도 관심을 두지 않았던 사과가 떨어지는 모습을 보고 만유인력의 법칙을 발견했다. 찰스 다윈(Charles Robert Darwin)은 갈라파고스섬의 동물들을 관찰하다 같은 종임에도 불구하고 환경에 따라 모양새가 다르다는 사실을 발견하고 진화의 개념을 고안했다.

조선 태종 시대부터 활동하다 세종 시대에 꽃을 피운 천재적인 발명가 장영실의 수많은 업적 역시 관찰을 통한 발명이었다. 천체 운행을 관측하는 혼천의, 햇빛에 의해 그림자가 생겼을 때 그림자의 위치로 시간을 측정하는 앙부일구, 강우량을 측정하는 측우기 등은 모두 장영

장영실이 발명한 앙부일구[1]

실의 뛰어난 관찰력 덕분에 만들어진 발명품들이다.

관찰은 이렇게 위대한 과학적인 발전에 기여했을 뿐만 아니라 우리 일상생활에서도 발견할 수 있다.

겨울에 눈이 무릎까지 차는 시골에서는 아이들이 쌓인 눈을 치워야 하는 고생도 하지만 토끼 사냥을 할 수 있다는 기대감도 갖게 된다. 토끼 사냥은 산등성이에서부터 시작한다. 토끼는 신체 구조상 앞다리가 짧고 뒷다리가 매우 길기 때문에 산을 오를 때는 잘 뛰지만 거꾸로 내려갈 때는 잘 뛰지 못한다. 산꼭대기부터 산 아래쪽으로 토끼를 몰아 내려오면 토끼는 빨리 도망가지 못하고 중간에 멈추거나 놀라서 한쪽 구석에 웅크리고 있다. 이때 재빠르게 덮쳐 토끼를 잡는 것이 토끼 사냥이다. 이런 토끼 사냥 또한 선조들에게 들은 것이기도 하지만 토끼의 신체 구조를 잘 관찰함으로써 터득한 생활의 지혜이기도 하다.

관찰이 필요한 이유

관찰이 필요한 이유는 관찰을 통한 개선으로 문제를 해결하고 긍정

1 출처: 장영실 박물관

적인 결과를 얻을 수 있기 때문이다. 비즈니스를 하는 사람에게 관찰이란 신상품 개발과 부의 축적이 목표이다. 관찰의 또 다른 이유는 인간관계 때문이다. 누구나 원만한 인간관계를 꿈꾼다. 그러나 어디를 가든 꼭 눈엣가시 같은 사람이 있다. 생텍쥐페리(Antoine de Saint-Exupery)는 《어린왕자》[2]에서 '세상에서 가장 어려운 일은 사람이 사람의 마음을 얻는 것이다.'라고 했다. 베르나르 베르베르(Bernard Werber)는 '인간은 사회적 동물이 아니라 개인주의적인 동물인데 인간들은 어쩔 수 없이 모여서 억지로 사회생활을 하고 있는 것인지 모른다.'라고 했다. 그럼에도 불구하고 우리는 다양한 사람들과 어울려 살아갈 수밖에 없다.

유엔(UN) 조사에 의하면, 한국인의 평균수명은 2095년이면 95세가 되며[3] 60세 은퇴 후 40여 년을 더 살아야 하는 시대를 맞이하게 된다고 한다. 그럼 100세 시대를 살아갈 우리는 어떻게 좋은 인간관계를 맺을 수 있을까? 그 비법 역시 관찰을 얼마나 잘하느냐에 달려 있다.

필자가 부센터장으로 있는 가톨릭대학교 서울성모병원 겨자씨키움센터의 교육 중 '나의 창업 이야기'를 발표한 이광수 대표[4]의 사례는 관찰의 중요성을 일깨워준다. 이광수 대표는 사업 아이템을 구상한 후 본격적으로 사업을 시작하기 위해 사업설명회를 다니던 중 돈 많은 투자자와 미팅을 하게 되었는데 그 투자자 방 한쪽 구석에는 자전거와 유니

---

2 앙투안 드 생텍쥐페리, 박성창 옮김, 비룡소, 2000.

3 UN "한국 2095년 세계 최장수국", YTN 뉴스, 2013.6.14

4 이광수는 가명임

폼, 장갑과 헬멧 그리고 선글라스는 물론 유명 사이클 선수들의 기념품과 사진들이 자리 잡고 있었다. 이광수 대표는 한눈에 그 투자자가 사이클 광팬임을 확신했다.

이광수 대표는 투자자와 간단한 인사를 나눈 후 어색한 분위기 해소를 위해 이런저런 세상 돌아가는 이야기를 하다가 사이클에 관한 이야기를 꺼냈다. 유명 사이클 선수의 사인 장갑과 선글라스를 받은 것에 대하여 칭찬하며 노골적으로 부러움을 나타냈다. 특히 투자자가 한쪽 구석에 소중하게 보관하고 있는 한 사이클 선수에 관심을 보이고 왜 그를 좋아하는지 묻고 대화를 나누다 보니 약속된 1시간을 다 소비하고 말았다. 결국 자신이 찾아온 용건을 겨우 5분 정도밖에 설명할 수 없었고, 시간관리를 잘못한 것을 얼마나 후회했는지 모른다고 털어놓았다.

이광수 대표는 큰 기대를 하지 않고 돌아설 수밖에 없었는데, 놀라운 일이 벌어졌다. 사업 아이템을 충분히 설명하지 못했는데도 투자자가 그의 투자 요구를 받아들인다는 연락이 온 것이다. 뿐만 아니라 투자자는 첫 투자 이후에도 지속하여 이광수 대표의 사업에 관심을 보이며 도움을 주기로 약속했다고 한다.

왜 그랬을까? 이광수 대표는 나중에 투자자로부터 그 이유를 들을 수 있었다. 투자자는 수없이 많은 사업가를 만나 투자 이야기를 해 왔는데 오는 사람마다 돈에만 관심을 보이고 자신의 사업 아이템에 관해서만 자랑하고 갔다는 것이다. 그런데 이광수 대표는 투자자의 취미를 알아보고 오랫동안 얘기한 것이 마음에 들었다고 했다. 자기 사업도 중요하지만 상대방에 대한 배려를 할 줄 아는 사람이라면 고객에게도 충분히 잘할 수 있는 사업가라 확신하고 투자를 결정했다고 한다. 결과적으로 보면 이광수 대표의 투자자에 대한 관심과 관찰 때문에 그가 원하는 투자를 받을 수 있었던 셈이다.

새로운 기회

관찰은 '익숙함 가운데 숨겨진 새로운 기회를 발견하는 것'이다. 새로운 기회는 어디에서 올까? 전혀 경험하지 못한 것에서 영감을 얻기도 하지만 대부분 일상의 익숙함에 숨어 있는 경우가 많다. '진정한 발견 행위는 새로운 땅을 발견하는 것이 아니라 새로운 눈으로 사물을 보는 것이다.'라고 했던 마르셀 프루스트(Marcel Proust)[5]의 말처럼, 기회를 발견하는 날카로운 관찰의 눈을 갖는 것이 통찰의 과정에서 가장 중요한 요건이다.

관찰이란 수많은 자극에서 특별한 의미를 찾아내는 발견 행위이다. 관찰을 아무나 할 수 없는 특별한 것으로 생각할 필요는 없다. 어린아이들은 작은 물건도 새롭게 받아들이고 호기심 가득한 질문을 끊임없이 한다. 관찰은 결코 지능이나 학식의 높고 낮음에 의해 좌우되는 것이 아니다.

우리는 매일매일 수없이 많은 자극과 마주친다. 그런데 우리의 마음속에 남아 있는 것은 얼마나 될까? 제한적인 몇 가지만 뇌리에 남아 있을 뿐이다. 일잘러가 되기를 원하는 인사이터는 무심코 발견하는 통찰을 기대하기보다 특정한 의도와 목직을 가지고 현상 뒤에 숨어 있는 이

5 마르셀 프루스트는 1871년 7월 10일 파리에서 태어나 1922년 11월 18일 사망한 프랑스의 작가이다. 프루스트의 주요 작품으로는 1913년부터 1927년까지 출판된 연작소설 《잃어버린 시간을 찾아서》가 있다.

면을 관찰하는 노력을 해야 한다.

일상에서 특정한 주제와 관련된 사람들의 말과 행동, 사물과의 상호작용, 서비스 이용 프로세스 등을 자세히 들여다보고 그것으로부터 특별한 의미를 찾아내는 것이 의도적 관찰이다. '물이 맑다.'라는 것과 '어찌나 물이 맑은지 돌 틈에 있는 고기들의 숨 쉬는 것까지 보인다.'라고 하는 것은 다르다.

고(故) 신영복 교수의 캘리그래피 '처음처럼'[7]

최근에 필자는 캘리그래피(Calligraphy)[6]를 배우고 있다. 평상시 필자는 집에서부터 사무실까지 출퇴근하면서 수없이 보았던 간판 중에서 캘리그래피 문자를 찾아내고 구분한 적이 한 번도 없었다. 그런데 캘리그래피에 취미를 가진 순간부터 자연스럽게 간판을 관찰하게 되었다. 새로운 눈으로 보니 많은 간판과 포스터에서 전에는 볼 수 없었던 캘리그래피를 발견할 수 있었다. 저녁 식사 시간에 나온 소주 '처음처럼'도 그냥 그렇고 그런 글씨라고 생각했는데, 캘리그래피를 알고 나니 고(故) 신영복 교수의 캘리그래피였다는 것을 알 수 있었다. 관찰은 관찰할수록 새로운 것을 보여주는 마법이 있다.

---

6 캘리그래피는 손으로 그린 그림 문자라는 뜻으로, 글씨를 아름답게 쓰는 기술을 뜻한다.

7 출처: https://www.hani.co.kr/arti/society/society_general/726475.html

관찰을 하면 전에 못 보던 많은 것을 새롭게 볼 수 있지만 특별히 어느 것에 관심을 두고 집중적으로 관찰하지 않는 한 새로움을 찾아내기란 쉽지 않다.

그렇다면 새로운 통찰을 찾고자 하는 일잘러는 일상의 자극에서 어떻게 해야 새로움을 발견할 수 있을까?

❶ 행동 유발의 동기(Motivation)를 파악해야 한다.

사람들이 어떤 행동을 할 때 왜 그런 행동을 하는지 근본적인 원인을 파악하는 것이다. 예를 들어, 의류매장에서 한 고객이 휴대전화로 옷걸이에 걸린 옷을 점원 몰래 찍고 있다면 왜 그런 행동을 하는지 원인을 파악할 필요가 있다. 쇼루밍일 수도 있고, 친구에게 카톡으로 물어보려고 했는지도 모른다. 사람들의 행동을 보고 그 원인을 즉각 결론 내리기보다는 다른 사실과 함께 종합적으로 판단하는 것이 좋다.

❷ 원래 용도와 다른 용도(Workaround)는 없는가를 살펴야 한다.

원래부터 그랬다는 것은 없다. 원래 그런 목적이었더라도 더 많은 수의 고객이 다른 용도로 쓴다면 그것이 더 옳을 수도 있다.

❸ 불편한 점은 없는가(Pain-point)를 살펴야 한다.

이는 물리적인 불편이나 어려움은 없는지 살펴보는 것이다. 사용자의 관점에서 개선해야 하는 기능이나 프로젝트는 무엇인지를 찾아보는 것이다.

❹ 기존의 내 생각과 다른 점(New perspective)은 무엇인가를 파악해야 한다.

지금까지 내 생각과 전혀 다른 사실을 발견한다면 관찰을 통해 얻을 수 있는 가장 큰 수확이다. 일반적인 사실과 전혀 다른 현상을 발견하는 것은 비즈니스에서 차별화된 기회 영역을 발견하는 통찰을 주기 때문이다.

익숙해진 불편함

관찰의 세부적인 방법은 평범한 일상에서 익숙해진 불편함을 찾는 것이다. 제3자가 봤을 때는 힘들고 불편해 보이는데 본인은 전혀 불편하지 않다고 인식하는 경우가 있다. 예를 들어, 새로 이사 온 아파트의 엘리베이터 속도가 현저히 느리면 처음에는 불평하지만 얼마 지나지 않아 그 속도를 정상적으로 받아들이게 된다. 환경에 곧바로 적응하는 것이다.

버스나 지하철에서 또는 쇼핑센터에서 심지어 우리가 늘 사용하는 가전제품에 이르기까지 주위를 둘러보면 온통 불편함 투성이다. 불편함이 많다는 것은 개선하고 혁신할 거리가 넘친다는 의미이다. 이미 한 번 개선된 것이라도 더 좋게 발전시킬 수 있다. 그래서 똑같은 현상이라도 그것을 다른 눈으로 보는 시각이 필요하다.

우리가 매일 보는 TV는 영상과 소리를 듣는 것이 목적이다. 그런데 TV를 보면서 얼마 전에 친구에게서 받았던 커피잔이 생각나서 예쁘게 잘 사용하고 있다는 사진을 찍으려고 한다면 따로 카메라를 찾아야 한다. 이때 TV에 사진 찍는 기능이 붙어 있다면 어떨까? TV는 보는 것과 듣는 것뿐만 아니라 사진을 찍는 기능까지 수행할 수 있을 것이다.

병원에 갔을 때 많이 경험하게 되는 것은 대기시간의 지루함이다. 환자들이 많기 때문일 수도 있지만 예약한 시간에 정확히 맞춰 갔는데도 한참 기다려야 할 때가 종종 있다. 그런데 이를 불편하게 생각하기보다는 대부분 '당연히 기다리는 것'이라고 생각하는 경우가 더 많다. 이처럼 불편하고 잘못된 것이지만 불편함을 인식하지 못하고 잘 표현하지 않는데 이것을 '익숙해진 불편함'이라고 한다.

익숙해진 불편함에 젖어 있으면 일잘러가 되는 길은 멀어질 수밖에 없다. 일잘러가 되기 위해서는 질문하고 관찰해야 한다. '원래 이랬나?', '다른 나라도 이런가?', '다른 방법은 없나?'와 같은 질문을 하면서 익숙해진 불편함에서 벗어나도록 해야 한다. 관찰을 통해서 사람들이 말로 표현하지 못하는 것, 사소한 것이라 별로 중요하다고 여기지 않는 것들에서 의미 있는 행동을 발견하는 눈이 필요하다.

특이한 행동과 증거

사람들은 스스로 자신의 행동이 특이하다고 인식하지 않는다. 오랫동안 그 방식으로 해왔기 때문에 당연하게 받아들인다. 또 자신이 가지고 있는 물건을 전혀 중요하게 생각하지 않거나 갖고 있는지 기억조차 못할 때도 많다. 사람들의 미충족 심층 니즈는 대부분 이런 곳에 숨어 있다.

신용카드의 불편함을 물으면 사람들은 "특별히 불편한 게 없는데요?" 라고 대부분 대답한다. 그런데 관심을 두고 관찰해보면 사람들은 신용

카드 뒷면에 각종 혜택의 종류와 적립률을 지워지지 않도록 적어 놓거나 적립 카드를 몽땅 점원에게 건네며 알아서 적립해 달라고 요청한다. 특히 남성이나 노인들은 더 흔하게 이런 행동을 한다.

필자도 집 앞에 있는 모 편의점에서 포인트를 적립한 적이 있었다. 초기에는 영수증에 포인트가 얼마 쌓였다고 찍어주더니 어느 날 포인트 카드로 정책이 바뀌었다며 그동안 적립된 포인트를 사용해달라는 요청을 받았다. 특별히 필요한 물건이 없어 차일피일 미루었더니 포인트가 사라져 버렸단다.

필자가 만일 필요하지 않은데도 포인트 사용을 위해 충동적으로 구매한 후 포인트 카드로 바꿨다면 어땠을까? 그동안의 행태를 보아서는 포인트로 사용하는 방법을 까다롭게 만들거나, 얼마 이상의 물건을 사야만 포인트를 사용할 수 있다는 제한을 하거나, 포인트 쌓은 지 얼마의 기간이 경과해야 사용할 수 있는 등의 불편함을 만들어 포인트를 쉽게 사용하지 못하도록 할 가능성이 크다.

이런 불편함을 해결하기 위해 어느 매장에 가든 스마트폰만 내밀면 알아서 최적의 카드 혜택이 무엇인지 판단하여 적용하고 남은 것은 정리까지 해준다면 어떨까? 이런 생각은 관찰을 통해 사람들의 불편함을 찾아내는 눈에서 나올 수 있다. 관찰을 깊이 있게 하거나 의도적으로 적용함으로써 많은 것을 발견할 수 있다.

병원에 종사하는 의료진은 환자와 많은 대화를 나누고 환자의 상태에 관한 여러 가지 정보를 컴퓨터에 입력해야 한다. 대표적인 시간이 회진 시간이다. 의료진들은 회진 시간에 다양한 내용을 확인하고 회진 후에는 그 내용을 기록한다. 간호사도 마찬가지다. 환자가 음식을 잘 먹었는지, 주어진 약을 제시간에 먹었는지, 소변은 얼마나 나왔는지, 호흡기 환자라면 가래나 기침은 몇 번이나 했는지 등 수많은 정보를 확인하고 자기 자리로 돌아와 확인한 내용을 기록한다. 요즘에는 태블릿 PC를 들고 다니며 기록하기 때문에 조금 편리해진 부분도 있다. 그렇지만 아직도 차트에 기록한 후 자기 자리로 돌아와서 컴퓨터에 입력하는 경우가 더 많다. 종이에서 태블릿 PC로 변경되었을 뿐 병원 의무기록과 연동되지 않아 기록한 내용을 다시 반복적으로 입력해야 하기 때문이다. 또한 태블릿 PC를 들고 다닐 경우 양손을 사용해서 환자에게 처치를 할 때는 오히려 보관상의 불편이 따를 수도 있다.

만약 의료진과 환자가 주고받는 말이나 정보를 음성으로 말함과 동시에 그 말이 기록으로 옮겨지는 음성인식기술이 발전한다면 업무를 훨씬 더 수월하게 그리고 더 정확하게 할 수 있을 것이다. 실제 이러한 연구와 개발이 이루어지고 있는데 가톨릭대학교 은평성모병원에서 시행하고 있는 음성인식 의무기록(Voice EMR)이 그것이다.

의사들이 쓰는 음성인식 의무기록은 미국과 같은 선진국에서 이미 적용되고 있다. 그렇지만 간호업무에 음성인식 기술을 적용한 사례는 없다. 이것을 은평성모병원이 세계 최초로 시도하고 있다. 은평성모병원은 이미 일부 시범 병동에서 음성인식 간호기록이 적용되고 있고 점진적으로 확대하여 모든 병동에 음성인식 간호기록을 적용하고 불편한 점을 수정하고 보완하는 중이다.

인간의 본능

냉장고는 음식물을 보관하는 기능적 공간뿐만 아니라 사람들의 다양한 욕망이 지장된 감성적 공간이다. 때로는 목적을 가지고 때로는 자신도 모르게 무의식적으로 문을 열게 되는 가전제품이다. 인류는 옛날부터 부족한 식량을 확보하여 오랫동안 보관함으로써 자신과 가족의 생명을 유지하려는 본능을 가지고 있다. 냉장고에는 그런 인간의 본능이 가장 직접적으로 드러난다. 그래서 사람들은 쇼핑한 물건을 냉장고에 보관하는 순간 무의식적으로 심리적 안정을 느낀다. 냉장고에 붙어 있는 수많은 메뉴판도 배고픔에 대비하기 위한 무형의 음식 정보를 저장하는 행위이다.

이처럼 냉장고는 사람들의 본능을 충족시켜주는 물건이고 때로는 감성적 가치를 나타내기도 한다. 냉장고 문에 여행지의 마그넷 기념품을 붙여 놓거나 아이들의 성장하는 모습 및 가족사진을 냉장고에 붙여 놓는 것은 추억을 떠올리거나 남들에게 자랑하려는 의도이다. 그렇다면 이런 인간의 감성적인 행동을 충족해주기 위해서 무엇을 할 수 있을까? 냉장고 문의 일부를 모니터로 할애하여 컴퓨터로 사진을 보는 것처럼 모니터 기능을 작동시켜 기념사진들을 보여주는 냉장고가 대안이 될 수도 있다.

필자는 시간만 나면 건강 관리는 물론 신선한 바깥 공기를 마시기 위해 한강에 가서 라이딩을 즐긴다. 자전거를 타고 한강 둔치까지 가는 길에 보면 곳곳에 설치된 자전거 보관 장소를 만날 수 있다. 지금은 자전거 주차대를 만들어 보기 좋게 보관할 수 있지만 이것이 생기기 전에는 누군가 한 곳에 자전거를 주차하면 여러 자전거가 한꺼번에 그곳에 몰려 주차를 했다. 심지어 오토바이들도 유사하다. 왜 그럴까?

한곳에 여러 대의 자전거가 모여있는 것과 달리 한쪽 구석에 한 대의 자전거만 세워져 있다면 그 자전거 주변에는 쓰레기가 수북하게 쌓인다. 마치 '깨진 유리창 법칙'[8]처럼 누군가가 자전거 주변에 쓰레기를 버리기 시작하면 다른 사람들도 같은 행동을 하기 때문이다. 이 모습을 보면 왜 자전거 주인들이 본능적으로 한 장소에 자전거를 모아서 보관하는지 이해할 수 있다.

자전거 주인들이 원하는 것은 '도난이나 분실 같은 잠재적인 위험으로부터 관리받고 있다.'는 느낌이다. 이런 발견을 어떻게 활용할 수 있을까? 관리받고 있다는 느낌을 줌으로써 도난의 리스크를 현저히 줄일 수 있다. 세계적인 범죄도시였던 뉴욕이 살인, 강도 같은 중범죄를 75%나 낮춤으로써 안전한 도시로 거듭나는 데는 '도시가 관리되고 있다'라고 느끼게 한 것이 한몫했다. 이렇게 우리 주변에서 볼 수 있는 사람들의 행동을 자세히 관찰하여 본능을 찾아냄으로써 새로운 깨달음을 얻을 수 있다.

다르게 하기

일상에서 새로운 통찰을 할 수 있는 관찰 방법 중 하나는 '다르게 하기'다. 지금까지 해오던 방식과 반대로 시도해 보는 것이다. 그런 과정에서 새로운 자극과 영감을 얻을 수 있다.

---

8 마이클 레빈, 김민주, 이영숙 옮김, 흐름출판, 2006.

예를 들면, 출퇴근길 또는 등하굣길도 좋다. 매번 똑같은 길로 가는 게 아니라 일주일에 한 번 정도는 다른 길로 목적지를 찾아가도록 의도적으로 바꿔보는 것이다. 평소에 다니던 길은 익숙하지만 늘 보아왔기 때문에 새로운 것이 별로 없다. 그런데 매주 다른 길을 거쳐 가면 모든 것이 새롭다. '어? 여기에 이런 것이 있었네?'라는 새로움을 느낄 수 있다. 새로운 음식점과 새로운 가게 또 그곳에서 활동하는 사람들의 행태가 다르다는 것을 관찰할 수 있다.

평소와 다른 출퇴근길을 이용하는 것도 색다른 경험이 될 수 있다. 버스를 타고 가다가 지하철로 바꿔 타거나, 평소보다 조금 일찍 출발하여 한 정거장 앞에서 내려 걸어가거나, 어느 날은 시간이 좀 걸리더라도 지하철 5호선이 아니라 3호선을 타보는 것이다. 이렇게 행동을 바꾸면 지하철 광고도 새롭게 보이고 차이점도 발견할 수 있다.

필자는 지하철 3호선 첫차를 이용하여 일찍 출근하는데 사무실에서 제일 가까운 남부터미널역까지 갈 때도 변화를 시도한다. 어느 날은 교대역에서, 어느 날은 서초역에서, 시간적 여유가 있다면 고속버스터미널에서 서울성모병원 앞을 지나 예술의 전당 쪽으로 걸어가기도 한다. 같은 역에서 내리더라도 사무실까지 가는 길을 직선으로 택할 때도 있고 빙 둘러서 먼 길로 돌아갈 때도 있다. 새로운 루트를 개발해서 사무실까지 출근하면 운동이 될 뿐만 아니라 새로운 것을 발견하기도 한다. 걷는 동안 사색을 하므로 좋은 생각이 떠오를 때도 많다. 각종 환경오염에서도 맨 먼저 싹을 틔우는 민들레꽃에 매달린 이슬을 보며 시상(詩想)을 떠올릴 때도 있다.

이슬

恩山 박병태

꽃잎이 무거울까 살짝 앉았더니
스치는 바람에도 몸이 휘청인다.
"좀 살살해라 잉?"
지나간 바람에 눈을 치켜뜨지만
지나쳤으니 이미 과거란다
맑고 여리다고 어찌 화가 없겠는가?
투명한 마음에 금이 가기도 전에
햇살에 녹아 사라지는 이슬
으~ 분하다 I'll be back

시(詩)를 쓸 때는 잘 쓰고 못 쓰고 보다는 얼마나 몰입되었느냐가 중요하다. 무엇인가 바라본 그 순간에 떠오른 단발적인 발상이 될 수도 있고, 나를 버리고 거꾸로 내가 그것이 되어 그의 마음을 표현할 수도 있다. 내가 아닌 그것과의 일체화(一體化)를 통해 지금까지 보지 못했던 새로운 세계를 볼 수도 있다.

사라지는 것과 태어나는 것

사라지는 것들과 새로 태어나는 것들에 관해 관찰하면서 새로운 자극을 받을 수도 있다.

요즘 지하철 안의 풍경은 과거와 사뭇 달라졌다. 가장 눈에 띄는 것은 광고가 사라진 것이다. 과거에는 무가지를 선반 위에 올려놓는 사람이 지나가고 나면 5분 후에 그 무가지를 폐지로 수거해가는 노인들을 보면서 실소를 머금었었다. 그런데 요즘에는 무가지도 없고, 각종 광고 문구도 사라져 버렸다. 신문이나 광고지에 존재하던 수많은 생활 정보가 스마트폰으로 들어갔기 때문이다.

종이 신문도 그렇다. '화장실이 있는 한 종이 신문은 영원하다.'라고 했던 〈선타임스〉의 전 부회장 마크 호눙(Mark Hornung)의 말이 이제는 옛말이 되었다. 스마트폰이 사람들의 시간을 점령해 버렸다. 수십 년간 이어온 신문이나 방송과 같은 전통적인 광고 비즈니스 모델은 구글이나 네이버 같은 포털이나 모바일에 지분을 양보했다. 최근 15년간 우리나라 지상파 TV 방송의 시청자 수와 광고 수익은 급격하게 줄었다.[9] 세계적인 종이 신문의 대명사였던 〈뉴욕타임스〉조차 2020년부터 디지털 미디어에 역전당하는 현상이 나타났다.[10]

비디오 가게가 문을 닫았고, 소파에 앉아서 최신 영화를 TV로 골라 볼 수 있는 환경으로 바뀌었다. 잔돈을 받느라 시간을 허비해야 했던 톨게이트의 불편함도 옛말이 되어가고 있다. 고속버스 티켓과 좌석 번호를 점검하던 승무원들이 사라지고, 이제는 바코드 하나로 고속버스 티켓과 승차 확인을 동시에 해결한다. 대부분의 비즈니스 모델은 과거부터 오랜 기간 누적되어 생성된 생태계이므로 쉽게 벗어날 수 없을 것 같지만 최근에는 많은 곳에서 기존의 생태계를 파괴하는 혁신이 일어나고 있다. 그 중심에는 스마트폰이 있다. 무엇이 사라지고 어디에

9 2019년도 방송사업자 재산상황, 방송통신위원회 발표, 2020.6.23

10 뉴욕타임스는 어떻게 디지털 전환에 성공했나, 아시아투데이, 2022.4.15

서 어떤 기회가 생겨날 지 예측하기가 쉽지 않다. 하지만 분명한 점은 어떤 영역이든 어떤 사업 아이템이든 그 일의 본질에서 답을 찾아야만 한다.

톨게이트 하이패스[11]

고속도로를 이용하는 운전자는 정해진 금액의 사용료를 내야 한다. 운행한 거리만큼 돈을 내는 것이 톨게이트의 본질이다. 돈만 낼 수 있다면 그 방식이 아날로그든, 디지털이든 상관없다. 지금은 사람과 하이패스가 공동으로 운영되는 톨게이트이지만 본질적인 면에 다가갈수록 언젠가 톨게이트 자체가 사라지는 날이 올지도 모른다.

무가지나 유료 신문도 마찬가지다. 종이냐 모바일이냐 하는 것은 문제를 해결하는 방식이므로 결국 사용자에게 편리한 방식만 살아남을 수밖에 없다. 신문 사이에 끼어 있는 전단지, 결제한 뒤 무심코 챙기는 종이 영수증, 커피숍 진동벨, 인사할 때 주고받는 명함 등 대부분의 물건이 디지털화 될 것이다. 그러므로 일잘러는 그 일의 목적을 달성하는 데 있어 사용자에게 불편함이 있는지 없는지를 살펴보는 것이 중요하다.

무엇을 관찰해야 할까? 여러 가지를 관찰할 수 있지만, 특히 다음 4가지 관점은 중요하다.

---

11 출처: https://emscloud.tistory.com/674

❶ 사람이다.

내가 관찰하는 공간에 존재하는 사람들은 누구인가? 자신이 중요하다고 생각하는 사람만 관찰 대상이 되는 게 아니라 특정 공간에 있는 모든 사람이 이해관계자가 되므로 하나도 빼놓지 않고 관찰하려는 노력이 필요하다.

❷ 환경이다.

관찰 대상의 물리적 환경은 어떤 특징이 있는지 관찰하는 것이다. 장소가 좁은지 넓은지, 노출되어 있는지 숨겨져 있는지와 같이 사람들의 행동에 영향을 주는 환경적인 요인을 관찰해야 한다. 특정 매장을 관찰한다면 주변에 다른 매장과 경쟁 관계인 곳은 없는지, 판매에 도움이 되는 다른 공간적 요인은 없는지, 접근하기가 편한지, 눈에 잘 띄는지 등 다양한 요인을 살펴볼 수 있다.

❸ 사물이나 도구다.

관찰 공간을 구성하는 사물과 특정 업무를 수행하는 데 사용되는 도구는 무엇인지 확인하는 것이다. 중심 역할을 하는 사물뿐만 아니라 명함, 템플릿처럼 사람들이 주고받는 사소한 사물에도 관심을 두는 것이 필요하다.

❹ 행동이다.

해당 공간에 존재하는 사람과 사람 간 또는 사람과 사물 사이에 어떤 행동이 일어나는지, 반복적인 것은 무엇이고 간헐적으로 일어나는 것은 무엇인지, 왜 저렇게 행동해야만 하는지 호기심을 가지고 바라보는 것이다.

이렇게 4가지 관점으로 관찰한 후 발견한 사실은 반드시 기록으로 남겨야 한다. 조금이라도 의미가 있어 보이는 것은 노트나 포스트잇 등을 활용해서 기록하고 될 수 있으면 많은 기록 사진을 확보하는 것이 좋다. 기록할 때 중요한 것은 관찰한 것에 대하여 자신의 가설을 근거로 선택적으로 기록하는 것이 아니라 본 것을 그대로 기록하는 것이다.

2.

겉으로 보이는 것이 다가 아니다

겉으로 보이는 현상 뒤에 '무슨 일이 일어나고 있는가?' 또는 '왜 그렇게 되는가?'라는 질문 습관은 새로운 눈을 갖게 한다.

최근 몇 년간 코로나19 때문에 시들했지만 평상시에는 큰 프로젝트를 끝내고 나면 고생한 팀원들과 시간을 보낼 기회가 있다. 그때마다 이렇게 물어본다. "오늘 어디 갈까?" 이렇게 묻는 이유는 팀원 중 누군가 했던 말이 생각났기 때문이다. 그런데 "아~ 코로나 때문에 영화 본 지 언젠지 모르겠네. 요즘 유행하는 영화가 뭐야? 영화 보러 갈까? 어떤 영화 보고 싶어?"라고 물으면, 팀원들이 갑자기 아연실색하며 이렇게 말한다.

"예? 영화요? 이렇게 날씨 좋은 토요일 낮에 어두운 극장에서 영화를 보면 어떡합니까? 코로나 때문에 극장도 썰렁하고, 한강 둔치에서 바람 쐬는 게 좋지 않나요?"

어디서부터 잘못된 걸까? 잘 생각해 보면 팀원들의 이런 반응은 필자가 단순하게 생각한 탓이다. 팀원 중 일부는 영화를 보고 싶다고 말했다. 하지만 그 시점은 평일 오후 늦게까지 잔업을 하던 때였다. 그때는 그냥 아무 생각 없이 치고받는 영화를 보고 싶었을지도 모른다. 평일 밤에 할 수 있는 일과 토요일 낮에 할 수 있는 일은 그 범위에서 상당한 차이가 있다. 이것이 현상과 본질의 차이다.

이런 현상을 탈피하려면 어떻게 해야 할까? 본질에 집중해야 한다.

본질이란 무엇인가? '사물이 본래 가지고 있는 성질이나 모습'이다. 그것이 없으면 그 사물이 존재할 수 없는 성질이나 요소다. 시스템 다이내믹스(System Dynamics)[1]에서는 사물의 본질을 현상 뒤에 숨어 있는 구조(構造)와 인과(因果)로 포착한다. 이때 구조를 모델(Model), 인과를 다이너미즘(Dynamism)이라고 한다.

모델이란 그 현상을 만들어내는 구성요소와 그 구성요소들 간의 상호 관계이다. 예를 들어, '아내에게 캘리그래피 책을 사 주었더니 글씨를 잘 쓴다.'의 구성요소는 이렇다.

> 캘리그래피 책을 사 준다 → 글씨를 잘 쓴다.

그러나 현상(글씨를 잘 쓴다)이 나타나게 된 진짜 원인을 제대로 파악해야 본질을 파악할 수 있다.

> 캘리그래피 책을 사 준다 → 하루에 2시간씩 연습한다
> → 글씨를 잘 쓴다.

1 시스템 다이내믹스에 관한 세부 사항은 85쪽 '시스템 다이내믹스' 참조.

본질은 하루에 2시간씩 연습하는 것이다. 이런 모델이 눈에 보여야 단순히 책을 사 준다고 글씨를 잘 쓰게 되는 것은 아니라는 사실을 알 수 있다. 캘리그래피 책을 사 줄 뿐만 아니라 아내가 글씨 공부할 수 있도록 저녁 식사 준비나 설거지를 대신해주는 환경을 만들어줘야 한다.

다이너미즘(因果)은 장기적인 관점에서 그 모델이 만들어내는 움직임이다. 다이너미즘이 눈에 보이면 모델이 시간의 흐름에 따라 움직이는 패턴까지 읽을 수 있다. 예를 들어, 캘리그래피를 1시간씩 연습하면 20%의 실력이 오른다고 가정해 보자. 단순한 모델에서는 하루에 2시간씩 공부하면 40%의 실력이 향상될 것을 기대한다. 그런데 하루에 10시간씩 공부하면 어떻게 될까? 일시적으로는 실력이 향상될 수 있지만 오래 지속되지는 않을 수도 있다. 글씨 쓰기가 싫어지거나 너무 힘들고 지친 탓에 오히려 포기할 수도 있다. 이렇게 장기적 관점에서 모델이 만들어내는 움직임을 파악하는 것을 '다이너미즘'이라고 한다.

모든 현상 뒤에는 그 현상을 만드는 모델과 다이너미즘이 있다. 모델과 다이너미즘의 결과로 현상이 눈앞에 나타나는 것이다. 이 두 가지를 파악해야 프로젝트가 끝난 토요일 오후에 영화 보러 가자는 제안을 하는 것과 같은 참사를 막을 수 있다. '통찰한다'는 것은 현상 뒤에 숨어 있는 모델과 다이너미즘을 볼 수 있다는 뜻이다. 이 통찰에 이르는 전(前) 단계가 관찰이다. 즉 관찰을 통해 모델과 다이너미즘을 보고 그것이 어떻게 작용할지 아는 과정을 지나서 통찰에 이르게 된다.

가까운 곳에서 새로움을

잘 보는 것이 중요하다면 무엇을 관찰해야 할까? 어디에서부터 관찰하는 게 좋을까? 자신의 주변과 일상에서부터 시작해야 한다.

알렉산드라 호로비츠(Alexandra Horowitz)는 《관찰의 인문학》[2]에서 평범한 동네 길을 여러 전문가와 함께 걸으며 겪은 놀라운 경험을 묘사하고 있다. 자신이 사는 동네 길을 12번이나 반복해서 19개월 된 아들, 지질학자, 타이포그래퍼(Typographer), 곤충학자, 시각장애인, 의사 등 각양각색의 개성 넘치고 전문적인 시각을 지닌 사람들과 함께 걸으며 관찰했다. 그러면서 동네 길에서 평소에 쉽게 놓쳤던 일상적인 장면들을 공유하고 있다.

이처럼 관찰을 잘한다는 것은 거창하거나 엄청난 비용이 들거나 전혀 가보지 않은 신세계를 찾아가서 관찰하는 것이 아니다. 그냥 내 주변과 일상에서도 얼마든지 좋은 관찰을 할 수 있다.

평범한 일상에서 새로움을 발견하려면 어떻게 해야 할까? 대수롭지 않은 일상생활에서 통찰을 얻는 일은 쉽지 않다. 일상의 숨겨진 요소들을 다 안다고 생각하며 바라보면 결코 새로움을 찾아낼 수 없다. 그렇다면 그와 반대로 생각하면 되지 않을까?

일상에서 새로운 것을 발견하는 핵심은 친숙한 대상을 낯설게 만드는 방법이다. 높은 성과를 냈던 일잘러들은 공통적으로 대상을 낯설게 대하기를 강조한다. 대상을 낯설게 만드는 방법은 무엇일까?

---

2 알렉산드라 호로비츠, 박다솜 옮김, 시드페이퍼, 2015.

❶ '의도적으로 낯설게 보는 것'이다.

야수파의 창시자 앙리 마티스(Henri Matisse gravant)는 "모든 사물을 볼 때 난생처음 보는 것처럼 보라."고 말했다. 처음 이 말을 들으면 도대체 뭘 어떻게 낯설게 보라는 것인지 의아해할 수도 있다. 그러나 말년의 마티스가 긴 붓으로 그림을 그리는 사진을 보면 의도적으로 낯설게 한다는 의미를 느낄 수 있다. 평상시 사용하던 붓이 아닌 의도적으로 다른 긴 붓을 사용하는 것은 분명 불편하겠지만 다른 것이기 때문에 다른 작품이 나올 수 있다.

긴 붓으로 그림 그리는 앙리 마티스[3]

필자가 어느 학술대회의 휴식 시간에 밖에 나와 바람을 쐬는데 지인

3 출처: https://www.openedition.co.kr/curating-artist/matisse-interior/

이 스마트폰 카메라로 나뭇잎과 줄기, 나무껍질, 꽃 등을 최대한 확대하여 사진을 찍고 있었다. "뭐 하는 거예요? 이렇게 확대하면 무슨 사물을 찍었는지 구분이 안 될 텐데요."라고 말했더니 그분은 "이렇게 찍은 사진을 파워포인트 배경 화면으로 이용해요."라고 대답했다. 그분 역시 평상시 일반인들이 찍는 사진과는 전혀 다른 용도로 낯설게 하기를 실천하고 있었던 셈이다.

❷ '부정하기'다.

이 방법은 르네 마그리트(René Magritte)의 '이미지의 배반'을 통해 의미를 파악할 수 있다. 그의 그림에는 파이프 하나가 있고, 그 아래에 '이것은 파이프가 아니다(Ceci n'est pas une pipe)'라고 적혀 있다.

르네 마그리트, 이미지의 배반[4]

작가의 심오한 철학적 의미까지는 모르더라도 일단 파이프를 파이프

4 출처: https://www.news2day.co.kr/74812

가 아니라고 부정하며 그림을 그려놨으니 그림 속 사물이 낯설게 느껴질 수 있다.

'부정하기'는 그림뿐만 아니라 창의력 훈련에서도 유용하게 활용된다. 예를 들어, 안경을 '안경이 아니다'라고 정의한 후 무엇으로 활용할 수 있는지 10가지를 써보는 훈련을 하는 것이다. 이 훈련을 하면 평상시 눈에만 쓰는 안경의 또 다른 용도를 찾아낼 수 있다.

❸ '다른 누군가와 같이 보는 것'이다.

인간의 주의에는 한계가 있다. 세상 모든 정보를 다 담을 수 없을뿐더러 각자의 관심 영역에 따라 선택적으로 대상을 보게 된다. 자신의 관점에서 크게 벗어나지 못한다는 의미다. 그러므로 다른 사람의 눈을 빌려 새로운 것을 발견하는 시도를 해보는 것도 새로운 것을 발견하는 좋은 방법이다. 될 수 있으면 자신과 관심 영역이나 관점이 다른 사람을 초대하는 것이 좋다.

예를 들어, 날마다 이용하는 구내식당을 다시 관찰할 때 무작정 관찰하는 게 아니라 어떤 소리가 들리는지, 바닥은 어떤 형태이고 어떤 색인지, 어떤 그림이 걸려 있는지, 천장은 얼마나 높은지, 마음에 드는 디자인은 무엇이고 그렇지 않은 것은 무엇인지, 평상시에는 몰랐던 불편함이 있는지, 그곳에서 가장 낯선 곳은 어디인지, 그 공간을 이용하는 사람들에게 무엇을 관찰할 수 있는지 등의 질문을 던지며 살펴보면 상당히 새로운 것을 느낄 수 있다. 더구나 나와 전혀 다른 시각과 경력을 가진 친구나 지인을 초대하여 구내식당으로 데려가고 그곳에서 무엇을 느끼고 보았는지 의견을 나눈다면 또 다른 새로움을 발견할 수 있다.

시스템 다이내믹스

모델(구조)과 다이너미즘(인과)을 통해 현상을 분석하고 해결책을 찾는 시스템 다이내믹스(System dynamics)는 오랜 역사와 우여곡절을 겪은 학문이다. 시스템 다이내믹스의 출발점은 MIT 제이 포레스터(Jay Forrester) 교수가 만든 컴퓨터 시뮬레이션이다. 포레스터 교수는 모든 현상을 시스템으로 포착하려는 의지가 있었다.

시스템 다이내믹스가 세상에 주목을 받은 것은 MIT 연구진이 로마 클럽에 제출한 연구보고서 〈성장의 한계〉가 1972년 세계적인 베스트셀러가 되면서부터이다. 이 보고서는 인구가 계속 증가하면 천연자원이 고갈되고 환경이 파괴되어 결국 지구를 파멸로 몰아넣을 것이라고 지적했다. 그러면서 인류가 지속적으로 지구에서 생존하기 위해 무엇을 어떻게 해야 할지를 언급했는데 그 해답을 찾기 위해 사용한 방법론이 시스템 다이내믹스였다.

MIT 연구진의 시스템 다이내믹스 이론은 전 세계적인 위기 모델을 보여주었고 이 보고서에서 하고 싶었던 말은 '성장에서 균형으로'였다. 이 메시지는 사람들에게 큰 충격을 안겨주었다. '위기감을 과장한다'며 거부감을 표시하는 학자도 많이 있었다. 하지만 그것은 현재 우리가 직면한 문제를 미리 예측한 것으로 지금도 신선함이 그대로 남아 있는 획기적인 주장이었다.

시스템 다이내믹스는 대상을 세분화하여 세밀하게 관찰하는 게 아니라 전체를 통합적으로 조감하는 방법을 강조한다. 시스템 다이내믹스가 나오기 전까지 주류를 이루었던 과학적인 방법론은 요소환원주의였다. 요소환원주의의 기본적인 사고방식은 아무리 복잡한 대상이라도 요소를 잘게 분해하여 각각의 요소를 이해하면 자연스럽게 전체도 이해할 수 있다는 것이었다.

예를 들어, '사과란 무엇인가?'라는 질문을 생각해보면, 사과의 중량은 약 300g, 칼로리는 150kcal, 당질은 40g 정도이다. 주요 성분은 80%가 물이고, 탄수화물이 15%, 단백질은 0.2%다. 이런 식으로 설명하는 것이 요소환원주의의 접근 방법이다. 그런데 이렇게 계속 분해하면서 접근하면 어느 순간 사과는 사과가 아니게 되고 사과의 본질은 어디론가 사라져 버린다.

어떤 조직을 이해하려고 할 때 인사관리, 재무관리, 생산관리, 리더십, 지휘계통, 미션과 비전, 의사결정 과정 등으로 나눠보면 조직을 어느 정도 이해할 수 있다. 하지만 그렇게 해도 알 수 없는 부분이 있다. '현대자동차가 어떻게 혁신할 수 있었는가?'를 이해하려고 할 때 요소환원주의적 분석 방법으로는 한계가 있다. 요소환원주의적인 방법으로 분해해보는 방법도 있겠지만 전체를 포착해 각 요소들 간의 관계성을 주목할 때 올바른 대답을 찾을 수도 있다. 이렇게 전체를 바라보고자 하는 접근 방법이 시스템 다이내믹스 방법론이다.

모델(構造)과 다이너미즘(因果)

모델과 다이너미즘을 블랙박스 안에 가둬둔 채 겉으로 드러난 현상에만 현혹되어 있으면 아무리 시간을 들여도 바람직한 결과는 나오지 않는다. 블랙박스 안에 숨어 있는 모델과 다이너미즘을 찾아야만 제대로 볼 수 있다. 그 문제의 내용이 복잡할수록 모델과 다이너미즘을 이용해 생각해야 한다. 내용이 복잡하면 구성요소의 숫자가 많아서 아무리 분해해도 하나하나가 명확히 눈에 들어오지 않는다.

간단하게 말하면, 인풋(Input)과 아웃풋(Output) 사이에 있는 블랙박스가 바로 본질이다. 그 블랙박스의 모델(구조)과 다이너미즘(인과)을 단순하게 포착하면 올바른 답이 눈에 보인다. 현상에 집착하면 본질을 볼 수 없다. 인풋 → 블랙박스 → 아웃풋으로 단순화하고 블랙박스를 구조(모델)와 인과(다이너미즘)로 분석하는 접근이 핵심이다.

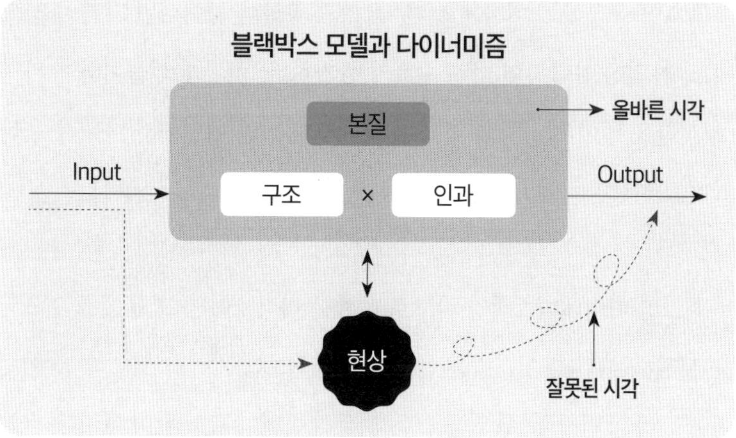

모델(구조)은 쓸데없는 것을 떼어낸 그림 한 장이다. 시스템 다이내믹스에서는 인과(因果) 루프 다이어그램을 그려 모델을 파악한다. 구성요소는 원이나 사각형으로 표현하고, 구성요소들 간의 관계는 화살표로 표시한다. 다이너미즘(인과)을 생각한다는 것은 모델에 시간의 축을 더하여 향후 움직임을 파악하는 것이다. 다이너미즘의 포인트는 모델 안에 있는 요소들의 인과관계를 확인해서 그것이 시간이 지날수록 어떤 패턴을 갖는지를 생각하는 것이다.

미시경제학에서 다루는 가격결정론을 다이너미즘(인과)으로 다시 생각하면, 실제 시장에서 가격이 결정되는 과정에 대해서도 이해할 수 있다. 미시경제학에서는 수요곡선과 공급곡선이 만나는 곳에서 가격이 결정된다고 설명한다. 그런데 이 설명만 들으면 왠지 가격이 한 지점에서 쉽게 결정되는 정적인 이미지처럼 생각된다.

시스템 다이내믹스 사고방식에서는 가격 결정의 다이너미즘을 시간축 위에서 포착하기 때문에 수요가 증가하면 가격이 올라가고, 가격이 올라가면 공급이 늘어나게 된다. 그리고 공급이 늘어나면 가격이 하락하고, 가격이 하락하면 다시 수요가 증가한다. 이렇게 되풀이하는 과정에 시간을 넣어 생각하면 가격이 하나의 정적인 이미지가 아니라 올라갔다 내려갔다 하는 진동의 패턴을 보인다.

시스템 다이내믹스적인 사고로 문제를 바라보려면 그 문제를 일으키는 모델(구조)과 다이너미즘(인과)까지 살펴보는 자세가 필요하다. 이런 자세로 가장 먼저 할 수 있는 것은 '현상의 반대가 결코 답이 아니다.'라는 것이다. 현상은 어디까지나 결과이지 원인이 아니기 때문이다. 원인을 해결하지 않으면 어떤 것도 일시적인 해결책에 불과하고 아까운 시간과 에너지를 낭비하는 결과만 초래한다. 가령, 변비에 걸려 설사약을 먹는다고 할 때 바로 효과가 나타나지 않아 다시 설사약을 먹는다면 이번에는 설사병에 걸린다. 타임래그(Timelag)[5]를 경시한 결과를 만나게 된다.

---

5 타임래그(Timelag)는 효과가 나타날 때까지 걸리는 시간 지체 현상을 말한다.

대통령 선거나 국회의원 선거와 같이 국민들의 선택을 받기 위한 투표가 진행될 경우 후보자들은 국민들에게 선택받기 위해 많은 공약을 남발한다. 그중에 재정적자를 해소하기 위해 적자국채를 발행하거나 세금을 이용하여 국민들에게 많은 것을 제공할 공약도 내놓는다. 이 공약을 지키기 위해서는 지금 당장의 문제를 뒤로 보내서 자식 세대에 더 큰 위기로 돌아오게 만드는 것일 뿐이다. 커다란 시간 축 안에서 미래에 발생할 문제까지 생각해야 올바른 해결책을 찾을 수 있다. 문제를 해결하기 위해서는 결국 모델(구조)을 바꾸고 다이너미즘(인과)을 바꾸는 수밖에 없는 것이다.

'일본의 갈라파고스화'는 일본의 독자 기술이나 서비스가 일본 안에서만 진화하여 세계의 표준에서 뒤처져 글로벌 비즈니스 기회를 잃어버리는 현상을 말한다. 왜 이런 현상이 일어나고 있을까?

첫째, 일본은 기술력이 있으므로 잇따라 수준 높은 물건을 만들어내고, 둘째, 일본 고객들의 요구 수준이 너무 높기 때문에 그렇다는 답을 찾을 수 있다. 그러나 이것이 본질일까? 이 문제 뒤에는 '일본 시장의 크기'라는 본질이 숨어 있다. 일본 시장이 충분히 크기 때문에 많은 기술들이 외부에 의존하지 않고도 독자적으로 진화할 수 있었던 것에 원인이 있었던 것이다.

'우리에게는 거대한 일본 시장이 있다 → 글로벌 시장은 처음부터 진지하게 생각할 필요 없다 → 비용 경쟁력 없는 수준 높은 제품이 나온다 → 글로벌 시장에 뒤늦게 진출한다 → 외국 기업에 세계 표준을 빼앗긴다 → 일본 시장도 빼앗긴다'라고 보는 것이 본질을 파악하는 다이너미즘이다.

핵심은 겉으로 드러난 현상이 아니라 본질을 파악하는 것이다.

3.

관찰의 핵심은 트렌드를 읽는 것이다

혁신은 누구나 바라지만 쉽게 이룰 수 없다는 측면에서 로맨틱한 이상에 가깝다. 대부분의 기업과 공공기관은 업무 방식에서부터 제품과 서비스에 이르기까지 거의 모든 영역에서 변화와 혁신을 요구하고 있다. 최근 정보통신기술(ICT)의 발전이나 시장 파괴적 비즈니스 모델의 등장으로 우리 삶에 미치는 변화의 영향은 예측이 불가능할 정도다. 이러한 패러다임 시프트(Paradigm Shift) 시대에는 개인이든 조직이든 변화와 혁신의 요구가 점점 더 커질 수밖에 없다.

이와 같은 비즈니스 환경에 영향을 주는 변화는 크게 '속도, 관점, 크기, 사용자'라는 4가지 측면에서 이해할 수 있다. 일잘러는 환경변화를 읽는 눈이 정확해야 할 뿐만 아니라 세심한 관찰을 통해 그 본질을 파악할 수 있어야 한다.

비즈니스 환경에 영향을 주는 변화

❶ 속도

환경변화의 속도는 시장 참여자가 미처 대비할 수 없을 정도로 빠르게 진행되고 있다. 새로운 기능을 탑재한 신제품이나 서비스가 하루에도 수백 수천 개씩 시장에 쏟아져 나온다. 패션이나 화장품 같은 영역은 이미 식료품이나 가공식품 같은 일회용 소비재 성격을 띠고 있어 끊임없이 신제품을 발매하고, 프로모션 주기도 점점 짧아지고 있다. 서비스 영역에서도 새로운 기능이나 비즈니스 모델을 시도하는 상품이 넘쳐난다. 중소벤처기업부에 따르면 2020년 기준으로 창업기업의 수가 12만 개를 넘었다. '황의 법칙'[1]처럼 시장의 변화와 혁신의 속도 또한 갈수록 빨라지고 있다.

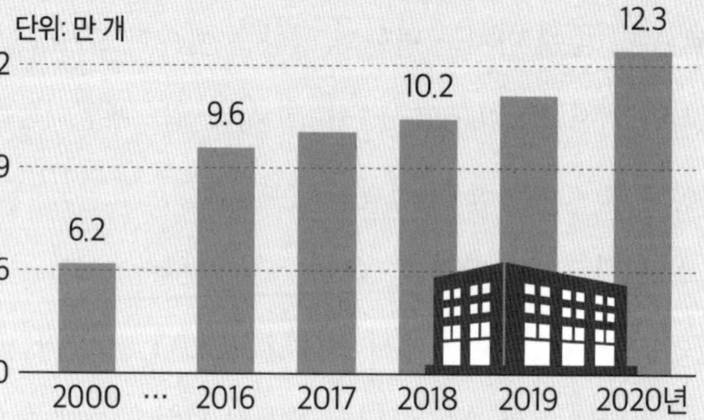

과거에는 새로운 기술이 시장에 나와 혁신의 열매를 따는 데 오랜 시간이 걸렸다면, 지금은 그 속도가 너무 빨라졌다. TV는 1928년 GE

1 황의 법칙(Hwang's Law)은 삼성전자의 기술총괄 사장이었던 황창규가 제시한 이론이다. 2002년 2월 미국 샌프란시스코에서 열렸던 ISSCC(국제반도체회로 학술회의)에서 그는 '메모리 신성장론'을 발표했는데, 무어의 법칙(반도체 집적회로의 성능이 24개월마다 2배로 증가한다는 법칙)과 달리 메모리 반도체의 집적도는 1년에 2배씩 늘어난다고 주장했다.

2 출처: 중소벤처기업부(2021.4.26)

에서 처음 생산한 이래 시장에 확산되는 데 30년이란 오랜 시간이 걸렸다. 디지털카메라, PDA, NFC 기술 등이 시장에 정착하는 데 실패하거나 활성화되는 시간도 오랜 시간이 걸렸다. 바스카르 차크라보티(Bhaskar Chakravorti)는 《혁신의 느린 걸음》[3]에서 혁신적인 기술이나 비즈니스 모델이 시장에 침투하는 속도가 느린 이유를 네트워크, 즉 시장 참여자들의 이해관계가 긴밀하게 얽혀 있는 상호 연결성 때문이라고 했다.

그런데 이런 패러다임이 옛말이 되었다. 산업 곳곳에서 빠른 혁신이 시장 참여자들의 먹거리를 위협하기 시작했다. 카카오택시나 티맵택시는 순식간에 택시를 이용하는 문화를 바꾸었다. 오랫동안 고착화된 영상의 제작, 배급, 유통에 관계한 사람들이 모바일 사용자의 특수성에 대비하여 고민을 시작해야만 했다. TV 시청에 최적화된 72분 드라마의 고정관념은 2013년 무렵부터 웹이나 모바일 환경에 맞추어 10분 분량의 드라마로 재편되기 시작했다. 72분을 72초로 쪼개거나 압축하는 방식의 콘텐츠의 변화가 나타나고 있다. 이처럼 과거에는 10년 정도 걸렸던 혁신이 불과 1년 만에 현실이 되는 것이 오늘날의 패러다임이다.

그 이유가 무엇일까? 기술과 비즈니스 환경의 외형적 변화 속에서 사용자 욕구가 그만큼 빨리 변하기 때문이다. 여기서 우리가 주목해야 할 부분은 사람들의 변화에 대한 인식과 그 변화에 적응하는 탁월한 능력

3 바스카르 차크라보티, 이상원 옮김, 푸른숲, 2005.

이다. 아이폰의 국내 출시에 대해 대부분의 전문가는 그 영향력을 매우 낮게 예측했었다. 그런데 놀랍게도 사람들은 새로운 환경의 변화에 신속하게 적응하고 오히려 더 빠르고 민첩한 인간으로 진화했다. 이제 80세 할머니, 할아버지도 게임기를 들고 카톡으로 소통하는 시대가 된 것이다. 빠르게 진화하는 소비자는 이제 거꾸로 네트워크의 공급자에게 더 빨리 좋은 제품과 서비스를 내놓으라며 좀 더 새로운 경험을 제공할 것을 요구하고 있다. 나이나 성별, 직업과 같은 타깃 세분화로는 소비자의 요구에 부응할 수 없는 시대가 된 것이다. SNS라는 강력한 무기를 손에 쥔 소비자는 시간과 장소적 맥락에 따라 수시로 다른 모습을 보인다. 이처럼 빠르게 변화하는 소비자의 템포를 따라가지 못하면 시장에서 도태당할 수밖에 없는 것이다. 이제는 과거와 같이 무겁고 신중한 혁신이 아니라 가볍고 민첩한 혁신이 필요한 시대다.

❷ 관점

변화무쌍한 오늘날의 비즈니스 환경에서 제품이나 서비스를 바라보는 관점을 어떻게 창의적으로 재정의하느냐에 따라 완전히 새로운 시장 질서를 만들어낼 수 있다. 수십 년 동안 쌓아 올린 기득권이 한순간에 무너질 수도 있다. 그래서 관찰이 필요하다.

우리에게 익숙한 TV 화면은 가로 보기이다. 가로, 세로의 비율이 영화관처럼 가로축을 기준으로 길게 되어 있다. 그런데 우리가 잠시라도 손에서 떨어지면 불안을 느낄 만큼 늘 우리 곁에 있는 모바일 환경은 세로 보기 환경이다. 이와 같은 새로운 관점을 발견한 기업에서는 세로 보기 콘텐츠의 제작을 고민하기 시작했다.

에어비앤비(Airbnb)는 숙박에 대한 관점을 새롭게 정리했고, 카카오택시는 출시된 지 4개월 만에 누적 1,200만 콜, 하루 23만 콜을 기록할 정도로 획기적인 변화를 만들었다. 이러한 변화는 기득권을 가진 플레이어들에게는 위협으로 다가오지만 후발 사업자나 스타트업들에게는 새로운 기회다. 미래학자 최윤식 박사는 《미래학자의 통찰의 기술》[4]에서 오늘날과 같이 급속한 변화의 시대에서는 리스크의 큰 파도가 오고 난 후 기회의 파도가 오는 것이 아니라 리스크와 기회가 하나의 파도처럼 같이 존재한다고 했다. 이 점이 바로 일잘러가 캐치해야 할 관점이다.

❸ 크기

혁신은 대기업이나 큰 조직에서만 하는 경영활동이 아니다. 최근의 혁신 동향은 식스시그마, 비즈니스 프로세스 리엔지니어링 같이 규모가 크고 어려운 혁신에서 중소기업이나 스타트업에서 진행되는 규모가 작은 혁신으로 확대되었다. 과거 혁신이 경영전략이나 혁신 업무를 전담하는 조직에서 다루는 특별한 업무로 받아들여졌다면 이제는 일반 사원이나 현장의 개인 업무로까지 확대되었다. 창의적인 문제 해결과 새로운 아이디어 발굴이 회사의 미래를 결정할 정도로 큰 범주에서만 필요한 것이 아니다. 개별 조직이나 개인 업무에서의 작은 혁신이 모여 큰 혁신으로 진화하는 것으로 생각의 방향이 바뀌었다.

---

4 최윤식, 김영사, 2019.

글로벌 기업 구글이나 네이버, 카카오, 한컴과 같은 IT업체뿐만 아니라 삼성전자, 현대그룹 등 제조업체들에서도 직원들의 아이디어로 개발한 상품을 출시하는 사례가 많이 생겨나고 있다. SK플래닛은 2001년 출범한 이래 격월로 사내벤처 프로그램인 '플래닛 엑스'를 운영하고 있다. 기업들이 사내 벤처 프로그램을 운영하는 이유는 상향식으로 우수한 아이디어를 발굴하고 소규모 투자로 작게 시작하여 그 가능성을 빠르게 타진하기 위함이다. 이는 벤처 마인드를 사내에 전파하는 컬처 혁신이라는 측면에서도 그 의미가 매우 크다.

음식 배달에서부터 주차 대행, 청소, 세탁, 개인 스타일리스트에 이르기까지 생활 전반에 걸쳐 다양한 '온 디맨드(On-demand)' 서비스가 성공 가능성을 타진하고 있다. 코로바는 코스트코의 상품 구매 대응만을 전문으로 하는 스타트업이다. 이렇게 어떤 사업에 한 분야의 탐색에서부터 구매에 이르기까지의 다양한 단계 중에 고객이 불편한 부분의 한 분야를 떼서 그것을 특화시키는 소위 '디커플링(Decoupling)'[5] 현상이 나타나고 있다. 아마존은 페인트칠이나 집수리와 식료품 구매대행까지 그 영역을 확대하고 있다.

이처럼 분절되고 작아진 버티컬 영역이 먹거리가 될까 하는 의문이 들기도 하지만 이러한 영역은 제한된 파이를 나눠 먹는 게임이 아니라 새로운 파이를 만드는 창조적인 혁신이다. 사용자의 편익이 증가하면 지금까지 이용하지 않았던 사람들도 자연스럽게 시장 안으로 들어오는

5 디커플링(Decoupling)이란 '탈(脫)동조화'를 의미한다. 어떤 나라나 지역의 경제가 주위에 있는 다른 나라들이나 전반적인 세계 경제의 흐름과 다른 흐름을 보이는 현상을 말한다.

효과가 나타난다. 작은 혁신은 시간이 지나면서 또 다른 가치를 눈덩이처럼 불리며 더 큰 혁신으로 발전하기도 한다. 이처럼 작은 혁신의 영역에서는 사용자의 라이프스타일을 더 세분화해서 이해할 필요가 있으며 기회를 찾아내는 관찰과 함께 창의적 발상이 중요하다.

❹ 사용자

최근의 비즈니스 혁신은 시간과 공간의 경계를 자유롭게 넘나드는 사용자들에게 주도권이 넘어왔다. 과거에는 오프라인에서 온라인 커머스 영역으로 이동하는 '쇼루밍(Show Rooming) 현상'[6]에 대응하는 것이 화두였다. 그런데 이제는 모바일을 활용해 온라인 소비자를 오프라인으로 불러오거나, 오프라인 소비자가 현장에서 구매할 수 있도록 하는 등 온라인과 오프라인의 장점을 결합하는 O2O(Online to Offline) 커머스가 주목받고 있다. 소비자가 단지 돈을 주고 상품을 구매하는 수동적인 역할에서 상품기획, 마케팅 유통 등 상품의 전 과정에서 피드백과 공유를 통해 영향력을 발휘하는 적극적인 사용자로 변한 것이다.

필자는 얼마 전에 딸과 함께 신세계 매장에 간 일이 있다. 오랜만의 나들이라 딸이 원하는 것을 하나 사 주고 싶었다. 딸은 평상시와 다름없이 매장에서 진열된 상품을 둘러보거나 옷을 입어보는 행동을 하더니 갑자기 스마트폰을 꺼내서 사진을 찍는 게 아니라 12자리쯤 되는 제품의 품번을 메모했다. 어떻게 숫자와 알파벳이 뒤섞여 있는 품번을 외

---

6 쇼루밍(Show Rooming)은 소비자가 상품을 오프라인 매장에서 살펴본 후 가격이 저렴한 인터넷 모바일 플랫폼에서 구매하는 새로운 소비 트렌드다.

울 수 있을까 궁금했는데 "아빠, 몰래 사진을 찍으면 좋은데 점원이 보고 있어서 그냥 외울 수밖에 없어요. 아빠, 그런데 이런 거 이제 익숙해져서 별로 어렵지 않아요. 나만 이러는 거 아냐. 내 친구들은 다 이렇게 해."라고 귀에 대고 속삭였다. 그런 다음 곧바로 네이버에서 가격을 비교해 보더니 "아빠, 이거 너무 비싸. 다른 곳으로 가봐요. 아니면 내가 네이버에서 사든지 할게."라고 말했다. 이것이 쇼핑의 전부였다. 쇼핑의 전체 여정에서 사전 검색과 현장 검증, 구매 결정을 실시간으로 척척 진행하는 모습을 보고 '요즘 아이들은 우리 세대와는 전혀 다른 쇼핑 DNA를 가지고 있는 세대구나.'라고 생각할 수밖에 없었다. 그런데 이런 내 생각에 대해 딸아이는 한술 더 떠서 "아빠, 나만 해도 이미 늙은 세대야. 요즘 20대들은 더해."라고 알려주기까지 했다.

모바일이라는 강력한 무기를 손에 쥔 스마트한 소비자는 온라인과 오프라인이라는 공간적, 시간적 제약을 극복하고 있다. 이렇게 진화하는 소비자의 특성을 붙잡기 위해 나타난 것이 바로 옴니채널(Omni Channel) 전략이다. 소비자가 온라인, 모바일, 오프라인 등 다양한 채널의 경계를 넘나들며 상품을 비교하거나 구매할 수 있도록 하는 전략이다. 예를 들면, 롯데닷컴의 '스마트 픽'은 낮에 온라인이나 모바일로 주문한 제품을 퇴근하면서 백화점이나 이마트에서 찾아갈 수 있다. 교보문고에서 제공하는 '바로 드림' 서비스도 유사한 역할을 한다.

병원은 이용하는 절차가 매우 복잡하다. '어느 병원이 더 잘 진료할까? 어느 의사에게 진료를 보는 것이 가장 바람직할까?' 하는 궁금증을 가진 소비자들에게 가장 최적의 의사와 병원을 추천해 주는 '베스트 닥터 검색'은 사용자의 이런 불편을 해결하는 역할을 한다.

이제는 스마트한 소비자의 모바일 특성과 맥락을 제대로 이해하지 못하면 비즈니스를 유지하기 힘든 시대가 되었다. 일잘러로서 미래 소비자의 기대에 부응하기 위해서는 사람들의 행동 패턴을 꾸준히 관찰하고 시장의 변화를 끊임없이 탐지하는 노력이 필요하다.

시장에서 사랑받는 혁신적인 제품이나 서비스는 어디에서 나오는 것일까? 혁신적이고 창의적인 제품이나 서비스의 중심에는 그것을 이용하는 사람이 존재한다. 혁신적인 제품이나 서비스를 구현하기 위해서는 기술의 탁월함과 비즈니스 모델의 적합성 그리고 인간의 욕구 충족성 등이 함께 고려되어야 한다.

특히 사용자의 숨어 있는 니즈를 충족시키기 위한 사람에 대한 깊은 이해는 그 어떤 요소보다 중요하다. 기술이나 비즈니스 모델 혁신을 통해 제품이나 서비스의 완성도를 높이는 것은 기업활동에서 빼놓을 수 없다. 하지만 그것이 지향하는 바는 언제나 그 상품을 구매하고 사용하게 되는 사람이어야 한다.

고객은 원하는 것이 무엇인지 물어도 제대로 대답하지 못하므로 그들의 니즈를 굳이 물어볼 필요가 없다고 주장하는 사람도 있다. 니즈를 파악해도 95%는 맞지 않다고 주장하는 학자도 있다.[7] 그러므로 우리는 더 깊이 고객을 이해하기 위해 노력해야 한다.

---

7 제럴드 잘트먼(Gerald Zaltman) 하버드대 교수는 인간의 사고는 95%가 무의식중에 일어나기 때문에 사람이 말로 표현하는 반응은 고작 5%밖에 담아내지 못한다고 주장했다.

변화의 양상

현상을 제대로 보기 위해서는 유량(Flow)과 저량(Stock)의 개념을 명확히 알아야 한다. 둘의 차이는 '욕조에 있는 물'로 비유할 수 있다. 수도꼭지를 통해 흘러나오는 물은 '유량'이고, 욕조에 쌓여 있는 물은 '저량'이다.

유량과 저량은 엄격히 구분된다. 우리나라 의료산업은 사회보험인 국민건강보험 제도를 적용하고 있으므로 의료산업이라는 욕조에 들어오는 주체는 영리 행위를 할 수 없다. 비영리법인과 의료인만 병원을 개설할 수 있도록 의료법이 강제하고 있기 때문이다. 또한 의료산업을 영위하며 발생시킬 수 있는 수익은 급여와 비급여 두 가지로 나뉘는데, 대부분의 의료행위는 급여행위이고 급여행위 이외에 제공되는 약품 등은 실거래가를 적용하고 있다. 그러므로 일부 비급여를 제외한 대부분은 국가 통제하에 적절한 금액(수가)이 정해져 있다.

이러한 이유로 의료산업은 비영리로 운영되고 있다. 영리가 목적인

플로우와 스톡

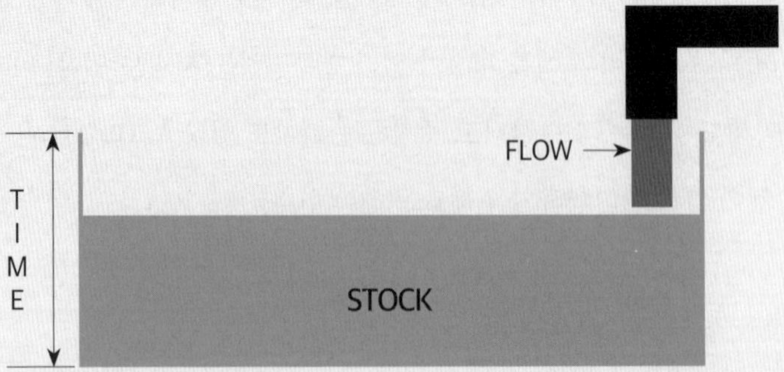

대기업과 거대 자본은 의료산업 욕조 안에 들어오는 것을 매력적으로 생각하지 않았다. 이것이 최근까지의 의료산업 환경이었다. 그런 이유로 우리나라 의료산업 욕조는 일정한 수준으로 안정적인 구조를 이룰 수 있었다.

그런데 최근에는 4차산업혁명으로 인한 전자통신기술(ICT)이 빠르게 발전하여 가상현실(VR), 증강현실(AR), 인공지능(AI), 메타버스, 로봇과 같은 신산업분야가 의료산업 욕조에 뛰어들고 있다. 이들의 진입에 따라 의료산업 욕조의 수위가 점점 높아지면서 새로운 신수조가 만들어지고 있다. 의료산업이 급성기 환자 치료 중심의 전통적인 의료산업에서 훨씬 더 넓은 범위의 헬스케어산업으로 확대되고 있다. 원격진료, 피트니스, 푸드테크, 모바일 같은 분야가 새로운 욕조를 만들어 가고 있다. 이와 같은 새로운 욕조의 유량을 좌우하는 것은 빅데이터다. 의료 빅데이터는 병원뿐만 아니라 병원 이외의 자본이 관심을 두게 되면서 새로운 욕조에 참여하는 일반 기업이 저량이 되어가고 있다.

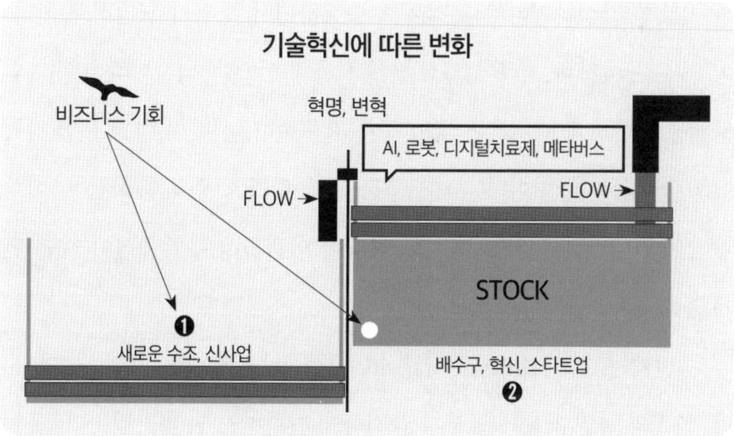

일잘러가 되기 위해서는 유량과 저량의 개념을 이해하고 그런 현상을 볼 수 있는 눈이 있어야 한다. 지금까지 몸담고 있던 욕조 안의 생각에만 머무르면 새롭게 만들어지고 있는 것을 인식하지 못한다. 기존 욕조 밖에 새롭게 만들어지는 욕조를 통한 기회를 창출하지 못하거나 현재 몸담은 욕조를 더 깨끗하게 정화할 수 있는 혁신의 눈을 가질 수 없다.

변화의 역동성

빠른 변화 속에서는 무엇을 중요하게 챙겨봐야 할까? 너무 많은 정보가 있고 속도도 빠르므로 핵심적인 내용을 제대로 꿰어차는 것이 일잘러의 자세다.

첫 번째 포인트는 판세가 바뀌는 시점인 임계점(Critical point)을 찾는 것이다. 일잘러로서 문제를 해결하고 싶다면, '판세가 바뀌는 시점은 언제인가?' '어떤 형태로 찾아오는가?'라는 질문을 항상 염두에 두고 안테나를 세워야 한다.

신규직원이 입사할 경우 처음부터 많은 것을 요구하지 않는다. 단순한 자료를 작성하거나 서무업무를 수행하면서 분위기를 익히게 한다. 어느 정도 시간이 지나야 자료를 충실하게 만드는 기술이나 고객과의 문제를 원만하게 해결하는 방법 등을 요구한다. 시간이 더 흐르면 팀워크를 발휘하는 방법이나 후배를 키우는 능력까지 요구하게 된다. 이처럼 임계점이란 어딘가를 경계로 상황이 바뀌면서 무게중심이 다음 단계로 이동하는 시점을 말한다.

두 번째는, 상전이(Phase transition)를 찾는 것이다. 상전이(相轉移)란, 물질의 성질 가운데 일부가 급격하게 변화하는 현상을 말한다. 물이 얼음으로 변하거나 얼음이 물로 변하는 현상처럼 말이다. 똑같은 H_2O라도 물과 얼음의 성질은 완전히 다르다. 공부하지 않던 아이가 갑자기 의욕을 보이며 공부를 한다든지, 어제까지 철없던 사춘기 아이가 갑자기 성숙한 청년으로 변화한다든지, 침체 상태에 있던 신규고객 개척이 갑자기 잘되는 것과 같은 변화도 상전이라 할 수 있다.

일잘러는 이런 상전이가 언제 일어날지 알아야 한다. 상전이가 일어나고 시간이 흐르게 되면 변화의 양상은 고정되는 게 아니라 연속성을 잃게 된다. 그러므로 상전이 전과 후의 해결책도 달라져야 한다. 상전이를 예측하게 될 경우 '상대보다 빠른 투자 → 경쟁력 향상 → 대량 판매 → 이익 → 다음 투자 및 스크랩 앤드 빌드(Scrap and build)[8]라는 다이너미즘이 눈에 보이게 된다.

상전이가 일어나는 원인은 두 가지다.

하나는, 어떤 요인이 그 한계치를 넘는 경우다. 병원 산업에서 병원 고유 기능을 대체할 정보통신기술(ICT)의 발달로 빅데이터를 통한 인공지능, 모바일, 로봇, 메타버스 등 새로운 영역들이 발생하여 의료산업의 스톡을 채우고 넘쳐 새로운 욕조를 만들었을 때 상전이가 나타난다.

또 하나는, 모델에 영향을 주는 요소 특히 영향자나 경쟁상대가 크게 바뀐 경우다. 예를 들면 고객의 요구가 바뀌거나 기술 면에서 커다란 혁신이 일어나 경쟁상대가 싸우는 방식을 갑자기 바꾼 경우이다. 테슬라(Tesla)가 전기자동차 산업을 한다고 주목하고 있었는데 갑자기 우주산

8 스크랩 앤드 빌드(Scrap and build)는 비능률적인 설비를 폐기하고 고능률의 신규 설비로 대체하는 일이다.

업을 포괄하는 전체 산업으로 변경하는 것과 같은 것이다.

일상생활에서는 결혼, 출산, 전직과 같이 삶에 커다란 변화가 일어난 경우도 상전이에 해당한다. 상전이가 일어나면 다이너미즘(인과)은 당연히 바뀌기 때문에 일잘러는 문제 해결을 위한 접근도 달라지게 된다.

우리나라 산업의 성장 발전을 위한 기반산업은 철강이었다. 철강은 한 나라의 가장 중요한 기반산업에 해당한다. 우리나라는 포항제철이라는 세계 굴지의 제철사업을 통해 눈부신 경제 성장을 이룰 수 있었다. 포항제철의 철 생산량이 증가하면 국민총생산(GNP)도 같이 증가하는 흐름이 불과 몇 년 전까지만 해도 계속되었다. 그런데 최근에는 철강산업의 생산량이 제자리걸음을 하는 모습으로 바뀌고 국민총생산은 그것과 상관없이 성장하는 모습을 보이고 있다. 둘 사이의 상관관계가 옅어진 것이다.

철은 자동차, 건물, 다리 등 제조업과 인프라 산업에 사용된다. 그런데 이와 같은 인프라 산업이 어느 정도 충족되고 철을 대체할 플라스틱이나 알루미늄 같은 신물질이 개발되면서 철강산업의 저량은 서서히 채워지게 되었다. 또한 기술혁신으로 예전보다 적은 양의 철로 제품을 완성하는 것이 가능해졌다. 이런 상전이가 생기면 새로운 욕조가 생기고 기존의 욕조는 새로운 방향성을 찾지 않으면 안 된다.

일잘러가 상전이를 찾았다면 근원적인 드라이버를 생각해야 한다. 근원적 드라이버는 가장 깊은 곳에 위치한 관점에서 상황을 근본적으로 바꾸는 요인이다. 예를 들어 의료산업 욕조가 점점 차오르면서 저량이 넘치게 되었을 때 근본적인 드라이버는 무엇일까? 정보통신기술(ICT)과 빅데이터다. 정보통신기기의 발전을 통해 개개인들이 정보를 생산하는 주체로 바뀌게 되었고, 병원에서 활용하는 각종 장비나 기기에서도 데이터 생성이 급증했다. 그동안 비공개였던 의료정보도 본인 동의하에 가명 처리를 통해 활용하거나 제3자도 사용할 수 있는 데이터 관련 3가지의 법률[9]이 통과되면서 가명 정보가 다양한 분야에서 활용할 수 있게 되었다. 확보된 빅데이터는 표준화와 알고리즘을 통해 인공지능, 모바일, 메타버스 환경을 만들고 의료산업의 욕조는 점차 넘치게 되었다.

일잘러에게는 상전이를 볼 줄 아는 눈과 동시에 근원적 드라이버가 되는 요소를 주의 깊게 관찰하는 자세가 필요다. 일잘러가 이와 같은 눈과 자세를 갖추었을 때 바람직하지 않은 상전이를 예방하거나 상전이가 일어나더라도 올바른 문제 해결의 방향성을 찾을 수 있다.

문제 분석

관심을 둔 대상을 무작정 오랫동안 쳐다본다고 잘 관찰될까? 아니다. 분명한 목적이 있을 때 그리고 관찰의 방법을 알고 있을 때 무엇인가를 찾아낼 수 있다. 거기에 나만의 독특한 경험과 지식이 더해진다면 추가적인 발견을 할 수 있다. 그러므로 일상생활에서 관심의 대상을 만나면 '어떤 원리에 의하여 지금과 같은 모습이나 형상을 하고 있을까?' 또는 '어떻게 이런 현상이 나타났을까?'라는 목적의식을 가지고 대상을 바라

9 2021년부터 발효된 개인정보보호법, 통신망법, 신용정보법을 말한다.

보면서 더 좋은 방법은 없는지 관찰해야 한다.

● 1단계: 관심의 대상을 정한다.

병원, 화장실, 시장, 자동차 등 유형의 대상에 관심을 둘 수도 있고, 고객의 불평이나 오랜 대기시간, 무표정한 관중 등 다양한 무형의 현상에 관심을 둘 수도 있다.

● 2단계: 대상에 대해 세부적인 관찰을 진행한다.

관찰할 때는 관심을 두는 그 대상에 어떤 원리나 문제점 또는 모순이 존재하는지, 어떤 발전이나 개선 가능성이 존재하는지를 구체적으로 살펴보고 그 내용을 기록해야 한다. 관찰할 때는 탐색한 사례들을 눈으로만 보는 게 아니라 글과 그림 및 사진으로 정리하는 것이 좋다. 시간이 경과한 후에도 관찰 내용을 기억하고 정확히 파악하기 위해 메모하는 습관을 들여야 한다.

관찰한 내용을 자기 혼자만 보관하고 검토하는 것은 한계가 있다. 개인이 가지고 있는 고정관념이나 한계가 있을 뿐만 아니라 한 개인이 모든 분야를 안다는 것은 불가능한 일이다. 그러므로 관찰을 통해 찾아낸 내용을 동료들과 서로 의견을 나누는 것이 좋다.

● 3단계: 관찰을 통해 발견한 내용 중에서 문제가 있는 부분을 찾아내고 그것을 해결한다.

문제를 한눈에 보자마자 바로 발견하는 것은 극히 드문 일이다. 그것이 정확한 문제인지 확신할 수도 없다. 그러므로 문제 해결의 첫 단계는 관심과 관찰을 통해 그 속에서 나타난 문제를 찾는 것이다.

문제가 되는 상황이나 환경변화에 대하여 심도 있는 관찰을 진행했다면 그 내용을 체계적으로 정리해야 한다. 이를 위해 문제 상황 정의, 근본 원인 분석, 핵심적인 모순 상황을 정리하고 이를 다이아몬드 모델로 표현하면서 어떤 모순이 존재하는지, 현실과 이상 사이에 어떤 간극이 있는지 모델링하는 절차를 거친다.

문제 상황을 정리하는 과정은 문제 해결에 도움이 되는 모든 정보를 수집하는 과정이다. 관심 대상을 병원으로 정했으면 문제가 있는 부분은 병원 중 응급실로 선택한 후 응급실에서 일어나는 모든 문제와 문제 해결에 도움이 되는 정보를 수집해야 한다. 이렇게 문제의 대상 및 구성 요소들을 파악할 때는 시스템 하부 요소뿐만 아니라 이를 둘러싸고 있는 상위 요소들도 함께 검토해야 한다. 문제점 개요에서는 제기되는 문제점과 과제의 목표를 기술하고 과제의 목표를 달성하는 데 방해가 되는 요소와 해당 문제를 달성하지 못했을 때의 문제점을 나열한다. 그리고 문제가 발생하는 공간과 시간에 대해 도식으로 표현하면 문제 상황이 정리될 수 있다.

● 4단계: 문제 상황을 발생시키는 원인을 분석하여 표현한다.

문제가 발견되면 문제의 원인을 로직트리나 피시본 등 다양한 도구를 활용하여 분석한다. 이와 같은 과정이 끝나면 핵심문제를 찾아 다이아몬드 모델(제3장 '공감하기' 145쪽 참조)을 활용하여 기술적 모순과 물리적 모순을 정의함으로써 문제 상황이 날카롭게 정리되고 현실성 있는 해결책을 만들 수 있다.

4.

관찰은 기술이다

혁신과 변화의 시발점이 되는 관찰은 언제부터 시작되었을까?

인류의 발전은 끊임없이 기존의 지식을 뛰어넘으려는 연구와 그것을 인간의 삶에서 구체적으로 실현하고자 하는 창조 정신으로부터 비롯되었다. 창조 정신을 발휘하여 기존에 존재하던 것과 다른 새로운 것을 만들어내는 능력을 '창의력'이라고 한다. 창의력은 기존에 존재하는 패러다임의 문을 열고 새로운 세계로 들어가 지금까지 없었던 아이디어를 꺼내오는 것이다.

관찰은 기존 사고의 단단한 문을 밀고 들어가 새로운 변화를 여는 열쇠다. 창의력 연구의 대가인 길포드(Joy Paul Guilford)는 '창의력이란 주어진 사물이나 현상에 대해 새로운 시각에서 다양한 아이디어나 산출을 표출할 수 있는 능력.'이라고 했다. 창의력을 높이기 위해서는 이미 우리에게 주어져 있는 사물이나 현상을 주도면밀하게 관찰하여 새로움을 찾아내야 한다.

이와 같은 창의력을 방해하는 것은 기존의 사고나 생각, 고정관념, 패러다임과 같은 것들이다. 새로운 아이디어는 높은 관심과 애정을 품고 지속적인 관찰과 함께 끝없는 질문을 해야 얻을 수 있다. 가치 있는 창조 과정은 늘 관심을 두고 주변을 관찰함으로써 당연하게 여겼던 일상에서 새로운 세계를 발견하는 통찰력으로부터 시작된다. 세상을 바꾸는 기발한 아이디어들도 세상을 감동시킨 예술이나 문학 작품들도 남다른 관심과 관찰에서 얻은 아이디어를 재료로 사용한다.

관찰은 습관적인 행위다. 관찰은 무의식적이고 반복적으로 일어나야 하며 저절로 몸에 배어 자연스럽게 체험할 수 있어야 한다. 관찰이 자연스럽게 체화된 사람들은 그렇지 않은 사람들과 비교해 차별화된 기회를 거머쥘 확률이 높다.

관찰의 기술

관찰을 잘하기 위해서는 적절한 기술이 필요하다. 그중에서 필자가 가장 중요하게 생각하는 관찰의 기술은 6가지다.

❶ 질문한다.

질문은 '나'에 대한 질문으로부터 시작하여 문제의 대상에게 넘어가는 순서로 하는 것이 좋다.

- 나는 왜 이 문제에 관심을 두는가?
- 나는 정말로 이 문제를 해결하고자 하는가?
- 이 문제는 왜 해결해야 하는가?
- 이 문제를 해결하여 무엇을 얻고자 하는가?
- 내가 이 문제에 관심을 두는 목적은 무엇인가?
- 이 문제를 해결하여 바람직한 방향으로 활용하고자 하는가?

이런 질문을 하는 이유는 직면한 문제에 관심을 두는 목적을 분명히 하고 동기부여를 할 수 있기 때문이다. 그래야 지속적으로 관찰하고 문제 해결을 위해 몰입할 수 있다. 이 단계가 선행된 후 대상에 관한 질문으로 넘어가야 한다.

대상에 관한 질문을 할 때 적절하게 사용할 수 있는 질문 방법은 5Whys 기법이다. 5Whys 기법은 1970년대 도요타의 사장 오노 다이이치가 정립했다. 문제란 '우리가 기대하는 바람직한 상태에 미치지 못하는 부족한 상태'를 의미한다. 그 차이를 극복하기 위해서는 많은 노력이 필요한데 정확한 문제 해결을 위해 문제를 일으킨 근본 원인을 찾아내는 것이 필요하다. 하지만 이 과정은 절대로 쉽지 않기 때문에 당장 눈앞에 보이는 문제를 해결하고자 하는 생각이 먼저 든다. 급할수록 돌아가라는 말처럼 급한 문제일수록 천천히 근본 원인을 분석하고 이를 해결할 방법을 찾아내야 한다.

5Whys기법은 "왜?"라는 질문을 반복하여 문제의 핵심인 근본 원인을 찾아 나가는 방법이다. 5Whys 기법을 적용하려면 먼저 문제 상황을 구체적으로 파악해야 한다. 문제가 발생한 장소, 시간, 빈도, 상태를 구체적으로 찾아보는 것이다. 다음으로 문제 상황을 일으킨 근본 원인을 찾기 위해 "왜?"라는 질문을 단계별로 던진다. "어디에서 문제가 발생했는가?"가 아니라 "왜 그런 문제가 발생했는가?"라고 접근하는 것이다. "왜?"라는 질문을 반복하는 과정에서 문제를 일으킬 수 있는 모든 가능성에 대해 폭넓게 검토할 수 있다.

제퍼슨 기념관(Jefferson Memorial)의 문제 해결 사례는 5Whys 기법을 구체적으로 설명해 주는 사례이다. 제퍼슨 기념관은 미국 제3대 대통령인 토머스 제퍼슨(Thomas Jefferson)을 기념해 건립된 건축물로 1943년 미국 국립 기념물로 지정되었다. 이 건물의 외벽은 대리석으로 만들어져 있는데 세월이 흘러 부식된 부분이 많아 건물 유지 보수 작업을 빈번히 해야만 했다. 막대한 비용이 소요되는 것은 물론이고 이곳을 방문한 관광객들이 불편을 감수해야 했다.

이 문제를 어떻게 해결했을까? 문제 상황은 기념관의 외벽이 심하게 부식되는 것이다. 이 문제를 해결하는 방법을 5Whys 기법으로 풀어보면 다음과 같다.

- 1번째 Why: 왜 기념관 외벽이 심하게 부식되는가? → 관리직원들이 강한 세제를 사용하여 외벽을 자주 닦기 때문이다.
- 2번째 Why: 왜 관리직원들은 강한 세제를 사용하여 외벽을 닦는가? → 비둘기가 많이 모여들어 외벽에 배설물을 남기기 때문이다.
- 3번째 Why: 왜 기념관에 비둘기가 많이 몰려드는가? → 기념관에 비둘기의 먹이인 거미가 많기 때문이다.
- 4번째 Why: 왜 기념관에 거미가 많이 모이는가? → 거미의 먹이인 나방이 몰려들기 때문이다.
- 5번째 Why: 왜 나방이 기념관에 몰려드는가? → 기념관을 비추는 경관용 조명 때문이다.

이처럼 5차례 반복적인 "왜?"라는 질문을 통해서 기념관에 설치된 외부 경관용 조명이 근본 원인임을 밝혀냈다. 기념관 관리업체는 5Whys

기법으로 찾아낸 근본 원인을 제거하는 조치로 기념관 외부 경관용 조명을 한두 시간 정도 늦게 켜기로 했다. 그 결과 몰려드는 나방의 수가 크게 줄었으며 먹이사슬에도 변화가 생겼다. 그로 인해 예전처럼 많은 비둘기가 건물 주변으로 모여들지 않았고, 건물 외벽을 자주 청소하지 않아도 되었다.

5Whys 기법을 적용하여 "왜?"라는 질문을 여러 번 하는 이유는 근본 원인을 찾기 위해서다. '아니 땐 굴뚝에 연기 날 일 있으랴'라는 속담처럼 모든 일에는 반드시 원인이 있다. 그 근본 원인에 집중하는 것이 문제를 원천적으로 해결하는 방법이다.

❷ 일상에서 일어나는 일들에 대해 '당연하다고 여기는 사고방식'을 바꾼다.

우리는 당연하거나 익숙한 것을 무의식적으로 수행하는 경우가 많다. 예를 들어, 지하철을 사용할 때도 똑같은 시간에 똑같은 위치에 자리를 잡거나 빈자리가 없어도 같은 칸에 타곤 한다. 식사 후 시간을 내서 산책하는 코스도 늘 같은 방향으로 가는 것이 심리적으로 편하다. 차 한 잔을 마시더라도 단골이라는 이유를 붙여가며 같은 커피숍을 이용한다. 자주 먹는 음식을 먹고 자주 주문하는 곳에 전화를 건다.

이렇게 똑같은 일이 반복되다 보면 행동이 고착화된다. 그러면 아무 의심 없이 당연한 것으로 받아들이기 쉽다. 그리고 같은 사고와 행동에서 벗어나려고 하지 않는다. 그렇게 되면 생각이 멈추게 된다. 인간은 기본적으로 익숙한 것을 좋아하고 낯선 것은 불편해한다. 변화도 마찬가지다. 그런 이유로 새로운 것을 도입하거나 변화를 시도하는 게 강력

평상시의 처칠(좌) 시가를 빼앗긴 처칠(우)

한 저항을 받게 된다. 이러한 삶에 젖어 들면 새로운 것을 볼 수 있는 기회가 줄어든다. 익숙함에서 벗어나야만 새로운 것을 만날 수 있다.

유섭 카쉬(Yousuf Karsh)는 인물 사진을 찍기에 앞서 대상의 일상생활 등을 깊이 관찰하여 그 인물의 인간적, 사회적 특성을 파악하고 이를 자신만의 느낌으로 해석하여 작품을 만드는 천재적인 인물 작가이다. 그런 그에게 가장 어려운 인물 사진은 윈스턴 처칠(Winston Churchill) 수상의 사진이었다고 한다. 처칠은 평소 시가를 입에 물고 온화한 미소를 짓는 일이 많았다. 그러나 1941년의 처칠 사진은 평상시의 사진과 다른 모습이다.

화난 표정의 오른쪽 사진은 제2차 세계대전을 앞두고 있던 1941년, 캐나다의 오타와를 방문했을 때 수상 매킨지 킹(Mackenzie King)이 처칠에게 선물하기 위해 유섭 카쉬에게 의뢰하여 찍은 사진이다. 사진은 독일에 대항하는 영국과 처칠의 결연한 의지를 담고 있다. 왼쪽 사진처럼 시가를 물고 온화한 미소를 짓고 있는 모습과는 대조적인 표정을 짓고 있다.

카리스마 있는 처칠의 사진을 찍고 싶었던 유섭 카쉬는 사진 촬영에 앞서 강제로 처칠에게서 시가를 빼앗아 버렸다. 시가를 빼앗기고 심통이 난 처칠의 표정을 담고 싶었기 때문이다. 유섭 카쉬는 어떻게 하면 강한 의지가 담긴 사진을 찍을까 고민하다 처칠이 평소 시가를 좋아하고 시가가 없으면 표정이 어두워진다는 사실을 알아챘다. 이런 습관을 이용하여 평소와 다른 사진을 찍을 수 있었다. 모든 사람이 당연히 '처칠은 시가를 물고 온화한 표정으로 사진을 찍을 것이다.'라고 생각하는 것을 뛰어넘어 결연한 표정을 담아낸 것이다. 이와 같이 당연한 것을 뛰어넘는 도전을 통해 세계 사진 역사상 가장 많이 기억되는 사진으로 남게 되었다.

일잘러로서 관찰의 기술을 높이기 위해서는 가정이나 직장에서 혹은 출근하는 길이나 집으로 돌아오는 길에 주위를 돌아보고 당연한 것에 의문을 품어 보는 것이 좋다. 의문으로부터 개선점을 찾아낼 수도 있다. 직장에서 매일 반복하는 일에 의문을 갖는 것도 개선의 출발점이다.

'왜 이 일은 꼭 이렇게 해야만 하지?'

'원래 이 일을 하게 된 취지는 뭐지?'

'이 일을 다른 방식으로 처리할 수는 없을까?'

이렇게 당연하게 처리하던 일에 의문을 품고 새로운 접근 방식으로 일을 처리한다면 새로운 시각을 갖고 인정받는 존재가 될 수도 있다.

❸ 사소한 것에 집중한다.

사소한 것은 지나쳐 버리기 쉽다. 하지만 아무리 완벽한 것이라도 사소한 것들이 모여 이루어진다. 어마어마하게 큰 강물도 작은 계곡에서 솟아나는 샘물로부터 시작된다. '거대한 산을 옮기는 것도 작은 돌멩이부터 옮겨야 한다.'는 격언도 사소한 것의 중요성을 지적하는 것이다. 톰 피터스(Tom Peters)도 《리틀 빅씽》[1]에서 '사소한 것으로부터 위대한 성공을 이끌어낼 수 있다.'라고 지적하며 사소한 것의 중요성을 강조했다.

1998년 제작된 스티븐 스필버그(Steven Spielberg) 감독의 영화 〈라이언 일병 구하기〉는 전 세계적인 흥행 기록과 함께 한국에서도 인기리에 상영된 영화다. 수상 경력도 화려하여 아카데미상 5개 부문과 골든글로브상 수상을 기록하며 20세기 말 가장 위대한 영화 중 하나로 손꼽힌다.

그런데 이 영화가 만들어진 계기는 아주 우연하고 사소한 발견에서 시작되었다고 한다. 1995년 6월 어느 날, 뉴햄프셔의 조그마한 시골 마을에 살던 로버트 로댓(Robert Rodat)은 아들과 함께 산책하던 중 기념비 하나를 보게 된다. 기념비는 같은 고장 출신으로 전쟁에 나갔다가 사망한 사람들을 위로하기 위한 기념비였는데 전사자들의 명단이 빼곡히 적혀 있었다. 로댓은 기념비를 찬찬히 읽어보다 남북전쟁 당시 한 가정

---

1 톰 티터스, 최은수 옮김, 더난출판사, 2010.

에서 다섯 명의 아들이 전쟁터에서 목숨을 잃었다는 충격적인 사실을 알게 된다. 이 기념비를 본 로댓은 한 가지 영감을 떠올렸다. 한 가족의 대가 끊어지지 않는 것을 중요하게 생각하고 '그 상황을 막기 위해 특공대를 급파한다면 어떻게 될까?'라는 시나리오를 생각한 것이다.

만약 그가 기념비를 그저 그런 흔한 것으로 여기고 무심코 지나쳤다면 〈라이언 일병 구하기〉 같은 걸작이 만들어질 수 있었을까? 로댓에게 세심한 관찰력이 없었다면 이 스토리가 세상의 빛을 볼 기회는 없었을 것이다.

이 영화뿐만 아니라 대부분의 영화나 소설은 아주 사소한 역사기록 한 줄에서 시작하는 경우가 많다. 사소한 것을 사소한 것으로 묻어두면 그냥 지나치게 되지만 사소한 것을 계기로 무한히 큰 생산물을 만들어 낼 수도 있다. 이것이 바로 관찰의 힘이다.

그렇다면 이런 위대한 힘을 발휘할 수 있는 사소한 것을 어떻게 관찰할 수 있을까? 사소한 것을 관찰할 수 있는 좋은 방법은 대중교통을 이용할 때다. 출발지에서부터 목적지까지 가는 동안 대중교통은 한정된 공간 내에서 꽤 많은 시간을 머무르게 된다. 그 시간을 이용하여 책을 읽거나 휴대폰 검색을 할 수도 있지만 그 안에 있는 사람들의 행태를 관찰하는 것도 새로운 변화를 포착하는 좋은 방법이다.

사람들이 주로 무엇을 하는지 그리고 그들에게 찾을 수 있는 공통점이나 특이점은 무엇인지, 그러한 것들은 시간에 따라 어떻게 달라지는지 등 다양한 관심 분야를 효과적으로 관찰할 수 있는 곳이 대충 교통이다.

사소한 것을 관찰할 수 있는 또 다른 방법은 주위에서 접하는 사소한 것을 떠올려 보고 그것을 지속적으로 관찰하고 기록하는 습관이다. 관찰의 종류가 다양해지고 각각에 대한 기록들이 쌓이면 그 안에서 정보들의 충돌과 합체에 따라 발상이 일어나고 좋은 아이디어를 얻을 수 있다.

❹ 인간의 감각을 최대한 활용한다.

인간은 오감(五感), 즉 시각을 포함하여 청각, 촉각, 후각, 미각이 골고루 발달되어 있다. 다른 동물들 역시 이러한 감각을 가지고 있지만 오감을 생존을 위해 사용할 뿐 사람들처럼 발전하는 기회로 사용하지는 못한다. 그 이유는 사람은 오감으로부터 얻은 정보를 또 하나의 감각인 '생각'을 통해 발전시킬 수 있지만 동물에게는 생각이 없기 때문이다. 인간은 생각하는 힘이 있어서 오늘날 동물과 다른 발전을 이룰 수 있었다.

사람은 제6의 감각인 생각을 활용하기 전에 5감을 먼저 활용하는데 다음 사례는 미각을 활용한 관찰 사례이다.

조미료는 오랜 세월에 걸쳐 전 세계인의 가정에서 음식의 맛을 더욱 깊게 해주는 첨가제로써의 역할을 해오고 있다. 인류 역사상 최초의 인공 조미료는 글루타민산 소다를 주성분으로 하는 아지노모토(味の素)다.

아지노모토는 일본의 이케다 기쿠나에(池田菊苗) 박사에 의해 처음으로 개발되었다. 1908년 저녁 식사를 하던 이케다 박사는 아내로부터 다시마를 우려내서 만든 국물의 비법을 듣고 다시마를 한 솥 가득 넣고 국물을 만든 후 그 국물을 계속 가열하여 수분을 증발시킴으로써 쌀 모양의 결정체를 만들게 되는데 이것이 바로 최초의 인공조미료로 사용된 글루타민산 소다였다. 글루타민산 소다를 만든 이케다 박사의 특별한 입맛과 아내의 조리법에 대한 관심이 없었다면 인공조미료는 한참 뒤에 탄생되었을지도 모른다.

이처럼 오감 중 미각을 활용한 후 '어떻게 하면 제대로 잘 만들 수 있을까?'라는 생각이 더해져 인간은 다른 동물이 할 수 없는 인공조미료를 만들 수 있었다.

❺ 불편함을 기회로 삼는다.

이 세상의 많은 발명품은 우연히 탄생된 경우도 있지만 대다수는 생활의 불편을 해소할 목적으로 만들어졌다. 불편한 것들을 편리하게 만들면 좋겠다는 필요가 생기고, 그 필요에 따라 고민하다 보니 새로운 것이 탄생하게 된 것이다. '필요가 발명의 어머니'라면 '불편은 창조의 동인'이다. 그러므로 일상생활이나 기업활동에서 고객의 불평과 불만의 소리(Voice of Customer)를 그냥 지나치거나 무시하지 말고 주의를 기울인다면 관찰 능력은 더욱 높아질 수 있다.

생활 속의 불편한 점을 파고들다 보면 그 안에서 개선의 기회를 발견할 수 있다. 비 오는 날 긴 우산을 들고 다니는 것이 불편하다고 생각한 사람이 있었기에 2단 또는 3단으로 접는 우산이 개발될 수 있었던 것처럼 불편함이 있어야 그 불편함을 제거하려는 노력이 나타나게 된다. 불편함은 귀찮은 것이기도 하지만 창의력을 향상시킬 수 있는 보물창고이다. 불편함을 불편하게 여기지 않고 좋은 기회라고 여길 때 새로운 혁신이 시작된다.

❻ 새로운 것을 탐험한다.

그동안 발견하지 못했던 새로운 것을 관찰한다는 것은 쉬운 일이 아니다. 보통 사람들에게 익숙한 환경은 미로처럼 빠져나갈 수 없는 덫이 될 수도 있고 프레임에 빠져 그것이 불편한지 모르는 경우가 대부분이다. 그러므로 관찰을 통해 새로운 것을 찾기 위해서는 지금까지 익숙해진 주위 환경에서 벗어나 새로운 환경을 접해보는 것이 좋다. 새로운 것을 접하는 기회를 낯선 곳에서 찾도록 환경을 바꿔주는 것이다.

미국인 여행가 루이 마커스(Louis Marx)는 친구들과 함께 생애 처음으로 아프리카 여행을 떠났다. 마커스 일행은 아직 문명이 닿지 않았던 오지의 땅 아프리카에서 신비한 운동기구를 발견했다. 그것은 훌라후프와 요요였다. 마땅한 놀이기구가 없던 아프리카 어린이들은 나무 덩굴로 둥글게 테를 만들어 허리에 감고 돌리거나 목 또는 팔에 감고 돌리며 놀고 있었다. 또 어떤 아이들은 돌을 갈아 납작하게 만든 원판을 실 같은 나무껍질로 꿰어 올렸다 내렸다 하며 놀고 있었다.

마커스 일행은 그들이 가지고 노는 도구를 빌려 체험해봤는데 그 놀이기구들이 생각보다 재미있다는 점에 착안하여 귀국 후 똑같은 놀이기구를 만들었다. 그것이 오늘날 훌라후프와 요요의 기원이다. 훌라후프와 요요는 아프리카의 원시적인 모습에서 크게 변형된 것은 없으므로 발명이라기보다는 발견이다. 그럼에도 불구하고 이것들이 의미 있는 것은 문명화된 기존 환경에서 볼 수 없었던 것이며 마커스 일행이 아프리카 지역을 돌아보지 않았다면 발견할 수 없는 것들이기 때문이다. 더구나 이러한 놀이기구가 문명 세계에서도 통용될 수 있을 거라는 마커스의 혜안이 없었다면 이 놀이기구는 탄생하지 못했을 것이다. 이처럼 기존 환경에서 벗어나 새로운 환경을 접하는 순간 관찰의 힘은 커질 수 있다.

낯설게 보는 것이 새로운 관찰의 기회를 얻는다는 의미에서 낯선 곳을 찾는 것은 의미가 있다. 낯선 환경이 반드시 외국일 필요는 없다. 국내에서도 지역에 따라 다른 것이 상당히 많다. 문화, 음식, 습관, 언어, 가치관 등 지역마다 차이가 있을 수밖에 없다. 또한 해외여행을 하지 않더라도 TV를 통해 충분히 간접 경험도 할 수 있다. TV를 바보상자로 여길 것이 아니라 TV에 방영되는 다양한 콘텐츠를 통해서 새로운 아이디어를 찾고자 하는 관심과 관찰 능력이 있다면 TV는 바보상자가 아닌 보석상자가 될 수도 있다.

결국 새로운 것을 탐험하는 것은 거리나 지형, 국적이라기보다는 낯선 것을 통해 새로움을 발견하고자 하는 노력과 관심을 바탕으로 얻어지는 새로운 기회라 할 수 있다.

기록의 중요성

조선 정조 때 유명한 문장가인 유한준이 동시대 최대의 미술 수장가였던 석농(石農) 김광국(金光國)의 〈석농화원(石農畵苑)〉에 붙인 발문에 이런 표현이 있다.

'알게 되면 참으로 사랑하게 되고, 사랑하면 참되게 보게 되고, 볼 줄 알게 되면 모으게 되나니 그때 수장한 것은 한갓 쌓아두는 것이 아니다.'

이 글은 유홍준의 《나의 문화유산 답사기 1》에 인용되어 유명해졌다.

관찰은 보는 것에서 끝나서는 안 된다. 진정한 관찰은 본 대상을 기록하고 수집하는 포착 행위로 마무리되어야 한다. 그래야 지식이 되고 이렇게 쌓인 지식의 조각들이 창의적인 아이디어로 발전할 수 있다. 기록과 수집은 창의력의 원천이다. 창조적인 일들은 그 공통점을 찾기가 쉽지 않지만 몇 가지 공통적인 습관이 있다. 그중 하나가 바로 기록과 수집이다.

새로운 아이디어를 내야 할 때 우선 해야 할 일은 책상에 앉아 무작정 아이디어를 생각해내는 것이 아니라 자료를 충분히 모으는 것이다. 창의적인 문제 해결은 문제를 발견하고, 자료를 수집하고, 아이디어를 떠올리고, 이를 구체화해 실행하는 일련의 단계로 진행된다.

자료는 일반 자료와 특정 자료로 나눌 수 있다. 특정 자료는 문제와 직접적으로 관련된 자료이고, 일반 자료는 모든 분야의 다양한 자료와 경험을 모두 찾아내는 것이다. 일잘러는 어떤 자료에 더 관심을 기울여야 할까? 창의적인 아이디어를 원할수록 일반 자료를 수집하는 데 더 힘을 쏟아야 한다. 왜냐하면 다루는 주제에서 거리가 먼 자료를 가져와 연결했을 때 창의적으로 인식되기 때문이다.

새로운 아이디어가 필요할 때 그동안 기록한 내용을 뒤적이다 보면 신기하게도 언젠가 적어둔 프로젝트와 연관이 없던 메모에서 해답을 찾을 때가 많다. 그러므로 평소에 읽은 책, 영화, 대화들에서 깊은 인상을 받은 것들은 어딘가에 수집하고 기록해 두면 좋다. 그 순간 떠올랐던 생각들을 한 줄이라도 같이 적어 놓으면 나중에 반드시 활용할 일이 생긴다. 무엇인가를 보는 그 순간 그것이 아무리 좋아도 기록하고 수집해 놓지 않으면 창의성에 영향을 주는 자료가 되기 힘들다. 반 고흐(Vincent Van Gogh)는 "본 것을 기억할 수 있는 사람은 결코 허무하지도 생각에 목마르지도 않을 것이다."라고 했다. 기억을 되살리기 위해 가장 좋은 방법은 기록이다.

독일의 심리학자 헤르만 에빙하우스(Hermann Ebbinghaus)의 '망각 곡선' 이론에 따르면, 학습을 한 뒤 20분이 지나면 42%의 기억이 사라지고, 하루가 지나면 66%, 1주일 뒤에는 75% 이상 잊어버린다. 그런 이유로 세상의 수많은 자극으로부터 새로운 깨달음을 얻으려면 반드시 메모나 사진 등으로 기록해야 한다. 특히 사용자의 통찰을 얻기 위한 의도적 관찰이나 인터뷰를 진행할 때는 노트와 카메라 등을 꼼꼼하게 준비해야 한다.

팩트를 기록할 때 몇 가지 주의할 점이 있다.

첫째, 본인에게 중요하다고 판단되는 사실 외에도 될 수 있으면 세부적인 단서까지 모두 기록하는 것이 좋다. 특히 사진은 추후 분석과정뿐 아니라 최종 결과물을 사람들에게 전달할 때 통찰의 근거로 활용할 수 있는 중요한 수단이다.

사용자 인터뷰를 진행할 때는 노트북 등의 디지털 기기를 활용하는 것보다 다소 불편하더라도 수기로 기록하는 것이 좋다. 이렇게 하는 이유는 사용자의 심리적 부담을 줄일 수 있기 때문이다. 간혹 인터뷰하는 과정에서 녹음기를 사용하여 인터뷰하는 경우도 있다. 사용자의 인터뷰 내용을 한마디도 빠뜨리지 않을 의도로 녹음하는 경우가 있는데 이는 인터뷰하는 사용자에게 부담을 주므로 꼭 필요한 경우가 아니라면 사용하지 않는 것이 바람직하다.

둘째, 팩트와 본인의 생각을 분리해야 한다. 노트에 기록하고 타이핑을 하다 보면 대상자의 말이나 행동과 자신의 판단이 개입된 생각을 혼동해서 적는 경우가 많다. 이렇게 할 경우 시간이 흐르고 나면 사용자와 기획자의 생각 사이의 경계가 모호해지게 된다. 해석보다 중요한 것은 팩트의 수집이다. 따라서 노트에 기록할 때 자신의 의견은 색깔을 달리하거나 자신만의 표시를 해두는 것이 좋다.

기억의 한계를 극복하고 공감 기반의 살아있는 인사이트를 취하기 위해서는 현장에서 디브리핑을 진행하는 것이 좋다. '디브리핑(Debriefing)'이란 현장에서 수행한 관찰이나 인터뷰에서 수집한 수많은 팩트를 자신의 생각으로 정리하고 다른 사람들과 공유하는 과정을 말한다. 같이 인터뷰를 진행한 동료들 간의 디브리핑은 현장에서 수집한 팩트에 대해 서로의 생각을 나누는 과정에서 생각의 크기가 일어날 수 있는 중요한 과정이므로 반드시 해야 한다. 디브리핑은 현장에서 사람들을 만나고 관찰하면서 느낀 다양한 내용에 대한 여운이 사라지기 전에 곧바로 하는 것이 좋다. 감정의 여운이 뜨거워진 시점이야말로 직관적 통찰을 찾거나 새로운 아이디어의 영감이 솟아나는 중요한 시점이다.

기록을 위한 분석법

사용자의 경험과 관련된 정보를 수집하고 디브리핑하는 과정을 거치다 보면 수많은 정보가 축적된다. 많은 정보에서 쉽게 통찰을 찾을 수도 있지만 일반적으로 정보의 체계적 분류와 통합 과정을 거쳐 인사이트를 얻게 된다. 이와 같은 분석은 매우 중요한 과정이다. 깊이 있는 분석과 토론을 통해 겉으로 드러나지 않은 사용자의 심층 니즈나 관점을 전환시키는 '와우 인사이트(Wow Insight)'를 얻을 가능성이 크다.

관찰이나 인터뷰를 수행하더라도 아이디어를 내는 것은 별개의 과정이다. 여러 번의 분석과 종합 과정을 거치면서 기존에 생각하지 못했던 새로운 관점을 제시하는 와우 인사이트를 찾아내는 것은 모든 프로젝트의 성패를 가르는 핵심이다. 이 과정에서 발견한 사용자 통찰을 기반으로 창의적 아이디어나 콘셉트를 발견하기 위한 원칙이 만들어진다.

분석의 특징은 과학적이고 논리적인 데이터보다는 누구나 공감할 수 있는 사용자 맥락에 의존하는 것이다. 정량적 데이터가 필요한 경우도 있지만, 때로는 한 사람의 행동이나 목소리가 천 명의 정량적 데이터를 대신하는 힘이 있다. 이것이 논리적 분석과 사용자 중심의 공감적 분석의 차이점이다.

공감 기반의 통찰을 하는 이유는 어떠한 주장을 뒷받침하는 데이터를 확보하는 것이 아니라 창의적이고 혁신적인 통찰의 실마리를 얻기 위함이다. 이와 같은 분석 방법에서 중요한 단계는 정보 분리 및 색인 달기, 의미 묶음과 패턴 찾기, 인사이트 및 키워드 도출 과정이다.

기록을 위한 분석법

수집된 정보 분리 → 색인 달기 → 의미 묶음과 패턴 찾기 → 키워드 도출

❶ 개별 대상 정보의 분리와 색인 달기 과정이다.

이 과정에서 가장 선호하는 방식은 포스트잇 활용이다. 포스트잇을 활용할 때는 자유로운 분류 작업을 위해 반드시 한 장의 포스트잇에 하나의 팩트만 활용하는 것이 좋다. 먼저, 발견한 팩트를 적은 포스트잇을 벽이나 보드에 부착한다. 그리고 포스트잇이나 사진의 하단에 색인을 단다. 관찰이나 인터뷰 대상이 다르다면 사람의 이름이나 관찰 장소를 쓰는데 이렇게 해야 추후 분류작업을 할 때 출처를 분명히 알 수 있다. 관찰이나 인터뷰 과정에서 될 수 있으면 많은 양의 팩트를 확보하는 것이 좋다. 만약 정보의 소스가 한 가지라서 색인이 필요 없을 때는 다음 단계로 넘어가면 된다.

❷ 정보의 의미 묶음 및 패턴 찾기다.

정보의 색인 달기 과정이 끝나면 본격적으로 정보의 분류화 작업을 진행한다. 의미 단위로 정보를 묶어주는 '정보 클러스터링(Clustering) 기법'을 통해 중요한 패턴을 찾는 과정이다.

예를 들어, 병원에서는 이용자들의 특성, 병원 접수 및 서비스 순서, 환자들이 진료를 받기 전에 대기하는 동안에 하는 행동 등 눈에 띄는 기준이나 속성으로 팩트를 분류한다. 이것을 그룹핑(Grouping)이라고

한다.

그다음에는 일차로 그룹핑되는 팩트를 의미 단위로 분류한다. 가령, 진료를 받기 전에 기다리면서 고객이 느끼는 불편함, 접수하는 과정에서 사람들이 주고받는 유·무형의 행위, 여성 또는 남성 환자들의 행동 패턴 등 특정한 의미가 부여된 기준에 따라 팩트를 묶는 것이다. 부여된 기준은 기획자가 팩트의 묶음에 부여한 의미 단위인 셈이다. 이렇게 분류한 의미 단위의 묶음 중 기준이 되는 대표 의미는 다른 색깔의 포스트잇으로 표시하면 좋다.

클러스터링을 어떤 의미 단위로 묶는가에 따라 중요한 인사이트를 쉽게 발견할 수도 있고 그렇지 않을 수도 있다. 클러스터링을 쉽게 하기 위해서는 사용자 경험 여정으로 분류하고 작업을 하는 것이 좋다. 예를 들면, 병원을 이용하기 위해 검색→ 예약→ 주차→ 접수→ 대기→ 진료를 받고, 외래환자의 경우에는 결제→ 약 처방→ 약품 구매→ 귀가 등의 과정을 거친다. 입원환자의 경우에는 진료→ 결제→ 병실 배정→ 입원하는 과정을 거치게 된다.

따라서 클러스터링은 그 각각의 단계와 관련된 팩트와 불편한 점을 묶어주면 매우 효과적으로 패턴을 찾을 수 있다. 정보의 클러스터링 후에는 각각의 의미 묶음 또는 그 사이에서 사용자의 특별한 행동 패턴을 찾아야 한다. 지금까지 내가 생각했던 것과 다른 행동 패턴을 찾는 것이 중요하다. 이때는 클러스터링된 정보에서 포스트잇을 합치거나 분리해 보는 방법을 통해 특별한 패턴을 찾을 수 있다. 때로는 멀리서 때로는 가까이에서 의미를 발견하는 몰입의 시간을 갖는 것이 필요하다.

❸ 통합적 인사이트와 핵심 키워드 뽑기 과정이다.

정보의 클러스터링 및 패턴 찾기 후에 통합적 인사이트를 뽑아내는 과정이다. 주제를 관통하는 통찰을 찾아내는 일은 가장 핵심적인 부분이다. 의미 단위로 클러스터링된 정보에서 특별한 니즈와 핵심적인 사용자 가치를 뽑아낼 수 있다.

클러스터링된 정보 및 패턴에서 통합적인 인사이트를 찾아내는 특별한 노하우가 있는 것은 아니다. 하지만 사용자 인사이트를 찾는 가장 확실한 지름길은 사용자의 미충족 잠재 욕구에 집중하는 것이다. 그것은 대부분 핵심적인 사용자 통찰과 연결된다. 내가 생각했던 것과 다른 사용자의 행동 패턴이나 아직 해결되지 않은 불편함을 분리하는 것이 필요하다. 통상적인 패턴이나 이미 해결된 불편함을 분석하는 데 시간을 많이 투자할 필요가 없다. 그렇게 찾은 특이한 행동 패턴이나 미해결의 불편함에 대해 이제부터 '왜 그럴까?' 하는 질문을 계속해서 던져보는 것이 필요하다.

성형외과 병원을 이용하는 여성 환자들은 진료를 받기 위해 대기하는 중에도 상당히 예민한 반응을 보인다. 자신이 이곳에 왔다는 것을 드러내고 싶지 않은 심리도 있고, 자기가 어느 부위를 성형하고자 하는지 감추고 싶은 심리도 있기 때문이다. 따라서 남들의 눈에 잘 띄는 넓은 대기실에 진료대기를 하기보다는 남의 눈에 잘 띄지 않는 곳에 머물렀다가 순서가 되면 진료를 받고자 하는 모습을 보인다. 이러한 여성 환자의 특별한 행동을 통해 사용자 관점의 인사이트를 찾아냈다면 그것을 하나의 핵심적인 키워드로 압축해 보는 것이 좋다.

예를 들어, '성형외과를 이용하는 여성 환자들에게 진료대기는 단순한 대기가 아니라 프라이버시 존중이 필요하다'라는 통찰을 뽑았다면 그것을 만족시키는 아이디어나 콘셉트는 비교적 쉽게 만들어낼 수 있다. 남성 환자를 위한 진료대기 공간과 여성 환자를 위한 진료대기 공간을 구분한다거나 개별 대기실을 만드는 것과 같은 접근을 할 수 있다. 여성 환자에게는 진료 대기시간 자체가 중요한 것이 아니라 프라이버시를 어떻게 지켜줄 것인가 하는 것이 이 과정을 통해 뽑은 핵심적인 인사이트이다.

CHAPTER 3

세 번째 습관, 공감하기

상대방의 입장을 배려해야 한다는 역지사지(易地思之)의 교훈을 담고 있는 대표적인 동화는《이솝우화》에 나오는 '여우와 두루미' 이야기다.

여러 동물이 모여 사는 어느 작은 마을에 사이좋은 두 친구 여우와 두루미가 살고 있었다.

어느 날, 여우가 두루미를 저녁 식사에 초대했다. 두루미는 들뜬 마음으로 저녁 시간이 되기만을 기다리다 약속 시간이 되자 조그만 선물을 준비하여 여우네 집을 방문했다. 여우는 두루미를 반갑게 맞이하며 둥근 접시 두 개에 음식을 담아 내왔다. 그러나 부리가 긴 두루미는 그것을 도저히 먹을 수가 없었다.

여우와 두루미

며칠 후, 이번에는 두루미가 여우를 식사에 초대했다. 여우 또한 두루미의 식사 초대가 무척 기뻤고 설레는 마음으로 두루미 집을 방문했다. 그런데 아니나 다를까 두루미는 호리병에 음식을 담아 내왔다. 주둥이가 짧아 호리병 속의 음식을 먹을 수 없었던 여우는 화가 나서 두루미에게 따져 물었다.

"넌 내 입이 짧은 줄 알면서 왜 긴 병에 음식을 담아놓았니?"

"그럼, 넌 내 부리가 긴 줄 알면서 왜 접시에 음식을 내왔니?"

이 우화는 상대방 입장을 배려해야 한다는 교훈을 담고 있지만 고정관념을 심어주기도 한다. 왜냐하면, 여우와 두루미는 서로에게 "집에 넓은 접시는 없니?"라든가 "난 긴 병에 음식을 담아 먹는 것이 편해. 혹시 집에 긴 병 없니?"라고 요청하지 않았기 때문이다. 만약 집에 넓은 접시나 긴 병이 없다면 제3의 대안을 찾아 문제를 해결해야 하는데 그런 과정 없이 쫄쫄 굶은 상태로 되돌아가서 상대에게 복수하는 내용으로 끝나기 때문이다. 일잘러라면 이런 우화에서 또 다른 이면을 볼 수 있는 눈이 필요하다. 이것이 역발상이며 역지사지인지도 모른다.

통찰이란 단지 표면적인 현상이나 가르침만 보는 게 아니라 그 안에서 찾을 수 있는 여러 가지 시각을 다층구조로 볼 수 있어야 한다. 깊은 통찰을 이룬 일잘러는 남들이 하나만 볼 때 여러 개의 숨겨진 내용을 더 많이 볼 수 있는 사람이다. 사용자 환경으로 들어가 새로운 사실을 발견하고 사용자와 공감하는 사람이 일잘러이다.

사용자 통찰은 정량적 데이터를 과학적으로 분석하는 기술이 아니다. 수많은 팩트에서 사용자 관점의 의미 있는 인사이트를 찾아내는 '직관적 해석'을 수행해야 한다.

모래알처럼 수많은 팩트 속에 숨겨진 보석과 같은 통찰을 찾는 방법은 무엇일까?

의미를 재해석하여 혁신적 파괴를 일으키는 것이다. 새로운 관점으로 대상의 의미를 해석함으로써 사용자 가치를 창출해 내는 것이다. 대부분의 혁신은 점증적인 변화에 의한 것이지만, 시장 파괴적인 혁신은 전혀 새로운 기술의 등장이나 새로운 관점으로 대상의 의미를 재정의하는 것에서부터 시작한다.

제3장 '공감하기'에서는 통찰을 이루는 관점이 상대에게 있어야 한다는 점을 강조한다. 이때 단순히 역지사지(易地思之)하는 것이 아니라 더 깊게 상대와 일체감을 이루고 내면으로부터 깊이 있는 통찰을 얻어내는 노력이 필요하다.

"공감은 다른 사람의 눈으로 보고,
다른 사람의 귀로 듣고,
다른 사람의 마음으로 느끼는 것이다."
- 알프레드 아들러(Alfred Adler)

1.

공감은 고객의 마음속에 있다

고객이 비즈니스의 중심에 선 지 오래되었다. 그러나 실제로 사용자가 진정 원하는 것이 무엇인지를 찾아내는 것은 여간 어려운 일이 아니다. 사람들에게 아직 충족되지 않은 잠재 니즈를 발견하는 것은 다른 경쟁자와 차별화하여 새로운 시장을 창출하기 위해 반드시 필요하지만 어디서부터 어떻게 시작해야 할지 막막하기만 하다.

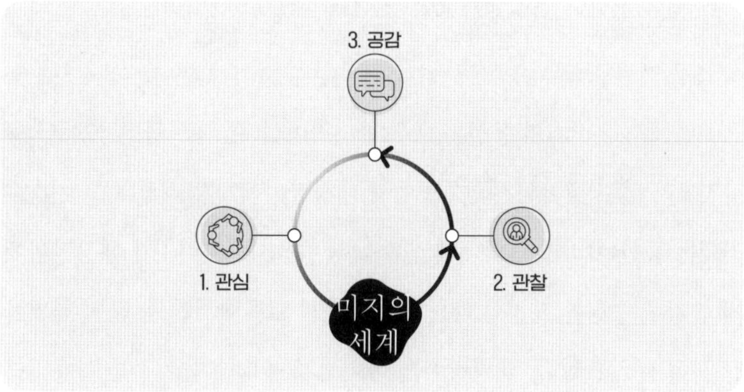

많은 사람이 기업이나 병원과 같은 조직에서 제품과 서비스를 기획하고 디자인하는 일을 한다. 그러나 실제로 고객의 말과 행동을 유심히

관찰하고 그들이 진정 원하는 게 무엇인지 발견하려는 노력이 부족한 경우가 많다. 효율성이라는 이름으로 외부 컨설팅이나 리서치 업체에 그 일을 맡기고 그들이 제공하는 보고서를 참고하여 '책상고객'을 만나는 것이 일반적이기 때문이다.

근대화로 인한 대량 생산이 본격적으로 시작되기 전 사람들이 물건을 사고파는 환경은 어땠을까? 예를 들면, 고객이 생산자에게 "이 물건이 저에게는 조금 큰 것 같으니 이 부분을 작게 고쳐주세요."라고 요청했을 것이다. 그리고 제품에 이상이 있으면 언제든지 찾아와 문제를 해결할 수 있었다. 그야말로 고객에게 맞춤형 서비스가 가능했고, 생산자와 소비자 사이에는 보이지 않는 공감의 끈이 연결되어 있었다.

필자는 어렸을 때 아버지를 따라 오일장에 가는 것을 무척 좋아했다. 5일장에 가면 전에 볼 수 없었던 각종 물건을 볼 수 있었기 때문이다. 소를 파는 우시장부터 생선가게, 옷가게, 뻥튀기 아저씨와 각종 음식에서 눈을 뗄 수 없었다.

시장에서 아버지의 동선은 매우 합리적이셨다. 예를 들면, 그동안 농사짓느라 닳고 헐거워진 농기구들을 대장장이에게 맡기셨고 그것이 수리되는 동안 아버지는 나에게 찐빵을 사 주셨다. 아버지가 대장장이에게 농기구 수리를 요청할 때는 단골이라서 그랬겠지만 두 분이 특별한 말을 하지 않으셨다. 대장장이는 아버지가 어떻게 농기구를 사용하는지, 왼손잡이인지 오른손잡이인지, 또는 얼마 만에 농기구를 수리하러 오는지 등을 정확하게 파악하고 있었다. 아버지도 대장장이에게 그냥 믿고 맡기셨다. 오랜 경험과 단골 거래를 통한 공감의 끈이 있었던 것이다. 말이 필요 없었고 각자 주인처럼 행동하셨다.

그런데 오늘날의 현실은 어떤가? 생산자와 소비자가 공감의 끈으로 연결된 시대와 달리 물건을 만들어서 판매하는 사람과 그것을 소비하는 사람 사이에 비용 절감이나 데이터 마케팅과 같은 효율성이라는 갭(Gap)이 존재한다. 고객을 이해하기 위해 수많은 조사를 하고 교육한다. 그런데도 생산자와 소비자 사이에 존재하는 공감의 간극은 점점 멀어지고 있는 것이 현실이다.

데브 팻나이크(Dev Patnaik)는 《와이어드》[1]에서 산업혁명이 기업 환경에 미치는 영향을 소개하고 있다. 예를 들어, 대형 스포츠용품 기업 K2는 더브스를 인수한 후 생산공장을 버몬트에서 중국 광저우로 이전했는데 광저우에 있는 대부분의 공장 직원들은 눈을 한 번도 구경한 적이 없었다고 한다. 미국 본사에 있는 사람들이야 눈과 관련한 스포츠에 대해 잘 알고 있었지만 광저우의 생산직 근로자들은 눈을 본 적이 없으니 겨울용 스포츠용품에 관한 창의적인 제안을 할 수가 없었다. 데브 팻나이크는 산업혁명 이후 멀어진 소비자와 생산자 간의 거리를 좁히고 그들 사이에 장벽을 허물어야 한다고 강조했다. 우리가 그들이고 그들이 곧 우리라고 주장하면서 말이다.

공감이 필요한 이유

소비자와 생산자가 느끼는 공감의 간극이 점점 멀어지는 이유는 무

1 데브 팻나이크, 주철범 옮김, 이상, 2010.

엇일까?

그 이유는 복잡한 생산과정 및 정보의 계층화 때문이다. 또한 사용자 니즈의 다양성이 증가했기 때문이다. 사람들이 자신이 무엇을 원하는지 정확하게 알지 못하기 때문에 통찰이 필요하다. 기업 혁신의 지향점은 항상 미래를 향한다.

- 자사 제품이나 서비스를 사용하게 될 미래의 소비자는 과연 무엇을 원하는가?
- 어떻게 하면 우리의 고객들이 열광하는 상품을 만들어낼 수 있을까?

이러한 질문의 답을 얻기 위해 기업에서는 큰 노력을 기울이지만 그 답을 찾기란 쉽지 않다.

예를 들어, 막대한 비용을 들여 시장조사를 한 후 야심 차게 출시한 코카콜라의 뉴코크가 실제로 시장에서 사람들에게 외면당한 사례는 너무나 유명하다. 덴마크 디자인센터 CEO 크리스티안 바소(Christian Basso)는 소비자들에게 "조금 비싸더라도 환경을 위해 유기농 채소를 선택하겠느냐?"라고 설문조사를 한 결과 60%의 소비자들이 "기꺼이 그러겠다."라고 응답했다. 그런데 실제 소비자들의 선택 행동을 관찰해보니 '실제 유기농 채소를 선택하는 소비자는 15%'에 불과했다.

휴대폰의 등장으로 필름 카메라의 절대적 권위를 유지하던 코닥이 동시대의 소비자들을 대상으로 심층 좌담회를 연다고 해서 소비자들로부터 디지털카메라가 가져올 새로운 사용자 경험에 관한 이야기를 들을 수 있었을까? 사람들은 자신이 경험해보지 못한 혁신적인 미래의 경험에 대해서는 제대로 이야기하지 못한다. 심지어 새로운 기술과 학습

비용에 부정적인 선입관을 갖고 거부감을 나타내는 경우가 더 많다.

1903년 헨리 포드(Henry Ford)가 자동차를 세상에 내놓기 전에 사람들에게 "당신이 원하는 것이 무엇인가요?"라고 물었다면 대부분의 사람들은 "빠른 말"이라고 대답했을 것이다. 그런데 사람들이 진짜 원했던 것은 '빠른 말'이 아니라 '빠른 이동'이었다. 자신의 경험에 비추어 생각하고 판단하는 사람들에게는 한계가 존재한다. 창의적 통찰을 하기 위해서는 개념을 달리하고 근본 원인이 무엇인가를 생각하는 것이 필요하다. 결국 소비자가 열광하는 제품이나 서비스는 기업 활동을 하는 일잘러가 미래 지향적인 고객 통찰을 통해 만들어내야만 한다. 소비자 또는 고객들로부터 그 필요성을 찾아내기가 쉽지 않기 때문이다. 이것이 통찰이 필요한 근본적인 이유다. 공감이란 새로운 통찰을 발견하는 창의적 생각의 도구이다.

상품을 디자인할 때 주의해야 할 점은 사용자에게 혁신적인 사용 경험을 물어보는 것을 놓치지 않는 것이다. 사람들이 아무리 자신의 경험에 기초하여 충실하게 대답하더라도 그것을 경험하고 응답하는 시차에서 오는 왜곡된 정보가 생각보다 클 때가 많다. 소비자는 자신이 좋아하는 제품이나 서비스에 크게 고민하지 않는다. 소비자는 단지 나에게 즐거움과 효용을 주는 상품 또는 서비스가 기꺼이 돈을 주고 살 만한 것이냐 아니냐만 판단할 뿐이다. 이처럼 사용자들의 내면 깊숙한 곳에 숨어 있는 욕구를 파악하는 일은 절대로 쉽지 않다.

우리가 지금 사용하는 언어는 수십만 년 전에 탄생했다. 사람의 진짜 속마음은 언어가 아니라 시간과 공간의 맥락, 제스처, 눈빛 등 비언어적인 단서에 의해 훨씬 진실하게 전달될 수 있다. 이러한 비언어적이고 무의식적인 전달은 자신도 모르는 사이에 나타나는 동물적인 감각의 영역이다. 하나의 현상을 보고 고객의 니즈를 일차원적으로 판단하다 보면 자칫 낭패 보기 쉽다. 사용자들의 반응은 여러 가지 요인에 의해 영향을 받기 때문이다. 인간은 감성적, 문화적, 인지적, 물리적인 요소에 따라 다른 반응을 나타낼 수 있다. 따라서 소비자를 관찰하되 총체적으로 관찰하는 것이 필요하다.

고객 경험

사용자 통찰을 얻고자 할 때 사용자가 해당 제품이나 서비스를 이용하는 짧은 순간의 경험에 집중하기 쉽다. 실제 병원이나 항공사와 같은 서비스 업종에서 '진실의 순간(Moment of Truth)'이라는 접점 전략을 많이 사용한다. 고객이 머무는 접점에 서비스를 집중함으로써 고객의 만족도를 더 높이고자 하는 것이다. 물론 '진실의 순간'이라는 접점 전략이 그 접점에서만 잘하자는 것이 아니라 모든 접점에서 다 잘하고 특히 그 접점에서는 더 꼼꼼히 하자는 전략이지만 고객이 단순히 그 접점에서 만족했다고 단골이 될까? 고객은 처음 방문에서부터 그 서비스를 마칠 때까지 전 과정을 평가한다.

병원 서비스를 이용하는 환자를 알려면 하나의 접점만 이해하는 것이 아니라 예약하고, 방문하고, 주차하고, 접수하고, 대기하고, 진료받고, 약을 받고, 치료비를 지불하고, 퇴원하기까지 전체적인 과정을 생각해야 한다.

사람들의 장보기 프로세스는 쇼핑 전날 밤부터 시작된다. 내일 마트에 가면 어떤 물건을 살지 고민하고, 포스트잇에 메모하기도 하고, 혼자 사는 사람이 구입하기엔 큰 제품일 경우 친구에게 전화를 걸어 같이 가자고 의논하기도 한다. 병원을 이용할 때도 마찬가지다. 병원에 가기 전에 인터넷 또는 지인을 통해 어느 병원이 잘하는지, 어느 의사가 친절하게 진료하는지를 알아보는 과정에서부터 시작한다. 병원에 다녀온 후에도 그냥 끝나는 게 아니라 지인이나 단체대화방 등에 다녀온 병원의 어떤 면이 불편했는지, 다음에 이용한다면 어떤 점을 조심해야 하는지 등을 친절하게 이야기한다. 이런 것을 함께 고민해야 하는 것이 사용자 관점이다. 그러므로 사용자 관점의 통찰을 얻고자 한다면 '고객 여정 지도'와 같이 고객의 동선을 가시화하는 노력이 필요하다.

몇 년 전에 가족과 함께 대만 여행을 간 적이 있다. 가족이 대만 관광지를 둘러볼 준비를 하는 동안, 호텔 로비에 앉아 있다가 우연히 여행객들이 나누는 이야기를 듣게 되었다. 호텔 룸에서 편안한 옷으로 갈아입은 여행객들은 "이제 어디로 가볼까? 이 동네에서만 느낄 수 있는 흥미진진한 것이 있을까?" 하는 이야기를 주고받으며 로비에 머무르다가 호텔을 나섰다. 우리는 대만 여행을 오기 전부터 미리 가봐야 할 곳, 꼭 들러야 할 곳, 여행자들의 후기 등을 꼼꼼하게 챙긴 딸 덕분에 이런 고민을 하지 않아도 되었지만 그 관광객들은 아마도 이런 준비를 충분히 하지 않고 현장에서 정보를 얻을 생각이었던 것 같다.

호텔에서는 관광객들을 위해 '호텔 로비를 어떻게 바꿀까?', '룸서비스를 어떻게 개선할까?' 등을 고민한다. 그렇지만 호텔을 이용하는 사용자 관점에서 본다면 호텔 객실의 서비스뿐만 아니라 '대만에서 즐거운 여행을 할 수 있게 어떻게 도와줄 수 있을까?'라는 측면을 더 고려해야 하지 않을까? 이렇게 상대방의 입장에서 생각하는 것이 공감을 위한 바람직한 자세다.

인간의 욕구 충족

인간의 욕구는 가변적이다. 인간의 욕구를 충족시키는 제품이나 서비스를 디자인하기 위해서는 심리적 영역에 해당하는 감성적, 문화적, 물리적 요소와 같은 영역까지 고려해야 한다.

❶ 사람들의 내면에 흐르는 욕구를 이해하는 데 있어 감성적 요소는 무엇보다 중요한 역할을 한다.

인간은 언제나 특별한 감정 상태에 놓여 있다. 이성과 대비되는 감성은 사람들이 구매를 결정하는 동기에 중요하게 작용한다. 소비할 때의 행동에도 많은 영향을 미친다. 비합리적이고 감성적인 경향 주체로서 인간의 속성을 연구한 행동경제학의 창시자 대니얼 카너먼(Daniel Kahneman)은 《생각에 관한 생각》[2]에서 경제활동에서 소비자의 판단 기준은 이성뿐만 아니라 감성적 요인에 의해 큰 영향을 받는다고 했다. 사람들이 맥락에 따라 같은 대상도 다르게 받아들이는 것은 사람의 감

2 대니얼 카너먼, 이창신 옮김, 김영사, 2018.

정이 그만큼 변화무쌍하다는 점을 보여준다.

❷ 인간은 누구나 독특한 문화를 지니고 있고 많은 영향을 받는다.

선천적인 성향뿐만 아니라 관습이나 사회제도 아래 형성된 그 사람만의 독특한 특성을 읽어내는 것은 사람의 숨은 니즈를 찾아내는 데 매우 중요하다.

우리나라뿐만 아니라 전 세계적으로 가장 성공하고 있는 커피 브랜드 중 하나가 스타벅스다. 그렇지만 스타벅스도 오늘날의 영광이 계속되지 않을 것을 생각하므로 변화를 추구할 수밖에 없다. 그래서 시작된 것이 '스타벅스 이브닝'이다. 스타벅스 이브닝은 커피뿐만 아니라 야간에는 와인과 맥주까지 파는 새로운 시도다. 미국에는 2010년 시애틀에서 시작되었고, 영국에는 2015년, 일본에는 2016년에 스타벅스 이브닝이 도입되었다. 우리나라에도 스타필드와 같은 일부 매장에서 스타벅스 이브닝을 시범적으로 진행한 적이 있었다.

그런데 스타벅스는 2019년에 이 사업을 전면적으로 종료했다. 그 이유가 무엇이었을까? 음주문화 때문이다. 우리나라는 술을 마실 때 테이블에 앉아 술과 안주를 받는 것이 일반적이다. 그런데 스타벅스 이브닝의 경우 커피와 같이 술을 주문하고 술과 안주가 준비되면 가서 받아 오는 형태다. 홀 서빙을 하려면 술집처럼 종업원이 더 필요하므로 이를 감당하기에는 많은 인건비가 소요될 수밖에 없다. 이런 경우 스타벅스는 커피를 파는 것이 아니라 제3의 장소를 제공한다는 모토와 어울리는 것인지 그 정체성이 불분명해진다. 또 다른 원인은 우리나라 음주문화의 경우 1차에 술을 마시고 2차에서도 술을 먹고, 헤어지기 전에 들르는 곳이 커피숍이다. 그런데 1차에서부터 커피숍에 가서 술을 마시는 것 자체가 익숙하지 않은 것이다.

스타벅스는 이와 같은 문화적 차이에 관한 연구를 바탕으로 또 다른 변화를 추구할 것이다. 중요한 것은 인간의 욕구를 충족시키기 위한 요건은 매우 복잡하고 문화적인 부분까지 반영한다는 점이다.

❸ 인지적 오감 요소가 중요하게 작용한다.

미국의 한 가전회사에서 기술적으로 혁신적인 진공청소기를 시장에 내놓았다. 소음을 현저히 줄인 혁신적인 제품이었다. 그 결과는 어땠을까? 청소할 때 나는 시끄러운 소리가 없으니 당연히 좋은 반응을 얻었을 것 같지만 결과는 예상 밖으로 매출 실적이 저조했다. 미국 가정은 한국과 달리 거실 바닥에 대부분 카펫이 깔려 있다. 진공청소기로 카펫을 청소할 때 소리가 나지 않으니 사용자는 청소가 잘되고 있는지 인식하기가 쉽지 않다. 위잉~ 하고 청소기 모터가 돌아가는 소리를 들으면 이물질이 잘 빨려 들어간다고 느끼기 때문이다.

❹ 물리적인 환경이 영향을 미친다.

새롭게 집을 짓고자 하는 사람이 설계회사에 전원주택 디자인을 의뢰했다. 설계회사에서는 사람들의 이동 동선과 집의 전체적인 조합을 고려하여 집과 이동 동선에 따른 도로를 설계했다. 그런데 집이 완공된 후 얼마 지나지 않아 처음 설계했던 통행 도로와 별개로 한쪽에 보기 싫은 지름길이 생겼다. 사람들은 설계자가 의도한 대로 길을 따라가는 것이 아니라 자신들이 판단한 대로 가장 빠른 길이라고 생각하는 길을 선택했던 셈이다.

이런 현상에 큰 깨달음을 얻은 설계회사는 그다음부터 집만 짓고 접근로는 허가받기 위한 용도로만 간단하게 큰돈을 들이지 않고 만들었다. 집을 완공하고 1년 정도 지난 후 사람들의 통행으로 자연스럽게 생겨난 길에 제대로 된 접근로를 만듦으로써 지름길이 생겨나지 않도록 한 것이다.

2.

공감은 불편을 찾아내는 것이다

공감은 관찰을 통해 해결해야 할 문제의 초점이나 근본적인 원인을 찾은 후 그에 대해 상대방 입장에서 이해를 바탕으로 일어나는 현상이다. 공감의 사전적인 의미에서 주목해야 할 부분은 '상대방'이다. 남의 감정, 의견, 주장 따위에 자기도 그렇다고 느끼는 기분을 말하기 때문이다.

해결해야 할 문제에 관심을 두고 면밀하게 관찰했을 때 그것이 어떤 문제이고 어떻게 해결할 수 있을지 방향이 잡힌다. 그 방향을 더 깊이 고민하고, 연습하고, 연구하고, 실패하는 과정을 되풀이하면서 공감이 일어난다.

좀 더 깊이 있게 공감하고 문제를 근본적으로 파고드는 방법은 '다이아몬드 모델', '5Whys 분석', '기능 분석' 등 다양한 기법이 있다. 이러한 기법으로 찾아낸 문제의 초점에 새로운 생각을 창조하기 위해서는 그 문제의 초점을 의인화하고 나와의 일체화를 이루어야 한다. 통찰은 관심, 관찰, 공감의 모든 과정이 전제될 때 불현듯 찾아오는 것이기 때문이다.

다이아몬드 모델

공감하여 찾아낸 문제점은 그 내용이 무엇인지, 어떤 것인지 명확하게 정의하는 과정이 필요하다. 디자인 씽킹에서는 공감을 통한 문제 정의(Define) 과정을 매우 중요하게 생각한다. 문제가 정확히 정의되어야 해결책을 찾을 수 있기 때문이다. 트리즈(TRIZ)[1] 기법에서는 모순이 무엇인지 찾은 후 그 모순의 원인을 찾고 밝힘으로써 문제를 해결한다.

신정호는 《트리즈 씽킹》[2]에서 문제 정의 과정에서 나타난 모순을 해결하기 위한 방법으로 '다이아몬드 모델'을 제시하고 있다. 다이아몬드 모델은 5개의 요소와 화살표 및 부호로 구성된다.

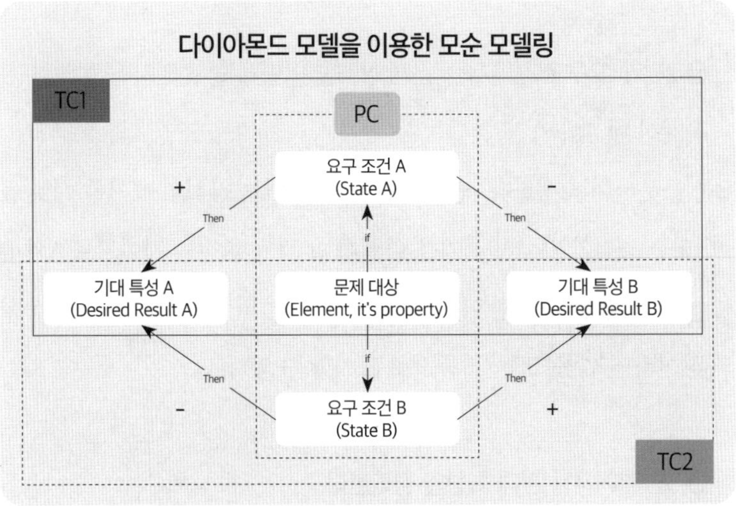

---

1 트리즈(Theory of Solving Inventive Problem)는 구소련 겐리히 알츠슐러(Genrich Altshuller)에 의해 제창된 발명문제(혹은 창의문제)의 해결을 위한 체계적 방법론이다.

2 신정호, 와우팩토리, 2021.

❶ 1단계에서는 '문제의 대상'을 정의한다.

다이아몬드 모델의 가운데 위치한 칸에는 고민거리인 문제의 초점을 적는다. 이 모델을 작성할 때는 '무엇이 어떤 특성'이라는 형식을 갖추도록 하는 것이 중요하다. 또한 해당 특성이 제어 가능한 독립변수인지 확인해야 한다. 요소의 이름만 적으면 구체적으로 어떤 특성이 문제를 일으키는 상황인지 파악이 힘들고, 제어가 불가능한 특성을 적는 경우는 모순의 구체화가 어렵기 때문이다.

예를 들어, '냉장고 문에 붙은 자석'이라고 적는다면 자석의 어떤 특성이 문제를 일으키는지 파악할 수 없다. 자석의 모양이나 크기도 아닌 '자석의 세기'가 문제의 초점인 것이다. 그러므로 다이아몬드 모델의 가운데에는 '자석의 세기'와 같은 특성을 적어야 한다.

❷ 2단계 요구 조건에서는 '문제 상태를 어떻게 할 것인지'를 정의한다.

문제의 대상이 가질 수 있는 두 가지 상태인 요구 조건 A와 요구 조건 B를 구분하여 작성한다. 냉장고 문에 들어 있는 자석의 세기를 예로 들면, 요구 조건인 자석의 세기를 어떻게 할 것인지 적는 것이므로 A와 B에 자석의 '강함'과 '약함'이라고 적을 수 있다. 만약 문제의 대상이 음식의 양이라면 '많음' 또는 '적음'으로 표시할 수 있다.

❸ 3단계에서는 기대 특성을 정의한다.

각 요구 조건의 상태에 따라서 시스템에 기대하는 특성을 적는 것이다. 문제 대상이 요구 조건 A인 경우에는 좋아지는 기대 특성을 왼쪽 '기대 특성 A'에 기록하고, 요구 조건 B 상태일 때 개선되는 특성은 오른쪽 '기대 특성 B'에 적는다.

기대 특성은 '시스템이 이러한 특성을 보였으면 좋겠다'는 희망 사항이므로 반드시 긍정적인 표현으로 작성해야 한다. 단순히 '비용'이라고 적는 것보다 '절감'과 같은 긍정적인 표현으로 작성하는 것이 좋다.

❹ 4단계에서는 화살표 및 부호를 기입한다.

다이아몬드 모델에 있는 5개의 칸을 모두 채웠으면 화살표와 부호를 표기하는데, 우선 문제 대상에서 요구 조건으로 연결하는 화살표를 위와 아래로 그린다. 이 화살표는 'If(만약에)'라는 의미가 있다. 다음으로 각 요구 조건에서 좌우에 존재하는 기대 특성으로 연결하는 화살표를 그리는데, 이 화살표는 'Then(그렇다면)'의 의미가 있다. 화살표에는 플러스(+), 마이너스(-) 기호를 기입하는데, 플러스는 기대 특성이 개선된다는 의미이고, 마이너스는 악화됨을 의미한다.

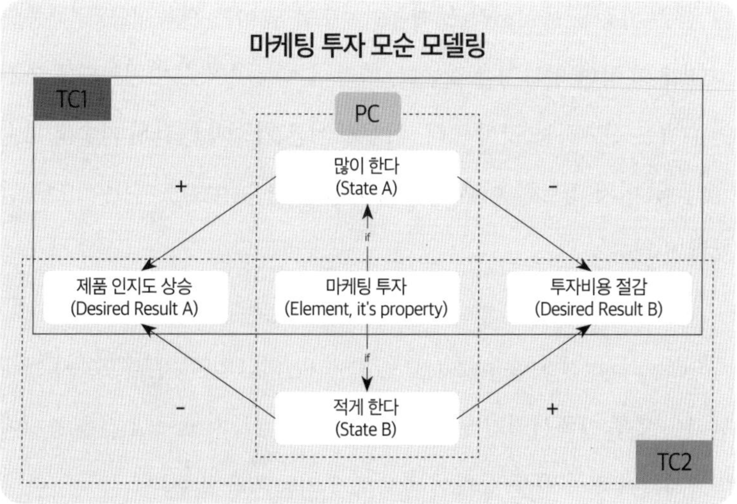

마케팅 투자를 사례로 다이아몬드 모델에 관해 구체적으로 설명하면 다음과 같다.

'TC'는 '기술적 모순(Technical Contradiction)'의 약자로, 다이아몬드 모델의 좌우에 배치된 기대 특성 사이의 충돌로써 수평 방향의 모순으로 이해할 수 있다. 항상 2개가 쌍으로 존재하며 TC1, TC2로 나타내는데, 다음과 같은 의미가 있다.

• TC1: 만약 마케팅 투자(문제)를 많이 하면(요구 조건 A) 제품인지도(기대 특성 A)는 상승하지만, 투자비용 절감(기대 특성 B)은 어렵게 된다.

• TC2: 만약 마케팅 투자(문제)를 적게 하면(요구 조건 B) 투자비용 절감(기대 특성 B)은 이루어지나 제품인지도(기대 특성 A)는 올라가지 않는다.

이렇게 기술적 모순은 항상 2가지 형태로 기술되므로 어떤 모순을 먼저 풀어야 할지 선택해야 한다. 중요한 것은 어떤 기대 특성이 문제 대상의 기본 기능과 더 연관성이 강한지 살펴보는 것이다. 마케팅 투자의 경우 비용을 들여서라도 제품인지도를 높이는 활동이므로 '제품인지도'가 더 강한 연관성을 갖는다. 따라서 '제품인지도'가 개선되는 조건인 TC1을 선택하는 것이 좋다. 이렇게 기본 기능과 연관된 기술적 모순(TC1)을 먼저 검토한 이후 나머지 기술적 모순(TC2)도 순차적으로 검토하면 된다.

'PC'는 '물리적 모순(Physical Contradiction)'의 약자로, 2가지 기대 특성을 모두 만족시키기 위해서는 서로 다른 2가지 요구 조건을 동시에 만족시켜야 하는 충돌 상황이 발생하게 되는 것을 말한다.

• PC: 마케팅 투자(문제)에서 제품인지도(기대 특성 A)를 높이기 위해서는 많은 투자(요구 조건 A)를 해야 하기도 하고, 투자비용 절감(기대 특성 B)을 위해서는 적게 투자(요구 조건 B)해야 한다.

물리적 모순(PC)은 다이아몬드 모델에서 수직 방향의 모순이다. 기대 특성을 만족시키기 위해서는 위쪽 상태이기도 하고 아래쪽 상태이기도 해야 한다는 것이다. 그래서 모순이 발생하는 것이다.

이렇게 모순이 발생하는 형태를 분석했다면 '어떻게 이 모순을 해결할 것인가?' 하는 접근이 '이상해결책'이다. 이상해결책은 모순을 해결할 때 비용이 전혀 들지 않으면서도 기능(효과)은 수행될 수 있는 상태를 의미한다. '이상해결책(Ideal Final Result)'은 약자로 'IFR'로 표현한다. 통상적으로 IFR은 기술적 모순(TC)에 대한 해결책을 IFR1, 물리적 모순(PC)에 대한 해결책을 IFR2라고 한다.

• IFR1: 마케팅 투자(문제)를 많이 했는데도(요구 조건 A) 불구하고 투자비용 절감(요구 조건 B)이 가능해야 한다.

• IFR2: 마케팅 투자(문제)를 적게 했는데도(요구 조건 B) 불구하고 제품인지도(요구 조건 A)는 높아져야 한다.

이상해결책은 다이아몬드 모델에서 보이는 마이너스(-) 부호를 플러스(+)로 바꾸는 것에 해당한다. IFR1은 오른쪽 상단의 마이너스(-) 부호를 플러스(+) 부호로 바꾸는 질문에 대한 것이고, IFR2는 왼쪽 하단의 마이너스(-) 부호를 플러스(+) 부호로 바꾸고자 하는 질문이다.

또 다른 예를 들어보면, 코로나 팬데믹으로 비대면 수업이 많이 이루어졌다. 문제 대상을 '비대면 수업'이라고 했을 때 기대 특성은 자유로운 수강이 좋지만, 또 하나의 다른 기대 특성인 상호 소통은 어려울 수 있다. 물리적 특성에서 보면, 비대면 수업은 녹화 강의가 가능한 반면 비대면 수업은 실시간 수업으로 이루어지기 어렵다. 이러한 모순에 대해서 이상적인 해결책을 찾는 방법은 '학교 비대면 수업 형태가 녹화 강의임에도 불구하고 상호 소통이 개선될 수 있을까?' 또한 '학교 비대면 수업의 형태가 실시간 수업임에도 불구하고 자유로운 수강이 개선될 수 있을까?'와 같은 질문을 통해 답을 찾을 수 있다.

이렇게 디자인 씽킹에 의해 문제 정의(Define)를 하고, 또는 다이아몬드 모델에서 '이상적 문제 해결을 어떻게 할 것인지'까지 정리했으면, 그 이후에는 발상과 연결 및 실행을 통해 문제를 해결할 수 있다. 이에 대한 세부 사항은 제4장부터 제6장까지 구체적으로 소개하겠다.

기능 분석

공감하기 위해서는 시스템을 알아야 한다. 하나의 구성요소만으로 현상을 분석할 경우 전혀 다른 방향으로 내용을 파악하는 어리석음을 범할 수 있다. 전체 구조에서 내용과 현상을 파악해야만 공감을 얻을 수 있다.

시스템은 다수의 구성요소로 되어 있다. 각 요소는 그냥 존재하는 것이 아니라 그 요소가 수행하는 기능이 있어서 존재한다. 기능을 전달하는 요소를 '도구'라 하고, 기능을 받는 요소를 '대상'이라고 한다. 기능은 '대상을 제어하거나 측정 가능한 속성을 직접적으로 변경시키거나 유지하는 작용'이다. 그러므로 기능이 잘 되는지를 검토할 때는 '기능에 의해 대상의 어떤 속성이 유지되거나 변경되는가?' 혹은 '영향을 받은 대상의 속성은 적정한가?'로 판단할 수 있다.

볼펜은 '글씨'를 '번지지 않게 잘 쓰도록 하는 도구'라고 정의할 수 있다. 여기서 기능의 대상은 '글씨'이고, '번지지 않게 잘 쓰도록 한다'라는 기능에 의해 '글씨'를 번지지 않게 잘 쓸 수 있는 정도가 변경된다고 할 수 있다. 그런데 번지지 않게 잘 쓰는 정도는 쉽게 측정할 수 있는 일이 아니다. 따라서 기능을 정의하는 것뿐만 아니라 기능의 대상이 직접적인 영향을 미치는 것으로 바꿔 생각해 보면 '글씨'가 번지지 않고 잘 써지는 이유는 볼펜의 무엇인가가 대상에 영향을 미친 결과이다. 바로 '유성 잉크'라는 볼펜의 용액이다. 따라서 '글씨'를 번지지 않게 잘 쓰는 것에 대하여 '볼펜은 글씨를 번지지 않게 잘 써지게 한다'라는 것보다 '볼펜은 유성 잉크를 사용하므로 글씨를 번지지 않게 한다'라고 하면 훨씬 더 구체적인 대상을 파악할 수 있다. 이를 통해 볼펜에 대한 정확한 공감이 일어날 수 있는 것이다.

문제를 분석하고 그 문제 해결에 사용된 원리를 파악함으로써 공감을 얻는 방법은 타 분야의 특허를 검색하여 모방하는 것이다. 타 분야에 이미 존재하는 특허기술을 검색하여 문제 해결 원리를 모방함으로써 해당 제품의 기술적 문제 해결에 응용할 수 있다.

타 분야의 특허 제품을 혁신에 활용하기 위해서는 일반화, 추상화, 구체화의 단계를 거친다. '일반화 단계'는 문제 해결의 핵심이 되는 키워드를 도출하는 것이다. '추상화 단계'는 문제 해결에 활용한 기술을 파악하는 과정이고, '구체화 단계'는 실현 가능한 기술로 구체화하는 과정이다. 이와 같은 일련의 과정에서 새로운 문제가 도출되면 다시 원래 상태로 돌아가 문제를 분석하는 반복과정을 거침으로써 문제를 해결하는 공감을 얻게 되는 것이다.

문제 분석을 통해 공감을 얻는 또 다른 방법은 '기능을 분석'하는 것이다. 대다수 사람은 문제를 해결할 때 도구 자체에 집중하여 해당 도구의 기술에서만 문제를 해결하려고 한다. 하지만 실제로 더 중요한 문제는 도구 자체가 아니라 도구의 어떤 기능이 대상에게 수행되는가를 분석함으로써 원리를 파악할 수 있다. 예를 들어, 선풍기의 경우 '사람을 시원하게 한다.' 또는 '선풍기는 바람을 만든다.'라고 분석할 수 있겠지만, 도구인 선풍기가 직접적인 접촉을 하면서 영향을 미치는 대상은 사람이 아니라 '공기'다. '선풍기는 공기를 이동시킨다.'라고 선풍기가 영향을 미치는 기능을 중심으로 생각할 때 문제 해결의 실마리를 찾을 수 있다. 문제는 선풍기가 아니라 공기를 어떻게 이동시킬 수 있는가 하는 것이 문제이기 때문이다. 선풍기는 공기를 옮기기 위한 수많은 도구 중 하나일 뿐이다.

근본 원인 분석

공감을 얻기 위한 또 다른 접근 방법은 문제의 근본 원인을 찾는 것이다. 모든 일에는 반드시 원인이 있다. 복잡한 문제를 심층적으로 분석하기 위해서는 강력한 문제 분석 기법이 필요한데 '로직트리', '프레임워크' 등이 활용된다. 그러나 로직트리와 프레임워크는 이미 대중에게 널리 알려진 기법이므로 누구나 이 기법을 활용한다는 한계가 있다. 따라서 나만의 공감과 아이디어를 얻기 위해서는 로직트리 또는 각종 프레임워크를 활용한 후 나만의 생각을 하나 더 얹는 과정이 반드시 필요하다. 이 사소한 한 단계가 바로 차별화이며 세상에 없는 나만의 데이터 또는 나만의 아이디어를 만드는 비법이다.

로직트리(Logic Tree)는 논리적 연관성이 있는 내용을 체계적으로 구조화하는 방법으로 나무 모양의 전개를 하는 이유로 로직트리라고 한다. 로직트리는 중요한 사항을 빠뜨리지 않고 모든 요소에 인과 관계를 파악할 수 있는 장점이 있다. 로직트리의 가장 기본적인 원칙은 동일 단계에서 중복이나 누락 없이 한다는 것이다. 이를 MECE라고 하는데 Mutually, Exclusive, Collectively, Exhaustive의 약자이다.

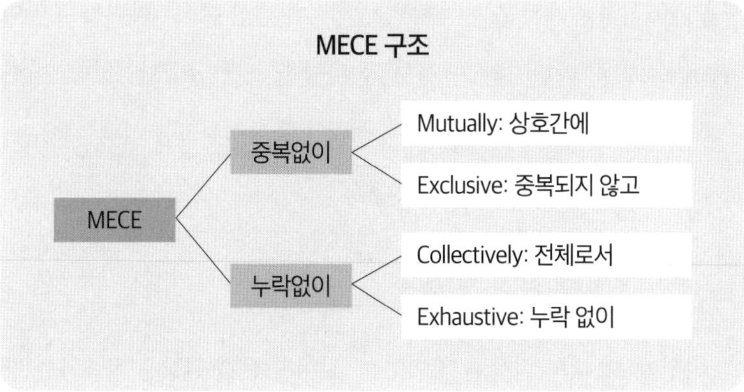

서로 중복되거나 누락되지 않는 로직트리를 작성하려면 같은 수준에서도 여러 가지 기준으로 분류해야 한다. 일상생활에서 로직트리 개념을 도입하면 일을 효과적으로 처리할 수 있다. 예를 들어, 시장에 가서 구입할 품목을 적을 때도 1단계로 주식, 부식, 간식으로 구분하고, 2단계로 주식은 쌀, 잡곡, 빵으로 세분화하고, 부식은 고기, 채소로 구분하면 빠짐없이 챙길 수 있다.

다음은 프레임워크(Framework)다. 로직트리와 같이 어떤 방법론을 적용하여 문제를 분석하는 도구를 통칭하여 프레임워크라고 한다. 복잡한 요인들이 얽혀 있는 문제일수록 중복이나 누락 등이 생기기 쉬우므로 다양한 분석 기법에 활용하는 분류 체계인 프레임워크를 활용하면 중복이나 누락 없이 로직트리를 달성할 수 있다.

자주 사용되는 프레임워크에는 3C(Customer, Competitor, Company) 분석, 4P(Product, Place, Price, Promotion) 분석, SWOT(Strength, Weakness, Opportunity, Threat) 분석, 이외에도 SWOT 분석의 장단점을 재해석하여 새로운 분석 방법을 제시한 은산 분석[3], 마이클 포터의 5Forces 모델, 매킨지의 7S, 4M 등 다양한 프레임워크가 있다. 어떤 문제 유형을 만나느냐에 따라 그에 적합한 프레임워크를 선택함으로써 문제의 근본에 좀 더 접근할 수 있다.

근본 원인 분석의 절차는 6단계로 이루어진다.

• 1단계: '문제의 현상'을 정의하는 것이다. 문제 현상을 정의하는 방법은 원하는 바람직한 상태가 무엇인지 파악하고 그 상태가 되지 않는 상황을 한 문장으로 표현하는 것이다.

• 2단계: '잠재 원인'을 나열하는 것이다. 1단계에서 문제 현상을 정

3 '은산 분석'은 필자가 제시한 SWOT의 단점을 극복하고 보다 심층적인 현상 분석이 가능하도록 제시한 기법으로, 전작 《인사이트 좀 있는 사람》에서 자세하게 확인할 수 있다.

의했다면 이에 대한 참조 원인을 찾는 작업이 2단계이다. 이때는 '브레인라이팅 기법'을 주로 사용한다. 브레인라이팅 사용법은 제4장 '발상하기'에서 자세히 다루도록 한다.

• 3단계: 잠재 원인을 토대로 '1차 원인을 선정'하는 것이다. 도출한 잠재 요인을 큰 종이 위에 늘어놓고 하나씩 리뷰하면서 비슷한 관점의 요인을 분류하는 작업을 진행한다. 분류 작업이 완료되면 분류된 그룹별로 하나의 1차 원인을 선정하는데, 가능하면 짧고 간결한 문장으로 표현하고 통제가 가능한 사실들을 기술해야 한다.

• 4단계: '원인을 분석'하는 것이다. 이 단계는 문제 원인 분석을 진행하면서 반대로 거슬러 검증하는 것이다.

• 5단계: 로직트리 형식에 맞게 '중복이나 누락이 없도록' 하는 것이다.

• 6단계: 1~5단계까지 마친 후 파악된 내용에 '나만의 생각을 얹는' 것이다. 이 마지막 단계를 통해 독창적이고 창의적인 새로운 공감과 아이디어를 얻을 수 있다. 5단계까지는 어느 정도 문제 해결과 창의성에 관심이 있는 사람이라면 누구나 접근할 수 있다. 마지막 6단계를 적용하느냐 마느냐에 따라 당신의 아이디어가 세상에 이미 존재하는 그렇고 그런 아이디어인지 당신만의 차별화된 아이디어인지를 구분하는 핵심이 된다.

3.

공감은 소통 안에 존재한다

소통이란 '서로 뜻이 통해 오해가 없도록 생각을 맞추는 과정'이다. 비즈니스 관점에서 소통은 '상품기획자나 디자이너가 사용자와의 공감을 통해 사용자를 충분히 이해하고 그들이 진정 원하는 것을 찾아가는 활동'이다. 따라서 제대로 소통하기 위해서는 원초적 본능과 감성의 영역을 관장하는 보다 깊은 곳의 두뇌에 접근할 필요가 있다.

미국의 디자인 업체 점프의 CEO 데브 팻나이크(Dev Patnaik)는 〈디자인 매니지먼트 리뷰〉에서 인간의 니즈를 4가지로 정리했다.[1]

먼저, 인간이면 누구나 공통으로 느끼는 니즈를 일반적 니즈(Common Needs)라 하고, 2번째는 '이상적인 남자를 만나고 싶다'처럼 비슷한 나이나 직업, 종교를 가진 사람들이 느끼는 니즈로 맥락적 니즈(Context Needs)라고 한다. 3번째는 '데이트를 하고 싶다', '남자와 커피를 마시고 싶다'처럼 사람들이 특정한 상황에서 수행하고자 하는 행위적 니즈(Activity Needs)이고, 4번째는 '커피를 흘리지 않는 커피잔

1 데브 팻나이크(Dev Patnaik), 시스템 로직(System Logics): Organizing Your Offerings to Solve People's Big Needs, 디자인 매니지먼트 리뷰, 2004년 여름호

을 찾고 싶다'와 같이 눈에 보이는 문제를 해결하는 것을 기능적 니즈(Qualifier Needs)라고 한다.

이런 인간의 욕구 중에서 비즈니스적으로는 맥락적 니즈와 행위적 니즈에 초점을 맞추는 게 바람직하다. 일반적 니즈에 집중하면 제품이나 서비스에 차별성이 결여되기 쉽고, 기능적인 니즈에 집중하다 보면 이미 그 문제를 해결한 수많은 경쟁 제품과의 충돌을 피할 수 없기 때문이다.

인간의 니즈를 보다 심플하게 나누면, 겉으로 드러나는 '표현 니즈'와 숨겨져 있는 '잠재 니즈'로 구분할 수 있다. 겉으로 드러나고 명쾌하게 정의될 수 있는 표현 니즈는 사람들 스스로도 쉽게 표현할 수 있는 니즈이지만 잠재 니즈는 마치 심연의 빙하처럼 사람들이 미처 인식하지 못하는 내면 깊은 곳에 존재하여 그들 자신도 잘 인지하지 못하는 경우가 많다. 그러므로 일잘러는 누구나 쉽게 발견할 수 있는 표현 니즈보다 아직 어느 기업이나 조직도 해결해주지 못하는 심층적 니즈에 집중해야 한다.

인터뷰 방법과 기술

사용자 통찰을 발견하기 위해서는 인터뷰를 해야 하는 경우가 많다. 인터뷰할 때는 무엇을 어떻게 준비해야 좋은 성과를 거둘 수 있을까? 인터뷰가 끝나고 새로운 통찰의 실마리를 찾았을 때는 새로운 인사이트를 얻었다는 기쁨에 고무될 수 있지만 새로운 사실을 별로 발견하지 못한 경우는 불안할 수 있다. 그만큼 사용자의 욕구 파악을 위한 인터뷰

기술은 매우 중요하다.

사용자나 전문가들과 인터뷰할 때 도움이 될 만한 노하우는 무엇일까? 인터뷰 대상이 누구인지, 무엇을 알고 싶은지 분명히 하는 것이다. 질문할 때는 단답형이 아닌 오픈형 질문을 준비하면 좋다. 어떤 특별한 상황에 집중한 질문보다는 전체적인 과정을 묻는 것이 바람직하다. 이를 위해 해당 주제의 사용 경험을 어떤 과정으로 겪었는지 처음부터 끝까지 단계별로 설명해달라고 요청하는 것이 좋다. 이것을 '사용자 경험 여정을 파악하는 것'이라고 하는데 사용자가 스스로 경험을 구분 짓고 짧은 시간에 많은 정보를 얻을 수 있는 효과가 있다.

인간의 원초적 본능과 감성을 알아내기 위해서는 그것을 관장하는 사용자의 두뇌와 소통해야 한다. 인간의 뇌는 3중 구조로 되어 있다. 우선, 가장 바깥쪽의 뇌는 대뇌피질로 이성과 논리, 분석, 학습 등의 역할을 관장한다. 두 번째는 대뇌변연계라고 하는 대뇌피질과 뇌간 사이에 위치한 뇌인데 포유류의 뇌 또는 감정의 뇌라고 한다. 이 뇌로 인해 인간과 포유류는 감정과 배려심을 느낄 수 있다. 세 번째는 가장 안쪽에 있는 뇌간이라 불리는 파충류의 뇌로 생명의 유지 및 본능과 관련된 영역을 관장한다. 파충류들은 이성이나 감성을 느끼지 못하고 살아남기 위해 본능에 따라 움직일 뿐이다.

인간의 뇌는 논리와 이성을 다루는 대뇌피질이 70% 이상 차지하고 있다. 그만큼 논리와 분석에 의해 학습된 기억이나 반응이 우리를 통제하고 있는 셈이다. 이러한 뇌 구조로 인해 다른 사람의 감정 부분과 관련된 소통과 공감이 어려울 수밖에 없다. 새로운 길을 찾거나 발견하기 위해 일잘러는 인간의 뇌 깊은 곳에 있는 감정과 본능에 소통하고 공감할 수 있어야 한다. 그것이 자신도 미처 인지하지 못하는 사람들의 잠재 니즈를 발견하는 좋은 방법이기 때문이다.

그렇다면 어떻게 인간의 감정과 본능을 파악하는 소통을 할 수 있을까?

❶ 상대방에게 익숙한 방식과 환경으로 들어가야 한다.

사람들은 익숙한 환경에서 심리적인 안정을 느낀다. 여러 사람이 한자리에 모여 자기 생각과 경험을 이야기하는 좌담회 같은 방식은 짧은 시간에 많은 정보를 파악할 수 있어 시간 대비 효과가 높다. 그러나 사용자의 심층적인 욕구를 파악하기에는 한계가 있다.

가정 방문 인터뷰와 같이 익숙한 환경에서 진행하는 인터뷰의 장점은 사용자의 생활 속 증거를 확보하기가 용이하다는 것이다. 인터뷰 도중에 자신이 말했던 소유물을 금방이라도 꺼내 올 수 있고 홈 투어를 통해 자신의 책상 서랍이나 옷장, 냉장고 등을 살펴보면서 사용자의 말과 전혀 다른 행동을 발견할 수도 있다. 또 자신의 소유물을 보면서 그동안 미처 생각하지 못한 사실을 기억해낼 때도 있다. 그러므로 인터뷰 상대가 동의한다면 집이나 사무실 등 사용자가 편리하고 익숙한 공간에서 인터뷰하는 것이 가장 좋다.

❷ 비공식적인 포맷으로 긴장감을 완화하는 게 좋다.

처음 만나는 사람과 이야기를 나눌 때는 누구나 긴장한다. 더구나 잘 알지 못하는 사람에게 속 깊은 이야기를 꺼내는 것은 얼마나 어렵겠는가? 사용자 인터뷰뿐만 아니라 사용자 아이디어 워크숍이나 콘셉트 검증 워크숍 등을 진행할 때도 낯선 사람들과의 만남으로 인한 긴장감 때문에 자신의 이야기나 아이디어를 제대로 말하지 못하는 일이 비일비재하다. 특히 자신보다 똑똑해 보이거나 잘난 척하는 사람이 있다면 더욱 그렇다.

사용자와 소통 과정에서 긴장감을 줄이고 진정성 있는 이야기를 이끌어내려면 어떻게 해야 할까? 비공식적인 포맷과 분위기로 긴장감을 완화하는 것이 중요하다. 이를 위해 인터뷰를 진행할 때 주의해야 할 점은 곧바로 본론에 들어가지 않는 것이다. 처음에는 상대방이 긴장감을 풀도록 라포르(Rapport)를 형성하는 과정을 거쳐야 한다. 상대방의 긴장감을 완화하기 위해 활용하는 방법 중 하나는 프린트 질문지를 미리 보여주지 않는 것이다. 사람들은 그런 질문지를 보면 자신이 공식적 인터뷰를 받고 있다고 생각하기 때문이다.

❸ 자극제를 활용해 말하기 힘든 감정을 이끌어내면 효과적이다.

예를 들어, 단어 카드와 이미지 카드 같은 자극제를 준비하여 인터뷰하는 것이다. 사람들은 당장 말로 표현할 수도 있지만 무의식 속에 존재하는 인식은 이런 자극을 통해 보다 명확하게 밖으로 드러날 수 있다. 자극제로 활용하는 방법은 여러 가지인데 단어 카드를 만들어서 사용하는 것이 효과적이다.

사람들이 대상을 어떻게 인식하는지 확인하는 데는 사진이나 그림이 유용하다. 단어 카드는 사람들이 쉽게 떠올리기 힘든 주제나 기능 또는 카테고리가 너무 많을 때 활용하는 것이 좋다. 단어 카드는 기본적인 단어에서부터 전혀 관련이 없을 것 같은 단어까지 다양한 옵션을 준비해야 한다. 때로는 아무것도 적지 않은 빈 카드도 준비하면 의외로 효과적일 때가 있다. 사용자 스스로 채울 수 있게 하면 의외로 기획자가 생각하지 못했던 사용처와 그에 대한 인사이트를 얻을 수 있기 때문이다

눈높이 인터뷰

상대방에게 익숙한 방식과 환경으로 들어가는 방법은 사용자와 소통할 때뿐만 아니라 비즈니스 미팅이나 전문가 인터뷰 등에도 적용할 수 있다. 전문가는 전문가 방식으로 인터뷰하는 것이 좋다. 전문가를 만날 때 주머니에 마커를 준비하는 것도 좋은 팁이다. 전문가들은 자신의 지식을 펼치기 위해 뭔가 칠판에 쓰면서 이야기하는 경우가 많다. 인터뷰할 때 준비했던 마커를 건네면 전문가는 자기 분야에 대한 설명을 마치 교수가 학생들에게 가르치듯이 잘 설명해준다. 특히 저자나 교수 등 강연을 많이 하는 전문가를 인터뷰할 때 활용하면 효과적이다. 듣는 사람에게도 도움이 되지만 설명하는 전문가 역시 자신의 지식을 한 번에 쏟아낼 수 있으므로 즐거운 마음으로 인터뷰에 응하게 된다.

전문가 또는 업계 실무자와 인터뷰할 때는 상대방에게 익숙한 언어와 프레임으로 소통해야 한다. 소통의 대상이 누구든 인터뷰 대상자에게 익숙한 단어와 주제로 이야기하면 훨씬 의미 있는 결과를 얻을 수 있

다. 예를 들어, 의사를 만나 인터뷰하는데 의학 용어를 전혀 모르는 상태로 이야기를 나눈다면 그 의사는 자기의 전문 분야를 전혀 모르거나 관심이 없는 문외한으로 여길 수도 있다. 깊이 있는 의학 용어는 아니더라도 일부 의학적인 용어를 활용하면서 전문가의 의견을 유도할 때 의사로부터 더 많은 인사이트를 얻을 수 있다.

특별한 프로젝트 기획과 관련된 인사이트를 얻기 위해 어떤 사용자를 만날 때는 전문업체를 통해 사용자를 소개받는데 이런 업체에만 전적으로 의지하는 것은 바람직하지 않다. 일잘러가 되기 위해서는 전문업체를 통해 소개받는 사용자 외에도 적극적으로 사용자를 찾아 나서는 자세가 필요하다.

'왜?'라는 질문 뒤에 숨어 있는 함정

우리는 상대방의 마음속 깊은 곳에 있는 진짜 욕구를 발견하기 위해 '왜(Why)'라는 질문을 많이 한다. 실제 인터뷰를 진행하다 보면 "왜 그렇죠?"라는 질문을 자주 던질 수밖에 없다. 그러나 습관적으로 이 질문을 자주 하는 것은 도움이 되지 않는다. 맥락상 필요한 경우가 아니라면 '왜'를 대신할 다른 방식의 질문을 찾는 것이 좋다.

많은 전문가는 사람들의 답변에서 '왜?'라는 질문을 3번 또는 5번 하면 진짜 속마음에 가까이 다가갈 수 있다고 한다. 그러나 이 방법은 어디까지나 '질문을 받은 상대방이 진실만을 말한다'는 가정하에서만 유효하다.

'왜 그런가?' 하는 질문은 전형적인 논리적 사고의 시발점이다. 인사이트를 얻는 방법은 논리적 사고가 아니라 의외의 또는 숨겨져 있는 것을 찾아가는 방식인데 '왜 그렇죠?'라는 질문을 지나치게 많이 하는 것은 오히려 방해 요소가 될 수도 있다.

일잘러가 명심해야 할 것은 사용자의 잠재적 욕구는 논리와 이성의 뇌가 아니라 동물적이고 감성적인 뇌 활동에서 더 많이 발견할 수 있다는 점이다. 사람들은 타인 앞에서 논리적인 사람으로 인정받기를 원한다. 낯설고 어색한 인터뷰 환경에서 계속 '왜?'라는 질문을 받으면 그럴듯한 답변을 하기는 하지만 실제와 거리가 먼 답변을 하는 경우가 많다. '왜?'라는 질문에 과도하게 의존하기보다 '무엇을?' 또는 '어떻게?'라는 질문을 통해 종합적으로 판단해야 한다. 결국 '왜?'라는 질문은 상대방이 아니라 나 자신에게 하는 호기심의 표현이기 때문이다.

'왜?'라고 스스로 질문하는 자세는 사용자 인터뷰에만 국한된 것이 아니라 일반적인 기획 과정에서도 똑같이 적용된다. '왜?'라는 질문은 상대방의 답을 이끌어내기 위한 질문의 기술이 아니라 일잘러가 사용자 중심으로 생각하도록 돕는 생각의 기술이다. '왜?'라는 질문을 사용자에게 5번 하기보다 스스로 호기심을 품고 제품이나 서비스를 이용할 고객의 욕구를 고민하라는 의미다. '고객은 왜 저렇게 행동하고 있을까?', '고객은 왜 저렇게 대답할까?', '고객은 왜 저렇게 화가 나 있을까?', '고객은 왜 내 질문에 직접적으로 답하지 않고 돌려 말할까?'와 같이 스스로 던지는 질문을 통해 사용자 통찰을 발견하는 데 가까이 다가갈 수 있다.

인터뷰할 때 가장 조심해야 할 3가지가 있다.

먼저, 질문자는 말을 조금만 해야 한다.

둘째, 내가 원하는 답을 확인하거나 유도하는 질문은 하지 말아야 한다.

셋째, 아이디어나 콘셉트에 관한 의견을 묻는 것은 가장 마지막에 해야 한다. 예를 들면, 인터뷰가 거의 다 끝나고 서로 인사하면서 나가다가 갑자기 하나 빠뜨린 것처럼 "아, 죄송합니다. 아까 여쭤봐야 할 부분이 있었는데 빼먹은 게 있네요."라며 핵심적인 질문을 맨 마지막에 하면 의외의 효과를 얻을 수 있다. 마치 옛날 영화에서 콜롬보 형사가 했던 것처럼 질문하는 것이다.

2시간 인터뷰의 질문 배분을 고려할 때 초기 5분 정도는 인터뷰에 관한 소개를 한다. 무엇을 인터뷰할 것인지, 어떤 진행 방식으로 할 것인지를 안내하는 것이다. 두 번째 단계는 공감대를 형성하는 것이다. 자신이 하는 일 또는 경력, 최근 관심사 등을 인터뷰하는 사람과 공감대를 형성하기 위해 가볍게 질문하고 답하는 것이 좋다. 이 단계가 끝난 후 본격적인 인터뷰를 90분 정도 진행한다. 핵심적인 질문과 세부 질문을 하는 단계다. 사용자와 관련된 프로젝트에 관해 단계별로 불편했던 점이 무엇인지를 확인하고 개선점 등을 찾는다. 마지막으로 10분 정도 인터뷰 내용을 정리한다. 추가적인 질문이나 조언 그리고 지금까지 나왔던 내용들에 관해 간단하게 정리 등을 하는 시간이다.

인터뷰 질문을 할 때 미리 준비해야 할 것은 먼저, 인터뷰 주제와 관련한 핵심 질문을 5개 내외로 뽑은 후 세부 질문을 가지치기하는 것이다. 단답형 질문이 아니라 오픈형 질문을 준비하고 이를 이용해 과정 전체를 설명해야 한다. 그다음으로 주요 과정에 따른 각각의 세부 과정별로 어렵거나 불편한 점을 파악하는 가지치기를 수행한다.

핵심적인 내용에 관해서는 사용자의 동의를 구한 후 사진으로 기록하는 것이 좋다. 시간이 부족할 때가 있으므로 질문 중 가장 중요한 질문에는 미리 별표나 밑줄 표시를 하여 질문을 빼먹지 않도록 세심한 준비가 필요하다.

공감 역량이 미래를 좌우한다

급변하는 환경 속에서 타인과 공감하고 올바르게 소통하는 리더십이 주목을 받고 있다. 공감의 리더십으로 대표적인 사람은 버락 오바마 전 미국 대통령이다. 공감 능력은 오바마와 같은 특별한 사람에게만 있는 것은 아니다. '거울 뉴런(Mirror neuron)' 실험[2]을 통해 인간과 동물은 기본적으로 공감할 수 있는 능력을 갖추고 태어났음이 밝혀진 바 있다. 공감 능력은 앞으로의 삶에서 더욱 중요한 역량으로 주목받고 있다. 비즈니스에서도 마찬가지이다.

경쟁적이고 치열한 비즈니스 환경에서 공감이 주목받는 이유는 무엇일까?

첫째, 공감은 고객에게 올바른 가치를 제공함으로써 더 높은 성과를 창출하는 데 효과를 발휘한다. 기업은 공급자 마인드로 제품이나 서비스를 만들어내기보다 고객이 원하고 감동할 수 있는 제품이나 서비스

2 거울 뉴런(Mirror neuron) 실험은 먹이를 먹는 원숭이와 이를 보는 원숭이는 모두 뇌의 동일한 부위가 활성화된다는 이탈리아의 신경심리학자 자코모 리촐라티(Giacomo Rizzolatti)의 실험이다.

를 만들어내는 것이 무엇보다 중요하다.

둘째, 성과를 창출하는데 커뮤니케이션의 중요성이 점점 커지고 있다. 불확실성이 높고 급변하는 경영 환경에서 창의적인 성과를 창출하기 위해서는 구성원 간 협업이나 집단지성 발현이 매우 중요하다. 구성원들이 각자의 아이디어를 내놓고 더 좋은 결과물을 만들어내고 싶다면 우선 상대방의 말에 공감하는 것부터 시작해야 한다. 만약 리더가 공감을 중요하게 여기지 않고 계속 비판이나 무시를 거듭할 경우 구성원들은 침묵에 빠지고 만다. '말해봤자 소용 없다.'는 것을 학습하기 때문이다.

셋째, 공감은 조직의 스트레스를 완화하는 효과를 발휘한다. 어느 조직이나 다양한 스트레스 요인을 제거하기는 현실적으로 힘들다. 조직 내에서 발생하는 부정적 정서와 스트레스를 완화하기 위해서는 구성원들이 자신의 어려운 점을 이야기할 때 그 말에 귀 기울여 들어주는 사람이 있다는 느낌이 들도록 하는 것이 중요하다.

공감 능력을 강화하기 위해서는 어떻게 해야 할까? 기본적으로 역지사지(易地思之)의 자세를 가질 필요가 있다. 2022년 치러진 제20대 대통령 선거에서 가장 유행했던 말은 '내로남불'이다. 대부분의 갈등은 '나는 옳고 상대는 틀렸다.'라는 생각에서 발생한다. 따라서 '틀림'과 '다름'의 차이를 명확히 인지하고 상대방과 생각의 차이에 대해 원활하게 의견을 나눌 수 있다면 공감이 훨씬 수월해질 수 있다.

옳고 그름을 따지기 전에 우선 상대방의 감정을 읽고 인정해주는 것이 필요하다. 이를 위해서는 우선 나의 감정을 들여다보고 내가 느끼는 감정을 갖게 된 이유에 대해 생각하는 시간을 가져보자. 진실성을 갖추는 것 또한 매우 중요하다. 잘 훈련된 커뮤니케이션 기법으로 '말실수'를 줄이거나, 화려한 미사여구를 사용하는 방법도 있지만 무엇보다 진실성이 결여된 화법을 쓴다면 상대방의 공감을 얻어낼 수 없다. 소통하기 전 기본 준비자세로 상대방에 대한 진실된 마음을 가져야 한다. 그다음으로 공감 능력을 끌어올리기 위해 나 스스로 감성 역량을 자극하는 노력이 필요하다. 틈나는 대로 여행이나 독서, 문화생활로 감성적 가치를 충전시킴으로써 공감 능력을 강화하는 것이 일잘러의 기본자세이다.

보이는 것이 다가 아니다

필자가 첫 번째부터 세 번째까지 제시한 습관은 '보는 것(Watching)'에 관한 내용이다. 첫 번째 습관인 '관심 두기'는 미지의 세계에서 특정한 분야나 대상을 보는 행위의 시작이다. 3가지 습관 중에서 특히 남들이 보지 못하거나 안 보이는 것에서 무엇인가를 찾아내고 해결의 실마리를 찾는 의미에서 관찰은 3가지 습관(관심, 관찰, 공감) 중 가장 중요한 습관이다. 공감은 보는 행위, 즉 표면으로 드러나는 현상보다는 사용자 관점에서 역지사지로 보는 습관을 제시했다.

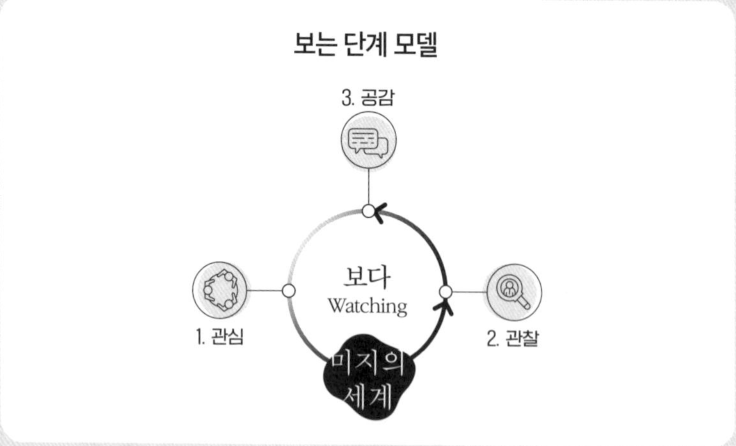

대상이 되는 분야나 문제와 관련된 상대 또는 이해관계자의 입장에서 바라보는 것이 중요하다는 점을 강조했다. 그러나 고객이 만능이라

고 바라보고 의지하는 것은 한계가 있다. 사용자 입장에서 일잘러로서의 통찰력이 추가되지 않으면 한 단계 더 나아가는 게 어렵다.

'관심, 관찰, 공감'을 관통하는 또 하나의 키워드는 '문제'다. 문제는 모순을 가지고 있으며, 모순 없이 균형이나 안정을 이루고 있다면 문제라고 보기 힘들다. 문제는 현재 상태와 이상적인 상태 간의 차이를 의미하는데 모순이 없다면 그 차이가 존재하지 않는다. 문제가 있어야 관심을 둘 수 있고, 세심한 관찰을 통해서 찾아내야 하는 것은 결국 문제가 무엇인가에 대한 것이다. 이 문제를 내 관점이 아닌 상대방의 관점까지 고려해야 한다는 의미에서의 공감은 내가 가진 한계(Mental block) 또는 고정관념을 벗어나 문제를 제대로 보자는 의미이다.

필자가 '보는 것(Watching)'과 '문제'를 강조한 이유는 제대로 보지 못하고 문제를 제대로 정의하지 못할 경우 이후의 과정이 엉뚱한 방향으로 갈 수 있기 때문이다. 목표는 대전을 가는 것인데 강릉 방향으로 열심히 간다면 목적지에 도달하지 못하거나 시간이 오래 걸릴 수 있다. 보는 것이 얼마나 중요한지 겉으로 보이는 것이 다가 아니라는 것을 다음 일화를 통해 다시 한번 음미해 보자.

공자가 가장 사랑하고 아끼는 제자는 안회(顔回)였다. 안회는 워낙 학문을 좋아하여 나이 29세에 벌써 백발이 되었다고 한다. 자공(子貢)이 '하나를 들으면 열을 안다(聞一知十).'라며 자신과 비교할 수 없다고 말한 사람도 안회였다. 그와 같이 훌륭한 안회도 스승인 공자로부터 오해를 받은 사례가 있는데, 《논어》'옹야편(雍也篇)'에 나오는 단사표음(簞食

瓢飮)이다.

안회는 찢어지게 가난하여 끼니 거르기를 밥 먹듯이 했으며 평생 시게미조차 배불리 먹어 본 일이 없을 정도였다. 그러나 가난은 그의 수행과 학문 연구에 아무런 영향을 주지 못했다. 그런 안회를 보고 공자는 칭찬을 아끼지 않았다. 공자가 철환천하(轍環天下)할 때, 제자들과 함께 채나라로 가던 중 일어난 일이다.

일주일 동안이나 제대로 먹지 못해 너무 지쳐 잠든 사이 수제자 안회가 어디선가 쌀을 조금 구해와서 밥을 짓기 시작했다. 잠에서 깬 공자가 눈을 떠보니 안회가 솥에서 밥을 한 웅큼 집어내 입에 넣는 것이 아닌가? 안회도 원체 배가 고프니 저런 행동을 하는가 의아스러운 생각이 들어 가르침을 줄 요량으로 안회를 불러 말했다.

"안회야, 내가 꿈에서 조상님을 뵈었는데 아무래도 지금 짓고 있는 밥으로 조상님께 제사를 먼저 올려야겠다. 서둘러 준비하려무나."

그러자 안회가 깜짝 놀라 손사래를 치며 말했다.

"이 밥은 안 됩니다. 아까 밥이 어찌 되었는가 보려고 잠시 솥뚜껑을 열었더니 천장에서 재가 떨어져 그냥 두려니 조출치 못하고 버리기에 아까워 제가 먹었습니다. 제 손을 탄 음식을 제사에 올리기엔 적당하지 못합니다."

나중에 공자는 이렇게 말했다.

"이제까지 나는 내 눈으로 본 것을 믿었으나 이제 보니 내 눈 역시 믿을 것이 못 되는구나. 예전에 나는 내 머리를 믿었으나 그 또한 완전한 것이 못 되는구나. 한 사람을 이해하는 것이 그토록 어려운 일이구나."

제2부

행하다

Acting

CHAPTER 4

네 번째 습관, 발상하기

CJ제일제당은 2022년 2월 17일부터 밥알이 들어간 아이스크림 '햇반 라이스크림'을 200만 개 한정 판매했다. CJ프레시웨이와 함께 개발한 이 제품은 쌀을 5% 내외로 함유해 진짜 밥알이 씹히는 것이 특징이다. 용기는 햇반과 동일한 디자인을 활용한 굿즈(Goods) 느낌으로 보는 재미를 더했다. 출시된 지 20년 넘은 제품을 이색적으로 접할 수 있게 만들어 MZ세대와 소통을 강화하려는 의도에서다.

즉석밥에서 밥이 아닌 밥알이 씹히는 아이스크림을 제공하므로 이름도 쌀을 의미하는 라이스(Rice)와 아이스크림(Icecream)의 합성어인 '라이스크림'이라 명명했다. 즉석밥에는 항상 밥만 들어가는 것이 아니라는 발상의 전환을 한 것이다.

이 프로젝트를 진행한 양진웅 CJ제일제당 통합캠페인팀 프로는 "햇반의 정체성을 살려 '밥'이라는 물리적 경험을 주면서도 브랜드 메시지에 공감하고 정서적 유착을 느낄 수 있는 방식을 고민했다."며 "그 결과 밥처럼 평소 친숙하게 접하는 디저트인 아이스크림과 접목하는 아이디어가 나왔다."라고 제작 의도를 설명했다.[1]

햇반 라이스크림[2]

발상은 공감을 통해 발견한 사실에 대하여 해결 방안을 찾기 위한 실행의 첫 단계이다. 그러므로 완벽한 정답을 찾기보

1 출처: CJ제일제당, 햇반을 젤라토로… "발상의 전환 눈에 띄네", 매일경제, 2022.2.17
2 출처 : https://www.cjthemarket.com/pc/prod/prodDetail?prdCd=40116063

다는 확산적 사고와 수렴적 사고 과정을 거쳐 가능성을 발견하는 습관이다. 이때 가장 중요하게 생각할 것은 '본질'이다. 본질이라는 기준점을 놓고 발산하고 수렴하는 과정이 반복될 때 통찰이 이루어질 수 있다.

도널드 노먼(Donald A. Norman)은 시계 산업을 통해 본질도 유지하면서 환경변화에 어떻게 대처할 것인가에 대한 시사점을 제시한다.

1960년대까지만 해도 기계식 시계를 생산하는 스위스가 시장을 주도했다. 그런데 1970년대 기술혁신을 통해 일본의 전자식 시계가 시장의 패권을 거머쥐었다. 전자식 시계는 시간이라는 본질은 유지하되 기능적 도구로써 시간의 정확성이나 방수 등 우수한 성능에 초점을 맞춰 스위스 시계 중심의 시장을 빼앗았다.

1980년대 후반에는 시계의 왕좌 자리가 다시 스위스로 넘어갔다. 스위스는 시계라는 대상을 기능적 도구가 아닌 패션으로서의 의미로 재해석했다. 1987년 등장한 스와치 시계가 그 주인공이다. 혁신은 반드시 최고의 기술력만으로 일어나는 것은 아니다. 본질은 유지하되 대상의 의미를 재정의하는 것으로도 충분히 가능하다.

제4장 '발상하기'에서는 해결해야 할 대상에 대한 다양한 생각의 방식을 제시한다. 그 생각의 방식에서 주의해야 할 관점이나 사용자 관점의 중요성을 제시함으로써 혁신의 실마리를 어떻게 풀어갈지를 설명한다.

"어떠한 문제든 그것이 만들어진 프레임 안에서는
적절한 해결책을 찾을 수 없다."
- 알버트 아인슈타인(Albert Einstein)

1.

늘리면 줄이고 줄이면 늘린다

관심과 관찰 및 공감을 통해 무엇인가를 '보았다는 것'은 문제를 완전히 파악했다는 의미다. 문제를 얼마나 날카롭게 정의하느냐에 따라 해결책도 날카로울 수 있으므로 문제 정의는 매우 중요하다. 그러나 문제를 파악하고 제대로 정의했더라도 실행에 옮기지 않는다면 변화와 혁신을 꾀할 수 없다. 이것은 행동하지 않는 지성인과 다를 바 없다.

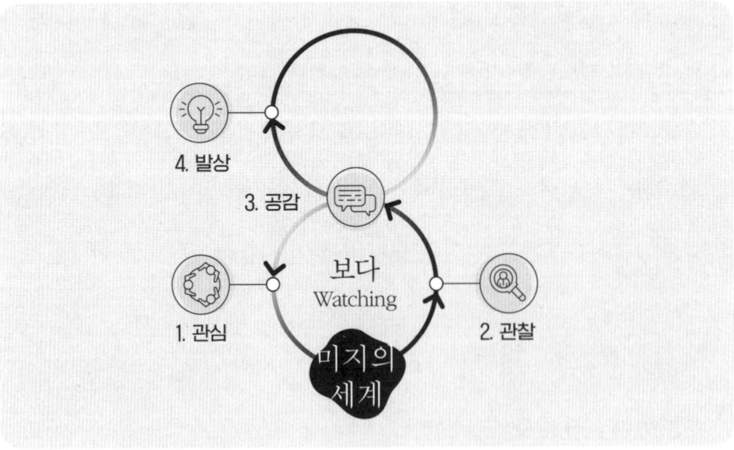

일잘러의 4번째 습관은 '발상하기'다. 발상을 완성하기 위해서는 확

산적 사고와 수렴적 사고에 대한 이해가 필요하다.

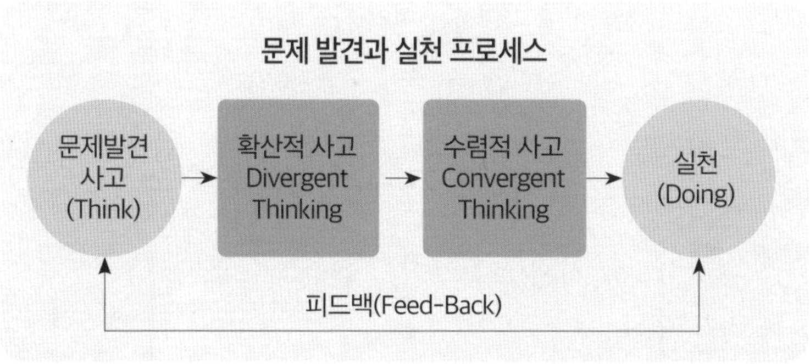

확산적 사고(Divergent thinking)와 수렴적 사고(Convergent thinking)에 대한 탐구는 지능의 종류와 구조에 대한 논의로서 길포드(Guilford)의 연구에서부터 시작되었다. 그는 1967년 지능 구조의 가설적 모형인 SI모형(Structure of Intellect Model)을 제안했는데, 지능은 상이한 종류의 정보를 처리하는 능력들의 체계적인 집합체이다. 지능은 주어지는 정보의 내용(Content), 정보에 대한 조작(Operation)과 결과의 산출(Product)이라는 3차원으로 구성되어 있다. 이때 조작 차원에서 확산적 사고와 수렴적 사고가 포함된다.

일반적으로 확산적 사고는 의도적인 숙련으로 쉽게 길러지지 않기 때문에 유전적 요소가 확산적 사고력을 결정하는 중요한 요인으로 생각되지만 IQ나 유전적인 요소보다는 부모의 양육 방식이나 가정환경 및 교육과 훈련을 통해 길러질 수 있다.

확산적 사고는 창의성과 깊은 연관성을 갖는 사고로써 정보를 광범위하게 탐색하고 문제에 대한 새로운 대답을 생성하는 능력이다. 많은 가능성을 탐색하고 인정하는 확산적 사고의 특성은 창의성의 특성과 매우 유사하며 창의성에 기여하는 여러 지적 사고 능력 중 하나이다.

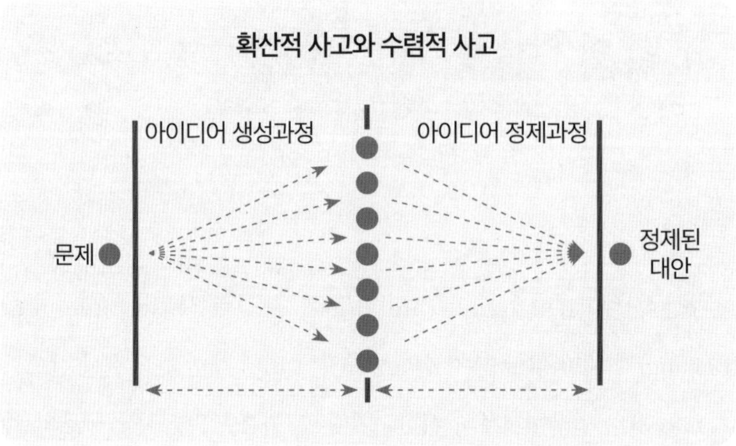

'확산적 사고'는 하나의 문제를 해결하기 위해 정보를 광범위하게 탐색하여 다양한 해결책을 도출하는 사고방식이고 '수렴적 사고'는 하나의 문제를 해결하기 위해 이미 알고 있던 지식으로부터 가장 적합한 답을 찾아내는 사고방식이다.[1]

수렴적 사고는 학교의 시험 상황에서 매우 흔하게 요구되는 사고방식이다. 대부분의 시험은 여러 보기나 가능성 중 정답에 가장 가깝다고 여겨지는 하나의 답만을 요구한다. 이렇게 미리 정해진 답을 맞히는 문

1 최정윤, 《심리검사의 이해》, 시그마프레스, 2005.

제를 해결하기 위해서는 수렴적 사고가 필요하다. 수렴적 사고는 가능성들을 조직화하고 분석하기, 유망해 보이는 가능성을 다듬고 개발하기, 대안들을 나름의 기준에 따라 등급 매기거나 우선순위 정하기, 어떤 대안을 선택하거나 결정하기 등이 있다.[2] 그러므로 수렴적 사고는 가장 좋다고 여겨지는 답을 맞히기 위한 능력으로써 추리, 이해, 계산 등의 능력과 연관성이 있다. 동서양을 막론하고 오늘날 대부분의 학교 교육은 수렴적 사고를 기르는 데 높은 가치를 두고 있다.

창의적 산출물을 위해서는 먼저 확산적 사고 과정을 통해 새롭고 독창적인 아이디어를 생성한 다음 수렴적 사고 과정에서 생성된 아이디어 중에서 최선의 아이디어를 선택하는 것이 이상적이다. 따라서 확산적 사고는 산출물의 독창성에, 수렴적 사고는 산출물의 적절성에 기여한다고 볼 수 있다.[3] 만일 확산적 사고가 없다면 여러 가지 대안을 놓고 장단점을 따져 선택할 수 없다. 수렴적 사고 없이 확산적 사고만 한다면 적절한 답을 찾지 못하고 잔뜩 일을 벌여 놓기만 하는 결과를 낳을 수 있다.

확산적 사고 기법 3가지

확산적 사고 기법은 브레인스토밍, 브레인라이팅, 6색사고모자기법, 스캠퍼, 연꽃 기법, 강제 결합법 등 다양한 기법이 있는데, 이중 가장 많이 사용되는 기법은 브레인스토밍과 브레인라이팅 그리고 스캠퍼 기법이다.

2 리처드 포스터, 사라 캐플런, 정성묵 옮김, 《창조적 파괴》, 21세기북스, 2003.
3 조연순 외 2명 공저, 《창의적 교육》, 이화여자대학교 출판부, 2008.

브레인스토밍 기법

'브레인스토밍(Brainstorming)'은 정해진 시간 내에 가능한 많은 아이디어를 산출하게 만드는 집단 토의 방법이다. 'Brain + Storming'이라는 이름처럼 특정한 문제에 대해 두뇌에서 폭풍 치듯 생각나는 아이디어를 쏟아내는 방식이다. 브레인스토밍은 1930년 광고업을 하는 오스본(Alex Faickney Osborn)에 의해 제안되었으며 오늘날에도 다양한 분야에서 활용되고 있다. 브레인스토밍을 진행하기 위해서는 4가지 규칙을 반드시 지켜야 한다.

❶ 비판금지(批判禁止): 타인의 발언을 절대 비판하지 않는다. 남의 발언은 물론이고 자신의 아이디어도 스스로 비판하지 않는다. 일단 판단을 유보하고 과감히 아이디어를 표현할 수 있도록 하는 것이 중요하다.

❷ 자유분방(自由奔放): 자유롭게 떠오르는 아이디어들을 거침없이 내뱉도록 한다. 반사적으로 떠오르는 생각을 거르지 않고 곧바로 표현해야 한다. 자유롭게 발상할 수 있도록 즐겁고 편안한 분위기를 만드는 것이 중요하다.

❸ 다다익선(多多益善): 아이디어를 완성시킬 수 있는 멋진 아이디어를 도출하려고 욕심을 부릴 필요가 없다. 브레인스토밍 중에는 자신의 아이디어 또는 남의 아이디어를 평가하지 않고 오로지 많은 아이디어를 내는 데만 집중해야 한다. 좋은 아이디어를 추려내는 작업은 이후 수렴적 사고 과정에서 하면 되기 때문이다.

❹ 편승환영(便乘歡迎): 회의 중 도출된 모든 아이디어는 공동의 소유

가 된다. 그러므로 남의 아이디어를 활용하여 자유롭게 내 아이디어로 덧붙일 수도 있고 문제점을 개선하여 더 좋은 아이디어로 바꾸는 것도 가능하다.

브레인스토밍 회의에서 이 4가지 규칙은 반드시 지켜져야 한다. 브레인스토밍 진행 순서는 다음과 같다.

- 주제 선정 및 일정 소개
- 브레인스토밍의 4가지 규칙 설명
- 브레인스토밍 과정 설명
- 창의적 사고를 촉진하기 위한 팀빌딩 활동 진행
- 브레인스토밍 수행
- 회의 마침
- 참가자들에게 다음 회의 예고 및 해산

브레인스토밍에서 회의 주제는 한 가지만 선정해야 한다. 선정된 주제는 정해진 답이 없고 다각적으로 검토할 수 있는 형태가 바람직하다. 그러므로 제1습관 '관심 두기'부터 제3습관 '공감하기'까지의 과정을 통해 발견된 문제를 회의 주제로 정답을 미리 정하지 않고 다양한 논의를 진행하여 미처 보지 못한 것을 찾아낼 수 있도록 진행하는 것이 바람직하다.

브레인스토밍은 일반적으로 6~8명이 진행하며 가능한 비슷한 위치에 있는 사람들이 좋다. 부득이 상급자가 회의에 참여할 경우 미리 동일한 팀원 자격임을 인지시켜야 한다. 브레인스토밍은 참가자들에게 익숙한 곳보다는 새로우면서도 편안한 분위기에서 진행하는 것이 효과적이다. 좌석은 서로 얼굴을 쳐다보며 대화할 수 있도록 원형이나 U자형으로 배치하면 좋은 회의 분위기를 연출할 수 있다. 브레인스토밍 시간대는 오전 시간에 집중하는 것이 바람직하고 최소 20분 이상 최대 1시간 이내로 실행하는 것이 좋다. 회의를 이끌어갈 진행자와 기록자를 선정하고, 편안한 분위기를 조성하기 위해 배경 음악과 간단한 간식을 준비하면 좋다. 회의 진행에 필요한 화이트보드, 필기도구, 포스트잇 등의 문구류와 회의 시간 측정용 시계를 미리 준비하면 유용하게 활용할 수 있다.

브레인스토밍을 보다 원활하게 진행하기 위해 추가적인 옵션을 적용할 수 있다. 삼진아웃제는 브레인스토밍의 4가지 규칙을 어기는 사람에게 스티커 붙이기 등의 경고장치를 마련하여 3번 이상 위반하면 회의에 참석하지 못하도록 하는 방법이다. 사전 거르기 옵션은 주어진 주제와 관련하여 이미 알려져 있는 아이디어들을 회의 진행 전에 소개하여 중복되지 않도록 하거나 어떠한 방향의 아이디어가 필요한지 참고하게 하는 것도 좋은 방법이다. 또한 엉뚱한 아이디어나 방향을 제대로 잡지 못하는 회의가 이루어진다면 엉뚱한 아이디어를 제시하여 흐름을 바꾸고 참가자들을 자극하는 것이 필요하다.

물리적으로 자리를 바꾸게 하는 것도 좋은 자극이 될 수 있다. 또한 회의가 곧 끝날 시간이 되었음을 알려 주는 종료 예고제를 통해 회의 막판에 아이디어 생산성을 높이도록 자극하는 방법도 효과적이다. 회의 시간이 종료되더라도 참석자들이 몰입하고 있을 때는 회의를 곧바로 마치지 말고 시간을 좀 더 주는 것이 좋다.

브레인라이팅 기법

'브레인라이팅(Brain Writing)' 기법은 독일에서 개발된 '침묵의 집단 발상법'이다. 자신이 생각한 것을 직관적으로 써내는 토론 기법으로 6명의 참가자가 3가지의 아이디어를 5분 내에 즉각적으로 써내는 기법이라는 의미로 '635기법'이라고도 불린다.

브레인스토밍은 최대한 자유롭고 편안한 분위기에서 진행되지만 남들 앞에서 말하기를 주저하는 사람들이나 상급자가 브레인스토밍에 참석할 경우 효과적으로 회의가 진행되기 힘든 경우도 있다. 수줍음을 타거나 내성적인 성격의 소유자는 회의가 끝날 때까지 조용히 듣기만 하는 경우도 있다. 반면에 말하기를 즐기거나 나서기를 좋아하는 사람의 경우 발언권을 독점하고 회의를 주도하는 부작용도 있다. 이런 부작용을 보완하기 위한 기법이 브레인라이팅이다.

브레인라이팅은 조용한 분위기에서 차분하게 자신의 생각을 글로 정리할 수 있도록 하는 것이 중요하다. 각자 글로 써서 내면 되기 때문에 몇몇 사람들에게만 발언의 기회가 주어질 위험도 없다. 브레인라이팅의 절대 원칙은 '침묵하는 것'이다. 아이디어 발상을 하는 시간에는 절대 침묵을 지키도록 하고 이를 어길 경우에는 벌칙을 부여할 수 있다.

브레인라이팅 회의를 진행하려면 미리 아이디어를 기입할 양식을 준비해 두어야 한다. 경우에 따라서는 특별히 정해진 양식 대신 포스트잇을 활용하는 것도 관계없다. 포스트잇을 활용할 때는 한 장에 하나의 아이디어만 적도록 하고 될 수 있으면 아이디어를 설명할 수 있는 그림을 포함할 것을 권장하면 나중에 아이디어를 이해하는 데 도움을 받을 수 있다.

브레인라이팅 진행 순서는 다음과 같다.

- 주제와 일정 설명
- 팀원 각자에게 양식을 1장씩 배분
- 여분의 양식은 책상 한가운데에 비치
- 침묵을 유지하면서 각자 3가지 아이디어를 5분 내에 양식에 작성
- 아이디어 기입 후 책상 가운데에 있는 양식과 바꾸거나 옆 사람과 순차적으로 교환
- 이미 작성된 3가지 아이디어와 결합하여 개선된 아이디어 추가 기입
- 멈추라는 지시가 있을 때까지 양식을 바꿔가면서 아이디어 발상 계속 진행

확산적 사고의 대표적인 기법인 '브레인스토밍'과 '브레인라이팅'의 장단점은 다음과 같다.

	브레인스토밍	브레인라이팅
장점	• 자유로운 발언 • 남의 아이디어와 결합 개선 가능	• 차분하게 생각을 정리하여 기록 가능
단점	• 발언권이 일부에 편중될 수 있음 • 차분한 검토 불가능	• 개인 혼자 낼 수 있는 아이디어에 한계가 존재하여 폭넓은 발상 어려움

스캠퍼 기법

'스캠퍼(SCAMPER)'는 영어 단어의 앞 글자를 조합하여 만든 말로서, S는 대치하기를 나타내는 Substitute, C는 결합하기를 나타내는 Combine, A는 적응하기를 나타내는 Adapt, M은 수정이나 확대 또는 축소를 나타내는 Modify, Magnify, Minify, P는 다른 용도를 생각하기를 의미하는 Put to other uses, E는 제거하기를 뜻하는 Eliminate, R은 거꾸로 생각하기를 뜻하는 Rearrange 또는 Reverse의 약자이다.

스캠퍼는 확산적 사고에 가속도를 낼 수 있는 기법이다. 그냥 하나의 주제를 주고 아이디어를 내라고 하면 한두 가지밖에 안 나오지만 이 방법을 사용하면 최소한 한 주제에 대하여 한 사람당 7가지 정도의 아이디어를 생각할 수 있다.

예를 들어 병원의 외래진료 문제를 대상으로 정했다면 다음과 같이 생각할 수 있다.

- 대체하기(Substitute): 병원의 각 부분 중에서 건강검진 분야를 외주 운영할 수도 있다. 또한 외부 공간을 임대하여 건진센터를 분리하고 그 공간을 건진센터보다 더 중요한 공간으로 대체하는 방안도 고려할 수 있다.
- 결합하기(Combine): 서울대학교병원처럼 외래진료 공간에 대한 개발을 민간사업자에게 주고 개발 원가가 보전될 때까지 서울대병원이 이를 임대 운영하는 형식으로 일정 기간 협약하여 대체하는 방안이 가능하다. 서울대학교병원은 현재 이와 같은 방식으로 '대한 외래'를 운영하고 있다.

• 적응하기(Adapt): 획일적인 진료로 오전 9시 진료 시작, 오후 6시 진료 종료 형태를 맞추지 말고 환자들의 생활주기에 맞춰 일부 진료과를 탄력적으로 새벽 진료 또는 야간 진료, 주말 진료 시간을 운영함으로써 직장인들이 출퇴근 전에 활용할 수 있도록 하는 것도 고려해 볼 수 있다.

• 수정하기(Modify, Magnify, Minify): 색깔, 모양, 형태를 어떻게 바꿀 수 있을까? 병원의 소아청소년과 진료의 경우 아이들의 민감성을 고려하여 진료실을 아이의 눈높이에 맞도록 원색을 사용하거나 동물 또는 장난감 그림 등으로 인테리어하고 아이들에게 제공하는 약의 모양도 제약회사와 협력하여 하트 모양, 별 모양, 우주선 모양 등으로 개성 있게 만들어서 상황에 맞게 적용하는 것도 가능하다.

• 다르게 활용하기(Put to other use): 병원 외래 공간을 다른 용도로 사용할 수 없을까? 늘 복잡한 대기 공간으로만 활용할 것이 아니라 유명 작가의 작품 전시전을 마련하거나 유명 바리스타를 초대하여 일일 커피 코너를 운영하는 방안도 고려해 볼 수 있다. 또는 일부 확보된 공간에서 환자들이 공통으로 필요한 물품에 대한 팝업 스토어를 이벤트로 고려해 볼 수도 있을 것이다. 실제로 정보통신기술(ICT)의 발달로 시중 은행이나 우체국 공간들은 이미 과거의 공간 기능 대신 공간을 없애거나 다른 용도로 활용하고 있다.

• 제거하기(Eliminate): 정확한 예정시간 준수 및 알람 시스템을 통해 대기 공간을 대부분 없애고 진료 직전에 들어갈 수 있는 사람들만 대기 공간에 올 수 있도록 하여 무엇을 없애버리거나 수를 줄일 수는 없을까? 가방이나 짐을 들고 있는 환자들의 진료상의 불편 해소를 위해 외

래 진료공간의 '짐을 없애는 방법'을 고려해 볼 수 있다. 이를 위해서는 가방이나 짐을 보관하는 장소를 별도로 마련하고 진료받을 때는 짐 없이 진료를 받는 방안을 고려해 볼 수도 있다.

• 거꾸로 생각하기(Rearrange, Reverse): 거꾸로 생각하면 어떻게 될까? 예를 들어, 이동이 어려운 환자가 반드시 진료실에 들어가서 진료를 받는 것이 아니라 환자에게 노트북이나 디지털 디바이스를 제공하고 의사가 환자에게 '다가가는 외래진료'도 생각해 볼 수 있다.

수렴적 사고 기법 3가지

수렴적 사고 기법은 확산적으로 생성된 많은 정보나 질문, 감정 등을 현재의 상황에 비추어 좀 더 잘 이해할 수 있도록 자료를 거르고, 분류하고, 조직화하는 사고이다. 즉, 수렴적 사고는 이미 생성된 아이디어나 정보를 여러 가지 기법을 통해 분류하고, 따져보고 분석해 봄으로써 가장 효과적이고 바람직한 대안을 유도하는 것이 목적이다.

모든 수렴적 사고에서 중요한 유의점을 살펴보자.

먼저, '긍정적인 판단'이다. 대안의 강점이나 긍정적 측면을 살펴보고, 단점을 죽이기보다는 단점에 대하여 '어떻게 단점을 보완할 수 있을까?', '어떻게 하면 수정할 수 있을까?'와 같은 질문을 통해 단점을 수정하고 보완해 나간다.

둘째, '목표에 초점을 두고 신중'해야 한다. 만일 목표를 고려하지 않고 평가와 분류를 한다면 엉뚱한 방향으로 프로젝트가 진행될 수 있다.

셋째, '독창성'을 고려해야 한다. 좋은 아이디어는 독창적인 아이디어가 많다. 독창적인 것을 살리기 위해서는 신기로운 면을 장점으로 살릴 수 있도록 이를 알아보고 보완해 나가는 자세가 필요하다. 독창성을 고려하지 않는다면 모방이 되거나 문제가 잘 해결되었더라도 수명이 오래갈 수 없다.

이와 같은 유의사항을 바탕으로 활용되는 수렴적 사고에는 다음과 같은 대표적인 기법들이 있다.

히트 기법

수렴적인 기법들은 확산적인 사고 기법을 통한 많은 아이디어들을 바탕으로 이루어진다. 확산적 사고에서는 판단을 유보하면서 아이디어를 쏟아놓기 때문에 목적에 맞는지 그 여부를 생각해 보아야 한다. 이때 활용하는 기법이 '히트(Hits) 기법'이다.

히트 기법은 문제에 적절하고, 분명하고 흥미롭다는 생각이 들고, 해결하고자 하는 목적에 부합된다고 생각되는 대안에 대하여 ∨표를 하면서 선택하고 선택된 대안들을 몇 개의 유사 범주로 분류해 조직화한다. 그리고 그룹으로 조직화된 영역에서는 공통의 주제가 무엇인지를 발췌하여 의견을 수렴하는 기법이다.

이렇게 목적에 맞도록 1차 분류한 후 2차로 적용할 수 있는 수렴적 기법은 역브레인스토밍, PMI 등이 있다.

역브레인스토밍 기법

역(逆)브레인스토밍(Reverse Brainstorming) 기법은 하나의 아이디어가 가질 수 있는 약점을 발견하고 실천될 때 잘못될 수 있는 부분을 예상해 보는 기법으로 핫포인트(Hotpoint) 회사가 생각해낸 방법이다. 이 기법은 일차적인 평가 과정을 거친 소수의 아이디어를 심도 있게 분석하는데 적절하다. 브레인스토밍이 어떤 문제에서 출발하여 그 해결책을 찾아내는 기법이라면, 역브레인스토밍은 어떤 상황을 출발점으로 하여 주어진 잠재된 문제점을 찾아감으로써 아이디어들의 단점들을 될 수 있는 한 많이 고려하는 방법을 생각해 보게 하는 사고 기법이다. 따라서 역브레인스토밍에서는 해결해야 할 문제의 방향을 완전히 바꾸어서 새로운 해결책을 찾으므로 현재 잘못 이루어지고 있는 문제를 지적하면서 암시적으로 그 해결책을 찾아가는 방법을 구사할 수 있다.

세부적인 진행 방법은 다음과 같다.

- 해결해야 하는 문제를 먼저 명확히 정의하고 종이에 작성한다.
- "어떻게 역효과를 낼까?", "프로젝트를 망치려면 어떻게 해야 할까?", "어떤 방법이 최악의 방법일까?"와 같은 질문을 던진다.
- 역브레인스토밍도 결국 브레인스토밍이기 때문에 질보다는 양이다. '최악의 솔루션'을 될 수 있는 한 많이 기록한다.
- 지금까지 나온 아이디어들은 전부 반대로 바꿔서 원래 해결하려 했던 문제에 적합하게 바꿔보도록 한다.
- 도출된 아이디어들을 평가한다.

예를 들어, '냉장고의 문을 투명하게 만들자'에 대한 아이디어 비판을 역브레인스토밍을 이용해 도출해 보면 아래와 같은 점들이다.

① 냉장고의 속이 지저분하게 보일 것이다.

② 불투명한 문보다 비용이 더 많이 들 것이다.

③ 문을 깨끗하게 유지하기가 더 어려울 것이다

④ 문이 깨질 위험이 더 높을 것이다.

⑤ 냉장고의 문을 만드는 기술이 더 요구될 것이다.

PMI 기법

PMI(Plus, Minus, Interesting) 기법은 1973년 에두아르 드보노(DeBono)가 고안한 기법으로 주의 집중의 도구이다. 먼저 의도적으로 P(강점)에 주의를 집중시킨다. 그다음으로 약점(M)에 그리고 마지막으로 그 아이디어가 가지고 있는 I(흥미로운 점)에 주목하여 생각한다. 즉, 1차 분류된 아이디어에 대하여 좋은 점이나 좋아하는 이유를 먼저 살펴보고 그다음으로 그 아이디어의 나쁜 점이나 싫어하는 이유를 생각하고 마지막으로 제시된 아이디어와 관련되어 흥미롭게 생각되는 점 등을 따져보는 기법이다.

방사형 사고

마인드 맵핑(Mind Mapping)은 토니 부잔(Tony Buzan)이 개발한 것으로 주제에 관한 여러 가지 생각들을 그림으로 연계하여 아이디어를 도출하는 방법이다. 원래 마인드맵은 직선적 노트하기에 대한 대안으로 소개된 것이다. 마인드맵은 전체 내용이 한눈에 들어오는 형태로 정리되어 있어 서로 다른 개념들 간의 연결도 손쉽게 이해되며 원인 분석을 하다 보면 자연스럽게 대책도 수립할 수 있다.

마인드 맵핑 사용 방법을 알아보자.

첫째, 커다란 전지 또는 화이트보드와 색 펜을 준비한다.

둘째, 문제의 주제를 중앙에 이미지로 표시한다.

셋째, 중앙의 주제로부터 가지를 하나씩 만들어나간다. 이 가지 위에 단어, 그림 또는 심볼을 넣는다. 이때 가지는 굵게 한다.

넷째, 연결된 가지에서 보다 세부적인 내용과 가지를 연결한다. 이때 세부 가지는 첫 번째 가지보다 얇게 한다.

다섯째, 중앙에 어떤 문제의 주제에 관하여 기술했다면 세부 가지는 원인 위주가 되어야 한다. 중앙의 주제가 달성하고자 하는 목표라면 세부 가지는 이를 이루기 위한 방법들이 되어야 한다. 즉, 가지들은 상위 항목과 연관되는 키워드를 포함한다. 키워드들은 읽기 쉬어야 하고 추후 지속적인 가지들의 확장에 연결될 수 있어야 한다.

마인드 맵핑의 장점은 다음과 같다.

첫째, 인간의 뇌는 무수히 많은 신경세포들 간의 연접(시냅스)을 통해 구성되어 있으며 이러한 복잡한 연결 네트워크에 의한 사고가 방사형 사고이다. 이러한 방사형 사고를 노트 위에 그려낸 것이 마인드맵이다. 즉, 인간 뇌의 작동원리와 유사한 형태로 사고의 내용이 정리되는 것이 마인드 맵핑이다.

둘째, 인간의 주의 집중 시간은 제한되어 있다. 인간의 주의 집중 특징은 선택과 집중에 있다. 주의 집중 시간은 대개 5~7분 정도밖에 되지 않으므로 오랫동안 특정 주제에 집중할 수 없다. 마인드 맵핑은 짧은 시간 내에 폭발되는 많은 아이디어와 생각을 종이 위에 효과적으로 정리되도록 핵심 단어 중심으로 잘 정리되게 하는 효과적인 방법이다.(마인드 맵핑 활용 사례 참조.)

그러나 마인드 맵핑은 단점이 있다.

우선, 한 사람에 의해 마인드 맵핑이 작성될 수 있다. 팀 활동을 할 때 리더의 의견에 따라 마이드 맵핑이 형성될 수 있다. 따라서 모든 사람이 의견을 제시할 수 있도록 해야 한다.

둘째, 마이드맵 작성이나 핵심 문제에 대한 원인 분석 또는 해결안을 작성할 때 핵심 문제에 대한 전체 원인을 발굴하고 원인별로 세부 원인을 작성하는 것이 필요하다. 그렇지 않으면 세부 원인이 다른 원인의 상위 원인이 되어 계속 반복되는 경우가 발생할 수 있다.

마인드 맵핑은 최근 소프트웨어로 개발되어 누구나 손쉽게 활용할 수 있다. 종이 대신 활용할 수 있는 소프트웨어는 다양하게 있으며, 최대의 장점은 쉽게 가감할 수 있다는 것이다.

마인드 맵핑 활용 사례

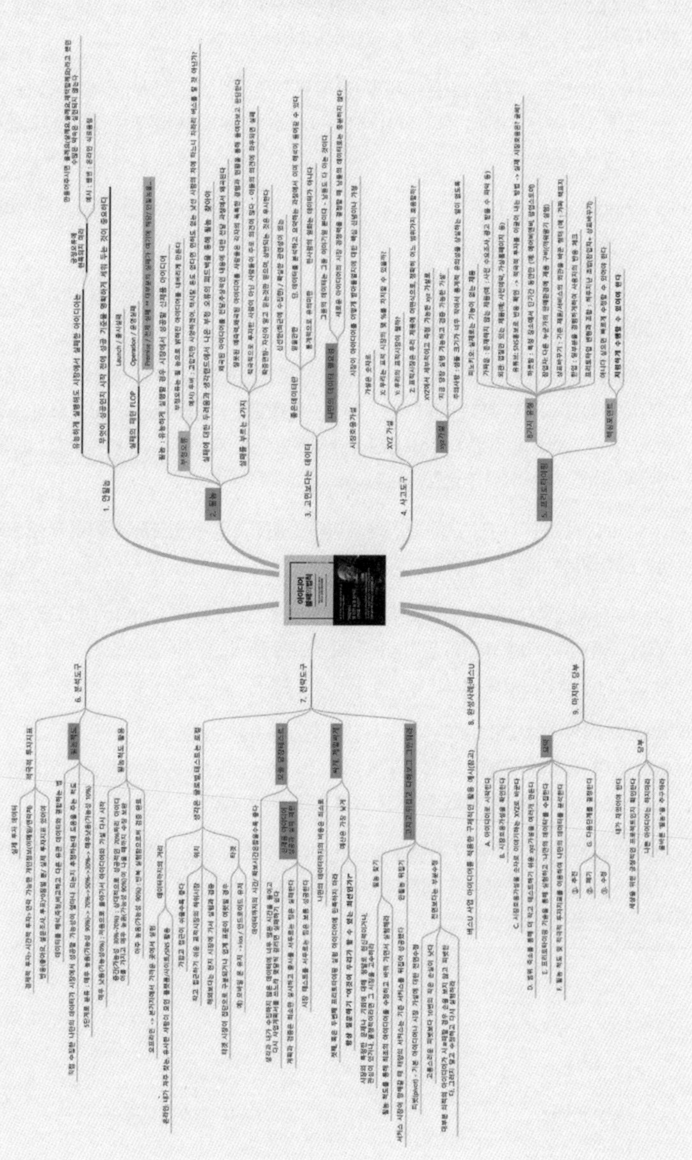

마인드 맵핑 소프트웨어

- EdrawMind(이드로우 마인드): 인터페이스가 깔끔하고 이쁘며 컴퓨터, 모바일, 태블릿 모두 가능하다. 무료 버전도 유용하게 활용할 수 있다.
- ALMind(알마인드): 무료 소프트웨어이지만 유료 마인드맵 소프트웨어에서 제공하는 기능들을 거의 대부분 지원해 준다. 영어 버전은 MindMaple이고 아이패드, 아이폰, 맥에서도 사용할 수 있다.
- FreeMind(프리마인드): 무료 마인드맵 소프트웨어다. 자바 기반으로 플랫폼에 무관하며, 오픈 소스 프로젝트로 자유롭게 기능을 추가할 수 있다.
- GitMind(깃마인드): 무료 온라인 마인드맵 소프트웨어다. 무료 마인드맵 템플릿을 제공하며, 마인드맵을 공유하고 협업할 수 있다.
- Imindmap(아이마인드맵): 오리지널 마인드맵 프로그램으로 마인드맵 영국부잔법인에서 제작하여 유통하는 프로그램이다. 가장 뛰어난 활용도와 기술을 제공해 주며, 특히 PT분야에서 압도적인 기술력을 자랑한다. 모바일 버전도 함께 제공하며, 국내에는 부잔코리아에서 유통하고 있는 유료 프로그램이다.
- OKMindmap(오케이 마인드맵): 웹상에서 마인드맵을 그릴 수 있도록 해준다. 무료, 프리마인드 형태로 다운받을 수 있다.
- SimpleMind(심플 마인드): 유·무료 복합 마인드맵 소프트웨어이다. 아이폰, 윈도우, 맥 플랫폼을 지원한다. 기본 마인드 맵기능은 무료 소프트웨어로 배포하고 있으며, 복잡한 부분까지 쓰기 위해서는 유료 소프트웨어를 구매해야 한다.
- ThinkWise(씽크와이즈): 1997년에 출시된 한국에서 가장 오래된 국산 마인드맵 소프트웨어다. 영어, 독일어, 일본어 등 8개 국어 버전으로 제공된다. 유료, 무료 제품이 있으며 안드로이드, 탭, 아이폰, 아이패드용 무료, 유료 앱도 제공한다.
- XMind(엑스마인드): 다양한 기능과 깔끔한 인터페이스의 마인드맵 소프트웨어다. 유료, 무료 버전이 존재하지만 무료 버전의 기능으로도 충분히 활용할 수 있다. 윈도우, 리눅스, 맥 등 모든 플랫폼을 지원한다.

2.

발상의 전환은 제한이 없다

코로나 감염 여부를 검사받기 위해 콧속이나 목구멍 깊숙이 면봉을 넣어 검체를 채취하는 PCR 검사의 불쾌한 경험을 한 사람이 상당할 것이다. 불쾌감을 동반하면서도 PCR 검사를 계속할 수밖에 없었던 이유는 무엇일까? 감염 여부를 확인할 수 있는 민감도와 특이도 때문인데, 기존 PCR 검사는 민감도 98% 이상, 특이도 100%로 타 검사와 비교하여 정확도가 높은 검사이므로 불편을 감수할 수밖에 없었던 것이다.

그런데 불쾌감을 느끼지 않고 정확하게 검사하는 방법은 없었을까? 전북대학교 진단검사의학과 김달식 교수는 작두콩에서 추출한 특정 성분이 함유된 가글을 개발해 가글로 뱉어낸 타액에서 신종 코로나바이러스 감염증을 진단할 수 있는 신속항원검사 키트를 개발했다. 임상시험 결과 민감도 97.6%, 특이도 100%를 기록하여 기존 PCR 검사에 해당하는 정확도를 찾아냈다.

모두가 콧속으로 코로나를 검사하려고 할 때 가글과 같은 편한 방법으로 발상을 전환한 것이다. 물론 기존에도 타액 PCR법이 있었다. 그렇지만 민감도가 92%로 낮아 콧속을 통한 검사를 진행해 왔는데 포기하지 않고 가글로 검사하는 방법을 찾아낸 것이다. 혹자는 "그런 좋은 방법을 찾아냈는데 국민들이 불편하게 왜 아직도 기존 PCR 방법이 계속 사용되고 있는가?"라는 질문을 할 수 있다. 그러나 발명과 상용화는 별개의 문제다. 상용화는 발명한 것의 생산 속도와 가격 및 유통 문제 그리고 그 제품에 대한 시장의 수용도 등 다양한 이해관계와 시점이 맞아야 하기 때문이다. 그렇지만 이런 발명을 통해 점점 발전된 검사 방식이 나타날 수 있다.

당산역 경고문도 발상 전환의 좋은 사례이다. 최근에는 지하철이 어느 위치에 오고 있는지 역내 모니터나 휴대폰 앱을 통해서 확인할 수 있는 편리한 세상이다. 그러나 에스컬레이터나 엘리베이터는 언제 오고 시간이 얼마나 걸리는지 모르기 때문에 발생하는 해프닝은 어쩔 수 없다. 급한 용무가 있거나 출·퇴근 시간에는 여기저기 전력 질주하는 모습이 보이고 곳곳에는 경고문이 있지만 그것에 주목하는 사람은 거의 없다.

서울 당산역은 2호선과 9호선이 함께 지나기 때문에 인파가 많이 몰리는 지하철역이다. 9호선의 에스컬레이터는 48m로 수도권 전철역에서는 1위, 전국에서는 57m인 대구 철도 신남역 다음으로 두 번째 긴 아파트 8층 높이의 에스컬레이터가 설치되어 있다. 이 에스컬레이터는 지하철이 도착하는 시간이면 일대 혼란이 일어난다. 저 멀리 들어오는 지하철을 빨리 뛰면 탈 수 있겠다고 생각하는 승객들이 100m 달리기를 하는 장관이 펼쳐진다. 승객들의 부상 방지를 위해 '위험! 뛰면 안 됩니다'라는 경고문을 여기저기 붙여 놓았지만 무용지물이었다.

그런데 어느 날 기존과 다른 안내문 하나가 부착되면서 당산역 지하철에는 더는 뛰는 승객의 모습을 볼 수 없었다고 한다. 도대체 무슨 일이 일어난 것일까? '지금 들어오는 저 열차!! 여기서 뛰어도 못 탑니다. 제가 해봤어요'라는 안내문 때문이다. 이 문구는 당산역 직원들로 구성된 '역사(驛舍)연구회'의 아이디어인데 연구회원들이 실제 실험을 통해 이런 기가 막힌 아이디어를 만들어낸 것이다. 발상의 전환은 이렇게 문구 하나만으로도 사람들의 행동을 바꿀 수 있다.

당산역 경고문[1]

익숙함 속의 신선함

이사할 때 가장 큰 고민거리는 부피가 큰 가구들을 처분하는 것이다. 폐가구 처리는 2,000원부터 많게는 1만 원이 넘는 처리비용도 문제지만 환경에도 악영향을 미치는 골칫거리다. 한 해 버려지는 폐가구는 5000톤 정도이고 재활용 비율은 1% 미만이므로 대부분 매립되거나 소각 처리된다고 볼 수 있다. 소셜벤처 '페이퍼팝' 박대희 대표는 이런 상황을 막기 위해 버려지는 폐박스를 이용한 종이 가구를 만들었다.[2] 페이퍼팝은 종이의 단점을 없애고 장점은 극대화하여 야외용 테이블과

1 출처: 헤럴드경제, 2017년 3월 22일자

2 조선일보, [스타트업 취중잡담] 특수 종이로 만든 '종이 가구'로 편리함과 친환경 둘 다 잡은 페이퍼팝, 2022.3.23

접어서 휴대할 수 있는 접이식 의자 메가토트[3]

의자를 종이로 만든다.

어려서부터 청소년 환경운동단체 '그린스카우트'에서 쓰레기를 줍던 박 대표는 어른이 된 후 종이로 과자 상자 만드는 일을 했다. 2012년 독일 포장 전시회에서 종이로 만든 구조물, 종이 중화물용 완충제, 종이 건축 내장재 등 기발한 제품을 보고 종이로 상자 이상의 것을 만들겠다고 생각했다. 수많은 연구와 시도 끝에 페이퍼팝은 주변에서 일상적으로 쉽게 버려지는 폐종이를 이용하여 '종이는 하중과 수분에 약하다'는 편견을 깨고 책장, 접이식 의자, 테이블 세트, 선반, 침대 프레임 등 저렴하면서도 폐기물 처리비용이 들지 않는 제품을 만들게 되었다.

박대희 대표와 같이 창의적 아이디어를 발상하기 위해서는 기존의 틀에서 벗어나 자유로운 사고를 할 수 있어야 한다. 때로는 엉뚱하거나 무모한 아이디어를 제시할 수 있는 용기와 자신감도 있어야 한다.

3 출처: https://www.chosun.com/economy/startup_story/2022/03/23/ARUWSZGKXBFW3NPXW5JSREJONY/

3.

창의적 생각은 환경이 좌우한다

창의적 아이디어란 문제를 해결하기 위한 독창적이고 가치 있는 구상이나 일처리 방식을 말한다. 아이디어는 무엇인가 구체적인 결과물을 만들어낼 수 있다는 점에서 단순한 생각과 다르다. 예를 들어, '오늘은 비가 내려 기분이 꿀꿀하다'는 생각이다. 그런데 '오늘은 비가 오고 때마침 특별한 일정이 없으니 겨울옷을 정리하고 청소해야겠다'는 아이디어다.

아이디어는 구체적으로 내가 무엇인가 할 수 있고 결과를 기대할 수 있다는 측면에서 생각과 차이가 있다. 비즈니스 아이디어도 마찬가지다. 해당 아이디어를 통해 실제 비즈니스에서 활용할 수 있는 구체적인 결과를 예상할 수 있어야 한다. 아이디어를 발상하는 행위인 아이데이션(Ideation)은 프로젝트가 진행되는 동안 구성원들 간에 수시로 이루어진다. 아이데이션은 반드시 여러 가지 팩트에 대한 분석과 종합과정 이후에 진행해야 하는 것은 아니다. 아이디어는 수시로 떠오를 수 있다. 프로젝트 계획을 수립하는 단계에서 떠오르기도 하고, 사용자를 만나거나 관찰하는 과정에서 나올 수도 있다. 문제가 풀리지 않아 길거리를 배회하다 갑자기 아이디어가 떠오르는 경우도 있다.

아이디어를 발상할 때 완벽한 아이디어를 기대하는 것은 아니다. 문제 해결을 위한 아이디어 영감을 얻는 것이 아이데이션의 목적이기 때문이다. 아이데이션에서 세상에 전혀 없는 새로운 아이디어를 만들어야 한다고 생각하는 경우가 많다. 그러나 '하늘 아래 전혀 새로운 아이디어는 없다.'라는 말도 있다. 프랑스의 철학자 볼테르(Voltaire)는 "독창성이란 단지 사려 깊은 모방이다."라고 했다.

70억 인구 중 내가 낸 아이디어와 같거나 유사한 아이디어가 없다면 오히려 이상한 일이 아닐까? 중요한 것은 '유사성 속에 독창성을 추구하고 그 아이디어를 실현하는 과정에서 얼마나 창의성을 발휘하느냐' 하는 것이다. 창의적인 아이디어를 발생시킬 수 있는 환경은 관심 가는 분야에 대해 궁금해하는 호기심과 물리적인 환경 그리고 방법론이다.

무한긍정의 호기심

창의적 아이디어는 타고난 두뇌에서 나오는 것이 아니라 무한긍정의 호기심과 끝까지 몰입하는 열정에서 나온다. 그렇다면 무한긍정의 호기심을 더욱 자극하고 열정적으로 그 끝을 찾아내려면 어떻게 해야 할까?

❶ 초기 아이디어를 인정하는 것이다.

아이디어는 새싹이나 씨앗과 같은 것이다. 변화무쌍한 비즈니스 현실에서 성장한 사람들은 나름 전문성과 자신만의 프레임이 생기게 된다. 그러므로 웬만한 초기 아이디어에 대해서는 현실성이 부족하다고 생각하기 쉽다. 그러므로 이런 생각을 갖고 있는 전문가들은 아이디어가 제대로 완성되기도 전에 싹을 자르려고 한다. 이런 오류를 범하지 않기 위해서는 다른 사람의 아이디어에 대해 일단은 "정말 좋은 아이디어네요."하고 박수하는 습관을 들여야 한다.

"가드너(Gardner)는 한겨울에 온실 문을 함부로 열지 않는다." 이 말은 '왓이프'라는 영국의 혁신 컨설팅사에서 발간한 《창의적 아이디어로 혁신하라》[1]에 나오는 것으로 초기 아이디어를 보호하는 문화를 강조한 말이다. 누군가가 자신의 아이디어를 비판하기 시작하면 사람들은 방어적인 자세를 취하게 된다. 그리고 새로운 아이디어를 내는 데 소극적으로 반응한다.

구글 혁신 및 창의성 프로그램을 총괄한 프레데릭 페르트(Frederik G. Pferdt)가 '구글의 창의성 비밀'에서 밝힌 비밀은 "'맞다. 그러나…(Yes, but…)'가 아니라 '맞다. 그리고…(Yes, and…)'라고 말하는 조직 문화를 만들어야 창의적인 아이디어가 나온다."라는 것이었다. 일잘러는 상대방의 아이디어나 의견에 대해 부정하지 말고 더 좋은 방향으로 아이디어가 커질 수 있도록 하는 긍정의 자세를 갖고 조직문화도 그렇게 되도록 노력해야 한다.

❷ 공동으로 아이디어를 추가하는 것이다.

다양성이 주는 혜택을 온전히 유지할 수 있도록 조직은 아이디어를 함께 발전시키는 문화와 시스템을 갖춰야 한다. 그런데 대다수 사람은

1 데이브 앨런, 맷 킹돈, 크리스 무린, 대즈 루드킨, 권양진 옮김, 평단, 2007.

아이디어를 혼자 내는 것이라고 생각한다. '내가 낸 아이디어를 누군가 훔쳐 가면 어떻게 하나'하는 걱정을 하기도 한다. 어떤 사람이 나의 아이디어에 생각을 추가했다고 했을 경우 그 아이디어는 내 것인지 나중에 추가한 사람의 것인지 구분하지 못할 수 있다. 이에 대한 명확한 기준이 없다면 많은 구성원이 공동으로 발상하는 것에 대해 부정적으로 인식하기 쉽다. 아이디어의 이름만 바꾸거나 일부 기능만 살짝 수정해서 새로운 아이디어라고 주장하는 경우도 비일비재하다. 그러므로 아이디어 기여자를 보호하고 존중하는 문화는 그 조직의 리더와 구성원이 함께 만들어가야 한다.

아이디어는 사람의 두뇌활동에서 나온다. 그 두뇌는 하나보다 둘이 낫고, 둘보다 셋이 낫다. 팀 브라운(Tim Brown)은 "우리 모두를 합하면 어떤 개인보다 뛰어나다."라고 했다. 비즈니스 환경에서 팀워크가 창조하는 시너지 효과는 아무리 강조해도 지나치지 않는다. 대부분의 혁신조직이 다학제적 팀워크(Multidisciplinary Teamwork)를 구성하려는 이유는 여러 사람이 함께하면 통상적인 사고의 범위에서 벗어나 차별화된 제품이나 서비스를 개발할 수 있다는 믿음 때문이다.

우리나라 대형병원에서도 2014년부터 다학제적인 팀진료가 인정되고 있다. 다학제 팀진료란, 각각의 암 진료팀에 해당되는 전문의들이 한자리에 모여 환자에 대해 의논하고 가장 정확한 진단을 통해 최상의 치료계획을 세우는 협의(協議) 진료를 말한다. 다학제 진료를 하기 위해서는 각 진료과 전문의들이 한자리에 모여 협의를 하고 치료계획을 결정한다. 그 후 환자 및 보호자는 다학제 진료실에 들어와서 내과, 외과, 종양내과, 방사선종양학과, 영상의학과 교수들을 만나게 된다. 다학제 팀 진료에 모인 의사들은 수술, 항암화학요법, 방사선치료 등 환자 및 보호자에게 가장 최상의 치료 방법을 설명하고 함께 치료 방향을 논의하여 치료 방법을 결정한다.

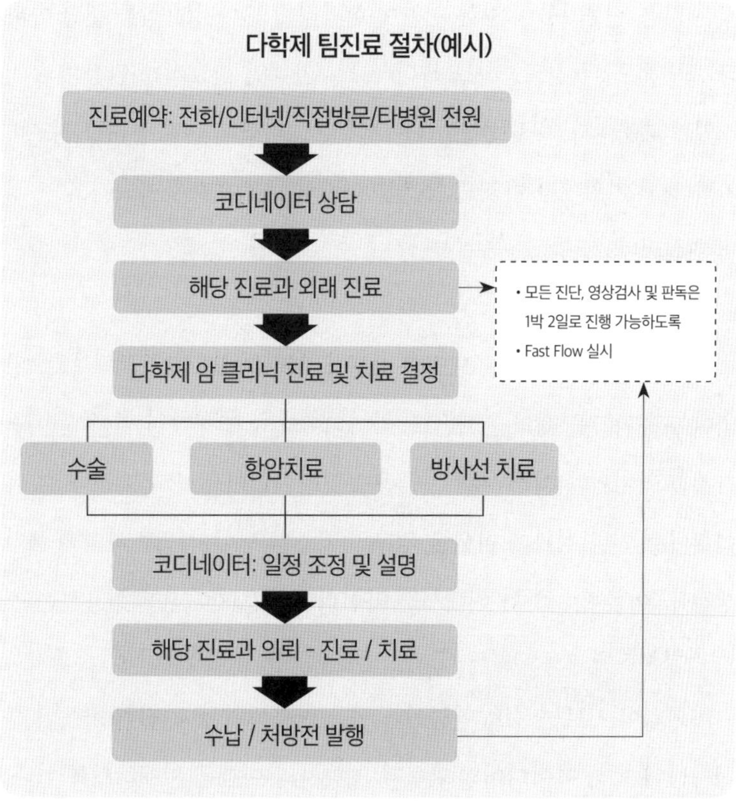

만일 이런 진료가 인정되지 않는다면 어떤 일이 벌어질까? 그 환자는 한 임상과에서 진료를 받은 후 또 다른 임상과에서 진료받고 또다시 예약하는 등의 불편을 겪어야 한다. 더 중요한 것은 각각의 임상과에서는 자신이 보는 내용만 가지고 환자를 판단하기 때문에 다른 분야에서 발생할 수도 있는 부작용은 생각하지 못하게 된다. 다학제적인 진료를 수행함으로써 환자를 온전히 전체적으로 평가하고 가장 적절한 진료 방법을 찾을 수 있다.

그동안 이런 장점에도 불구하고 다학제 팀진료가 이루어지지 않은 것은 많은 전문가들이 같은 시간에 한자리에 모이기도 힘들 뿐만 아니라 그렇게 모여 진료한다고 하더라도 추가적인 진료비를 인정해 주지 않았기 때문이다. 다행히 2014년부터 이런 다학제 진료에 대한 진료비가 인정되고 있지만 아직도 충분한 수준의 보상이 이루어지지 않는 것이 현실이다.

이와 같이 다학제적인 모임이 이루어지고 아이디어나 문제 해결 방법이 도출되었을 때의 문제는 그 아이디어의 주체에 관한 것이다. 여러 단계를 거치거나 여러 사람이 공동으로 아이디어를 냈기 때문에 그 아이디어로 인한 성과가 나왔을 경우 누가 보상받아야 하는지의 문제가 생긴다. 이를 방지하기 위해서는 아이디어 시트(Sheet)를 활용하는 것이 바람직하다.

아이디어 시트는 주요 기능이나 사용자의 혜택 등 간단한 항목이 들어가는데 특히 아이디어의 제목과 제안자의 이름을 기재하도록 한다. 아이디어 시트를 가지고 다른 구성원과 함께 토론하고 발전시키는 과정에서 포스트잇 등을 활용해 추가 아이디어를 붙이도록 한다. 이렇게 되면 시간이 지나더라도 아이디어의 최초 제안자가 누구인지 중간에 부가적인 아이디어를 낸 사람이 누구인지 알 수 있고 그에 따른 기여도를 평가할 수 있다.

❸ 완벽한 소수보다는 다소 미흡하더라도 다수의 아이디어가 필요하다.

아이디어를 내는 사람은 두 부류로 구분된다. 첫째는 고민을 많이 해서 소수의 정제된 아이디어를 내는 부류이다. 이들은 남들 앞에서 자신의 아이디어를 평가받는 것을 꺼리는 성향을 갖고 있다. 구현할 수 있고 남들에게 칭찬받을 만한 아이디어를 내고 싶어 한다. 또 다른 부류는 깊이 고민하지 않고 아이디어를 끊임없이 내는 사람들이다. 아이디어의 완성도보다는 아이디어의 숫자를 늘리는 것에 집중한다. 그렇다면 이 두 부류의 아이디어 발상 성향 중 어느 그룹의 성향이 바람직할까?

시카고 IIT 디자인대학원 비제이 쿠마(Vijay Kumma) 교수는 《혁신 모델의 탄생》[2]에서 팀 단위의 아이데이션 효과를 높이기 위해서는 참여자들이 '이 세션에서 나쁜 아이디어는 없으니 떠오르는 모든 생각을 포착하고 무조건 많이 만들어야 한다.'는 룰을 받아들여야 한다고 강조한다. 팀 단위 아이데이션 활동에서는 아이디어의 수를 최대한 많이 확보하는 것이 중요하다. 완성도 높은 아이디어를 만드는 것이 아니라 수많은 아이디어 중에서 남들이 생각하기 힘든 기발한 아이디어의 영감을 발견하는 것이 중요하기 때문이다. 이러한 기발함은 여러 개의 아이디어가 합쳐져서 만들어지기도 하고 어떤 아이디어에 추가 아이디어를 덧붙이면서 나오기도 한다.

---

2 비제이 쿠마, 이유종, 오동우, 주종필 옮김, 틔움, 2014.

❹ 아이디어는 그림으로 표현하는 것이 좋다.

그림으로 아이디어를 표현하면 이미지가 시각화된다. 우뇌가 자극되기 때문에 훨씬 구체적인 아이디어를 낼 수 있고 추가적인 아이디어도 더 잘 떠오른다.

필자가 서울성모병원 기획팀장을 하는 동안 기획팀에 처음 발령받아 오는 직원들에게 가장 먼저 강조하는 것은 그림을 그리는 것이었다. 자기의 아이디어나 제안을 말로 설명하지 말고 한 장의 그림으로 표현할 수 있어야 한다고 강조했다. 좋은 기획서는 수백 페이지에 해당하는 보고서를 만드는 것이 아니라 그것을 한 장으로 표현하는 것이 더 중요하다고 강조했다.

이와 같은 축약 및 시각화가 중요한 것은 필자만의 생각이 아니다. 필자가 가톨릭중앙의료원 연수교육팀장을 하는 동안 삼성서울병원 개원 준비 실무 총괄을 하던 김상용 단장을 초청하여 관리자들을 대상으로 강의를 들은 일이 있다.

삼성생명에서 병원을 처음 짓는 일이었기 때문에 개원 준비팀들은 국내외 여러 병원을 돌아다니며 자료를 수집했다고 한다. 개원 준비팀은 준비된 방대한 자료를 자랑하기 위해 담당 임원을 자료가 산더미처럼 수집된 사무실로 초청했다. 이렇게 많이 다른 의료기관의 운영 시스템에 대한 자료를 수집했다고 자랑하기 위한 목적이었다고 한다. 그런데 현장을 방문한 임원은 여기 모인 모든 자료를 다 한 줄로 세우라고 하더란다. 자료를 한 줄로 세우니까 커다란 사무실의 한쪽 끝에서 다른 한쪽까지 꽉 찼는데 그 임원은 이것을 다 줄여서 내 한 손아귀 속에 들어오도록 만들라고 했다는 에피소드를 들려줬다. 자료의 양이 중요한 게 아니다. 볼 수 있도록 만드는 게 중요하다.

그 임원이 말한 것처럼 한 손아귀에 들어올 정도라면 두꺼운 책 한 권이 될 것이다. 필자는 그것도 많다고 생각한다. 중요한 의사결정자들은 한 권의 책을 다 읽거나 들을 시간적인 여유가 없고 듣고 싶어 하지도 않는다. 그래서 두꺼운 내용은 별첨으로 하되 별첨 사항의 핵심적인 내용은 A4용지 한 장으로 줄여서 그림으로 그릴 수 있어야 한다. 보고 내용이 많고 두꺼울수록 한 장 그림은 더욱 중요하다.

일잘러는 질문을 통해 호기심을 해결하는 자세를 가져야 한다. 〈하버드 비즈니스 리뷰〉는 '톱 이노베이터들이 활용하는 비밀의 질문법'[3]에서 HMW 비법을 소개했다.

HMW(How Might We~?)는 민 바사더(Min Basadur)가 1970년대 초 P&G에서부터 활용했던 창의적 질문이다. 바사더의 HMW 질문법은 경쟁자를 이기기 위한 'Can'의 질문이 아니라 소비자를 만족시키고 많은 긍정적 가능성을 열어주는 'Might' 질문이었다. 사람들은 주로 "어떻게 ○○을 할 수 있을까?(How can we do this?)" 또는 "어떻게 ○○을 해야 하지?(How should we do that?)"라고 질문한다.

그런데 Can이나 Should로 시작되는 질문은 판단에 의도를 내포하기 때문에 "진짜 할 수 있을까?" 또는 "해야만 할까?"와 같은 생각이 들게 한다. 그런데 그 단어들을 'Might'로 바꾸면 판단을 유보하게 된다. 팀

---

3 하버드 비즈니스 리뷰, 2012년 9월호

브라운은 "Might가 아이디어를 나타내는 사람들에게 옳든 그르든 자유롭게 아이디어를 쏟아내게 만들며 참여자들이 서로의 아이디어를 함께 발전시키도록 돕는다."라고 했다. 바사더의 영향으로 HMW는 현재 구글, 메타, 아이디오 같은 혁신 기업에서 창의적인 질문법으로 활용되고 있다.

호기심 해결을 위한 긍정적인 질문은 모든 문제 해결의 시발점이다. 긍정적인 질문하기 효과는 일상생활뿐만 아니라 비즈니스 현실에서도 적용된다. 특히 창의적 해결책을 만들어야 하는 일잘러에게 긍정적 질문은 가장 중요한 요소이다.

일잘러가 긍정적인 질문을 활용할 때 중요하게 생각해야 할 점은 모든 질문의 중심에 사용자를 두는 것이다. 예를 들어, '경쟁자를 따라잡기 위해 개선된 무엇인가를 개발하는 것'이 아니라 '이것이 사용자에게 의미 있는 것일까?'라는 질문이 담겨 있어야 한다. "어떻게 하면 환자가 제대로 진료받고 갈 수 있을까?"와 같은 질문은 문제 해결의 범위가 너무 넓어서 효과적인 해결책을 찾기 어렵다. 반면 "어떻게 하면 환자들이 힘들지 않게 접수처에서부터 진료실까지 편하게 갈 수 있을까?" 또는 "어떻게 하면 환자들이 진료 후 편안하게 집으로 돌아갈 수 있을까?"와 같은 질문은 환자의 이미지가 질문 안에 담겨 있다. 그러므로 안심동행 서비스 연결 부스를 만들거나 진료실까지의 동선 지도를 만들기 같은 다양한 아이디어를 떠오르게 할 수 있다. 즉 일잘러가 명심해야 할 핵심은 사용자 중심으로 질문을 하는 것이다.

물리적 환경

가로세로 2m의 책상에 앉아 독서실처럼 서로 마주 보는 빽빽한 사무실 공간에서 일하는 사람과, 놀이공원처럼 넓지는 않지만 휴게실도 있고 회의 테이블도 있으며 여기저기 생각나는 것을 끄적일 수 있는 화이트보드가 걸려있는 사무실에서 일하는 사람 중 어느 공간에서 일하는 사람에게 더 창의적인 생각이 떠오를 수 있을까?

구글이나 아이디오(IDEO)처럼 창의적 아이디어를 많이 생산하는 조직에는 공통점이 있다. 보통의 업무 환경에서는 상상하기도 힘들 만큼 말랑말랑하고 창의적인 공간으로 꾸민다는 것이다. 책상에 몇 시간 앉아 있느냐로 업무 성과를 평가하는 게 아니라 자유분방함 속에서도 업무에 대한 무한한 책임감을 가지고 있는 것이 중요하다.

몇 년 전 여의도에 있는 현대카드 사옥을 방문한 적이 있다. 직원들이 편한 복장을 하고 있었고 현관 입구에서부터 자유로운 분위기를 느낄 수 있었다. 마루 같이 걸터앉는 곳도 있고 무대 공연장처럼 생긴 공간에서 무엇인가 생각하는 사람들도 있었다. 롤링페이퍼와 볼펜이 여기저기 비치되어 있고, 모든 공간을 다 둘러보지는 못했지만 탁구장과 당구장은 물론 사우나 시설도 갖추고 있다고 한다. 이런 환경이 가능한 것은 비즈니스 업무 특히 창의적인 업무는 반드시 사각 책상에 앉아서 하는 것이 아니기 때문이다.

필자가 일하고 있는 겨자씨키움센터는 학교법인 가톨릭학원과 서울성모병원이 공동으로 운영하는 창의(創意) 공간이다. 구성원들의 아이디어를 모아 과제를 구체화하거나 창의적인 생각을 발전시켜 창업할 수 있도록 연결하고 생각을 키워주는 장소이다. '비록 처음 생각이 겨자씨처럼 작다 할지라도 그것을 잘 키워서 큰 나무가 되면 온갖 짐승이 곁들인다.'는 마태복음 13장 32절의 말씀을 바탕으로 가톨릭학원 손희송 베네딕토 주교님이 직접 명명한 이 장소는 원래 뷔페식당이었다. 많은 기업체 모임과 돌잔치 및 연구회 등이 모임을 갖고 연회를 개최하던 강남지역에서도 유명했던 장소였다. 그런데 코로나19로 인하여 연회 및 각종 기업체 모임이 불가함에 따라 지속 운영이 힘들어지는 바람에 겨자씨키움센터로 변경되었다.

겨자씨키움센터는 자유롭게 음식을 즐기던 뷔페식당 공간을 그대로 창의 공간으로 활용하고 있다. 병원이라는 한정적인 공간이나 사무실이라는 제한된 공간을 벗어나 자유로운 생각을 할 수 있도록 물리적인 환경을 만든 것이다.

소크연구소 정면

그렇다면 혁신 조직은 왜 이렇게 말랑말랑한 분위기를 연출할까? 형식과 포맷이 내용에 큰 영향을 미치기 때문이다. 미네소타 대학의 조안 마이어스 레비(Joan Meyers-Levy) 교수팀은 '천장의 높이가 사람들의 인지 사고에 미치는 영향'을 연구한 결과 천장의 높이가 30cm 높아질 때마다 창의성이 2배 이상 높아진다고 발표했다. 노벨상 수상자를 5명이나 배출한 소크(Salk)연구소는 천장 높이가 매우 높은 연구소로 유명하다.

미국의 조너스 에드워드 소크(Jonas Edward Salk) 박사는 천장이 높은 성당에서 소아마비 백신 개발의 힌트를 얻었는데 천장이 높으면 창의적인 아이디어가 훨씬 잘 나온다고 믿었다. 그래서 자신의 연구소를 지을 때 일반적인 천장보다 70cm 높게 지었다고 한다.

그렇다면, 창의적인 아이디어 발상을 위해 일반적인 환경에서 적용할 수 있는 방법은 어떤 것이 있을까?

❶ 익숙한 장소에서 벗어나야 한다.

아이디어를 발상하기 위해 익숙한 사무실이 아니라 외부의 낯선 환경으로 자리를 옮겨야 한다. 별도의 공간을 확보할 수 없다면 다른 회사의 낯선 회의실도 좋고 가까운 카페도 좋다. 평소에 조용한 업무 공간에서 벗어나 새롭고 낯선 공간에 가면 우리의 몸과 마음이 새로움을 확산하고자 하는 생각의 돌출 효과를 기대할 수 있다.

미국 〈컨슈머 리서치〉 저널에 발표된 일리노이주립대학 라비 메타(Ravi Mehta) 교수팀 연구에 따르면, 사람들은 조용한 곳보다 커피숍처럼 소음이 어느 정도 있는 곳에서 창의적인 결과물을 더 잘 만들어낸다고 한다. 사무실처럼 조용한 장소는 집중력을 강화하지만 추상적인 상상을 방해한다. 70 데시벨 정도의 적당한 소음은 정신을 분산시켜 더 넓게 사고를 확장하도록 돕는다.

❷ 소품이나 잡지 같은 자극제를 활용하는 것이다.

아이디어를 내는 단계에서는 말끔한 정장 차림보다 편안한 차림이 더 좋은 아이디어를 낼 수 있다.

몇 년 전 필자의 상사 신부님께서 실원들을 집으로 초대한 일이 있었다. 신부님은 혼자 생활하시므로 숙소가 넓지 않다. 그래서 많은 인원이 들어갈 경우 식사는 어떻게 누가 만들 것이며, 양복을 입은 상태로 방문했을 때 불편을 초래할 것이 예상되었다. 그런데 이런 우려는 신부님의 파격적인 제안으로 한 번에 해결할 수 있었다. "음식은 전부 주문해서 먹는다. 한 음식점에 너무 많은 음식을 몰아 주문하면 음식점도 힘들고 음식도 식을 수 있으니 한식, 중식, 일식을 분산하여 주문하도록 한다."는 제안을 하신 것이다. 이로써 음식을 만들고 먹는 문제는 해결된 셈이다.

그렇지만 성직자의 숙소에 방문하는 데 예의를 갖춰야 하고 당시만 해도 양복 차림의 출퇴근이 기본이었기 때문에 양복 차림으로 좁은 공간에서 식사하고 담소를 나누는 문제는 해결되지 않았다. 이 문제 또한 신부님의 제안으로 한순간에 해결되었다. "내가 우리 집을 방문하는 기념으로 모든 방문자에게 파자마를 하나씩 선물할 겁니다."라는 제안으로 말이다. 기발한 생각이었다. 비싸지 않은 파자마로 편안한 미팅을 할 수 있고 미팅 후에는 선물로 가져가서 잠옷으로도 활용할 수 있는 일석이조의 제안이었다. 분위기가 자유롭고 복장도 편안해지자 그날 모임은 그 어느 때보다 자유롭고 생산적인 의견들을 주고받는 모임이 되었다.

4.

디딤돌과 걸림돌이 발상을 좌우한다

발상은 문제가 있는 곳에서부터 시작된다. 문제가 없더라도 지금보다 더 나은 상태를 기대하며 상상하고 생각한다. 대부분의 발상은 인류에게 긍정적인 영향을 주는 발상의 전환이 이루어지고 있지만 이미 발견되거나 개발된 물건이나 재료를 이용하여 인류에게 해로운 쪽으로 개발되거나 발전하는 경우도 많다. 무기나 전쟁 기구 등이 대표적이다. 그렇지만 훨씬 더 많은 비중의 발명이나 발견은 인류를 위한 지향을 가지고 있어서 문제에 대한 해결 방향의 발상은 적극적으로 추진되어야 한다.

발상의 디딤돌

발상을 장려하고 촉진할 수 있는 디딤돌은 어떤 것들이 있을까?

로버트 루트번스타인(Robert Root Bernstein)과 미셸 루트번스타인(Michele M. Root Bernstein) 부부는 《생각의 탄생》[1]을 통해 레오나르도 다빈치부터 리처드 파인먼까지 창조성을 빛낸 사람들의 13가지 생

1 로버트 루트번스타인, 미셸 루트번스타인, 박종성 옮김, 에코의서재, 2007.

13가지 생각 도구(《생각의 탄생》에서 재편집)

생각 도구	설명
1. 관찰	• 수동적인 '보기'가 아닌 적극적인 '보기'
2. 형상화	• 눈앞에 드러내 보이는 것 • 단순히 눈이라는 감각으로만 드러내 보이는 것이 아니라 모든 감각으로 이 세상에서 느낄 수 있도록 재현하는 것
3. 추상화	• 마음에 있는 것을 최대한 사실적으로 드러내는 것보다 한 단계 더 넘어서는 과정 • 부수적인 것은 제거하고 핵심 정수를 따로 추출해내는 것
4. 패턴 인식	• 역동성의 시작 • 관찰을 통해 알게 된 사실을 바탕으로 다음의 일을 예견하는 것
5. 패턴 형성	• 패턴인식을 통해 알아낸 사실을 바탕으로 새롭게 재구성하는 것
6. 유추	• 다양한 상황 속에서 반복성을 깨닫는 것 • 한 방향의 주의력 집중이 아니라 다양한 요소에 집중하고 그 속에서 관계성을 읽어낸 다음에 그다음 현상이나 규칙성을 발견해내는 것
7. 몸으로 생각하기	• 뇌뿐만 아니라 뇌의 신경은 모든 몸으로 뻗어 있고 그 몸에 있는 신경적 반응이 뇌를 자극하여 새로운 창의적 생각들을 떠올리게 하는 것
8. 감정이입	• 현상을 관찰하는 차원이 아니라 그것과 하나가 되고자 노력하는 것 • 일체화
9. 차원적 사고	• 평면적 차원의 사고를 넘어서서 입체적 사고를 하는 것
10. 모형 만들기	• 자신의 시각으로 재현해서 간단하게 형상화해 보는 것 • 눈으로 보고 몸으로 느끼는 수준을 넘어서서 그 존재를 직접 자신이 인식한 수준에서 재현함으로써 그 존재를 더 잘 이해할 수 있게 되는 것
11. 놀이	• 문제 자체를 즐기고 이 세상의 많은 문제를 놀이의 개념으로 접근하고 그것을 즐기는 것
12. 변형	• 기존의 내용을 다양하게 결합하여 전혀 새로운 것들을 만들어내는 것
13. 통합	• 통합은 모든 경계가 허물어진 곳에 존재 • 통합은 전인교육의 시작이요 창조성 교육의 완성 • 이성과 감성, 그리고 모든 분야의 영역이 한 사람 속에 녹아있는 것

각 도구를 제시하고 있다. 이와 같은 생각 도구들은 발상을 촉진하는 디딤돌 역할을 하기에 충분하다.

발상의 걸림돌

우리의 발상을 저해하고 새로운 생각에 접근하지 못하도록 하는 요인들은 무엇일까?

고정관념이나 특별한 편향들은 발상을 저해하는 걸림돌이 된다. 통계학 분야의 세계적인 석학이자 의사인 한스 로슬링(Hans Rosling) 등

본질을 보지 못하는 10가지 본능(《팩트풀니스》에서 재편집)

본능 유형	내용
1. 간극 본능	• 세상은 둘로 나뉜다는 오해 • 흑백논리
2. 부정 본능	• 세계는 점점 나빠진다는 오해
3. 직선 본능	• 그래프가 증가하면 한없이 증가한다고 믿는 오해
4. 공포 본능	• 소수이고 작은 것이지만 크고 무섭게 느끼는 오해 • 자연재해
5. 크기 본능	• 눈에 보이는 것만 보고 크게 느끼는 오해 • 흉악범 뉴스를 보고 대부분 그렇다고 느끼는 오해
6. 일반화 본능	• 일부 사실과 평균을 보고 전부 그렇다고 생각하는 오해 • 샘플 조사의 함정
7. 운명 본능	• 원래 그렇게 태어나서 희망이 없다고 생각하는 오해
8. 단일 관점 본능	• 문제를 쉽게 판단하고 결정하는 오해 • 지식의 저주
9. 비난 본능	• 누군가에게 원인을 돌리는 오해
10. 다급함 본능	• 빨리빨리 증후군

은 《팩트풀니스》[2]에서 우리가 세상이나 사물 또는 수치 및 현상을 보는 데 나도 모르게 잘못 판단하는 10가지 본능을 제시하고 있다.

한스 로슬링 등은 이와 같은 잘못된 본능에서 빠져나오는 방법도 제시하고 있는데, 그 내용은 아래와 같다.

본능 유형	잘못된 본능 벗어나기
1. 간극 본능	• 양극단으로 보지 말고 다수를 보라 • 평균 비교를 조심하라
2. 부정 본능	• 나쁜 소식이 우선 전해짐을 예상하라 • 뉴스는 부정적인 것에 매력을 느끼고 보고하는 본성이 있다
3. 직선 본능	• 영원한 직선은 없다 • 부분만 보고 직선이라 생각하지 마라
4. 공포 본능	• 정말 위험한지 계산해 보라 • 반드시 위험한 것이 아닐 수도 있다
5. 크기 본능	• 주어진 숫자만 보지 말고 비율을 고려하라 • 관련된 다른 수와 비교하거나 나눠보라
6. 일반화 본능	• 일반화시킨 범주에 의문을 품어라 • 다수에 주의하라
7. 운명 본능	• 운명에 절망하지 마라 • 느린 변화도 변화다
8. 단일 관점 본능	• 문제를 여러 각도로 봐라 • 단순한 생각과 해결책은 늘 의심하라
9. 비난 본능	• 희생양을 만드는 것을 자제하라 • 악당을 찾지 말고 원인을 찾아라
10. 다급함 본능	• 차근차근 하나씩 행동하라 • 한 번만 더 생각했으면 좋았을 것임을 상기하라

---

2 한스 로슬링 외, 이창신 옮김, 김영사, 2019.

이처럼 우리가 일반적으로 알고 있는 어떤 현상에 대하여 이를 개선하거나 발전시키려는 시도를 할 때 그동안 살아온 경험과 배워온 지식이 우리의 생각을 가로막거나 잘못된 방향으로 인도하는 경우가 많다.

일잘러가 되기 위해서는 아이데이션 과정에서 걸림돌의 장막을 거둬내고 디딤돌을 바탕으로 더 다양한 생각을 하기 위해 노력해야 한다. 이를 통해 이면을 바라보고, 필요 없는 부분을 제거하고, 보지 못했던 부분을 봄으로써 점차 진실에 다가갈 수 있다.

질문하는 자세

일잘러로서 기발한 발상을 하거나 남들이 생각지도 못했던 것을 찾아낼 때는 희열을 맛볼 수 있다. 좋은 비즈니스 기회도 만들어진다. 이와 같은 발상을 위해서는 질문하는 자세가 중요하다. 질문은 매우 중요한 발상의 모티브가 되기 때문이다. 질문의 유형은 다양하게 생각할 수 있지만 일잘러가 가장 중요하게 고려해야 할 질문은 "모든 것을 이렇게 예외 없이 해야 하는가?", "언제나 그래야 하는가?", "이것이 원래 이랬던 건가?", "다른 방법은 없는 건가?"라는 질문이다.

먼저, '모든 것을 예외 없이 해야 하는가?'에 대한 조건 관련 질문을 살펴보자. 특정한 조건에서는 하나의 상태를 만족하고 나머지 조건에서는 반대 상태를 만족하도록 만드는 것이다.

최근 의학이 발전하면서 의료행위에 대한 정부기관의 정책이 바뀌었다. 지금까지 우리나라의 수가정책은 일부 질환에 대하여 포괄수가제[3]를 적용하고 이외에는 대부분 행위별수가제[4]를 적용하고 있다. 수가정책이 제대로 적용되기 위해서는 심사의 눈이 필요하므로 건강보험심사평가원은 전국의 모든 병·의원에서 일어나는 의료행위가 적합하게 이루어졌는지 그 여부를 심사한다. 심사 결과는 국민건강보험공단에 보냄으로써 의료기관이 수가를 받게 된다.

그런데 최근에는 의료기술이 발전하고 각 병원에서 사용하는 의료장비가 늘어나면서 심사해야 할 양도 기하급수적으로 늘어나게 되었다. 모든 의료행위에 대하여 적정성 여부를 심사하는 것은 수많은 인력을 요구할 뿐만 아니라 실제 효율적이지도 않다. 따라서 건강보험심사평가원은 최근 포괄수가제 적용 질환뿐만 아니라 행위별수가제 적용대상 질환에 대해서도 경향심사 또는 분석심사[5] 방법을 통해 선별적으로 검사를 하고 문제가 있는 경우만 세부적으로 심사하는 방향으로 바꿨다. 이러한 변화는 "언제나 그래야 하는가?", "어디에서나 그래야 하는가?", "모두가 그래야 하는가?"와 같은 질문을 통해 나타난 발상이다.

두 번째 질문 유형은 '시간'에 대한 질문이다. "언제나 그래야 하는가?"라는 질문을 통해 언제나 그래야 하는 게 아니라 어느 때는 해도 되

3 포괄수가제(Diagnosis-Related Group, DRG)란 환자가 병원에 입원해서 퇴원할 때까지 진료받은 진찰·검사·수술·주사·투약 등 진료의 종류나 양과 상관없이 미리 정해진 일정액의 진료비를 부담하는 제도이다.

4 행위별수가제(Fee-For-Service, FFS)는 진료에 소요되는 약제 또는 재료비를 별도로 산정하고, 의료인이 제공한 진료행위 하나하나마다 항목별로 가격을 책정하여 진료비를 지급하도록 하는 제도이다.

5 경향심사 또는 분석심사란 '심사기준 기반 건별심사'에서 '의학적 타당성 기반 경향평가심사'로 전환하는 것이다. 이는 주제별로 지표를 개발하고 기관 단위 진료 경향을 관찰·분석해, 변이가 감지되는 기관에 대해 피드백-중재-개선을 지원하는 심사방식을 의미한다.

고 어느 때는 안 해도 되는 것을 찾아낼 수 있다.

신호등의 경우 서로 다른 방향으로 가는 차량이나 사람들이 엉키지 않고 통행할 수 있도록 시간을 나누는 조건을 적용한 것이다. 언제나 파란불, 언제나 빨간불이 아니고 시간에 따라 변화를 주는 것이다. 이처럼 "언제나 그래야 하는가?"라는 질문은 새로운 통찰을 줄 수 있다.

다리가 건설되면 차량은 다리 위로 통행할 수 있지만 대형 선박은 다리 교각의 높이가 낮은 경우 그 밑을 통과할 수 없다. 그렇다고 교각을 무작정 높게 만들 수도 없다. 우리나라에는 흔하지 않은 사례지만 영국의 도개교는 회전축을 설치하여 다리 한쪽이나 양쪽을 위로 70° 정도 들어 올릴 수 있도록 만들어졌다. 교통량이 많은 낮시간에는 닫혀 있고 차량의 흐름이 끊긴 밤시간에는 위로 들어 올려 배들이 자유롭게 지나다니도록 운영한다.

세 번째 방법으로, '공간'에 대한 질문도 필요하다. "어디서나 그런가?"라는 질문을 하는 것이다. 이것은 서로 다른 요구 조건을 만족시키는 공간 분리의 원칙이다. 특정 공간에서는 한 가지 요구 조건을 만족시키고 그 외 공간에서는 반대의 요구 조건을 만족하도록 만들기 위해서는 "어디서나 그래야 하는가?"라는 질문이 필요하다. 고가도로나 지하차도, 육교는 이와 같은 원리가 적용된 사례이다.

짜장면을 먹어야 할까? 짬뽕을 먹어야 할까? 이런 고민을 해결한 것이 짬짜면이다. 면과 국물을 담는 공간을 2개로 분리하여 해결한 것이다. 2000년 김정환 씨가 출원한 '칸막이 그릇'은 한 그릇으로 두 가지 메뉴를 먹는 즐거움을 주고자 만들어진 것이다. 금연구역은 애연가의 경우 모든 장소에서 흡연할 수 없도록 한다면 문제가 되므로 "어디에서나 금연하는 것이 맞는가?"라는 질문을 통해 특수한 공간에서는 흡연할 수 있도록 만든 방법이다.

네 번째 질문 유형은 '부분과 전체'에 관한 질문 방법이다. 이 방법은 "모두에게 그래야 하는가?", "언제나 모든 것이 함께 있었는가?"와 같은 질문을 통해 부분과 전체를 나누거나 합칠 수 있다.

예를 들어, 게임을 무료로 제공하면 많은 고객을 확보할 수 있으나 수익은 나빠진다. 반대로 게임을 유료화하면 수익성은 확보될 수 있지만 고객이 많이 유치되지 않을 수 있다. 게임은 무료이기도 하고 유료이기도 해야 하는 물리적 모순이 존재한다. 따라서 "언제나 그래야 하는가?", "모두에게 그래야 하는가?"라는 질문을 통해 부분적으로만 유료로 전환하는 발상을 할 수 있다.

카카오의 김범수 의장은 게임회사 창업 당시 '부분 유료화'라는 마케팅을 게임업계 처음 시도함으로써 상당한 효과를 본 적이 있다. 웹툰을 좋아하는 분이라면 누구나 경험했겠지만 '네이버 웹툰'은 작품마다 매주 1~2회차를 무료로 공개하고 다음 회차의 내용이 궁금하면 유료서비스 결제를 해야 하는 맛보기 마케팅을 적용하고 있다.

CHAPTER 5

다섯 번째 습관, 연결하기

1970년 노벨 문학상을 수상한 솔제니친의 짧은 수필 〈모닥불과 개미〉는 절제미의 극치를 보여준다. 그는 이 수필을 통해 핵심 사실만을 묘사하여 A4용지 3분의 1 분량으로 완벽한 수필 하나를 완성했다. 어떻게 가능했을까? 필요 없는 내용은 제거하고 꼭 필요한 내용만을 집어넣었기 때문이다.

활활 타오르는 모닥불 속에 썩은 통나무 하나를 집어넣었다. 그러나 미처 그 통나무 속에 개미집이 있다는 것을 나는 몰랐다. 통나무가 우지직 타오르자 별안간 개미들이 떼를 지어 쏟아져 나오며 안간힘을 다해 도망치기 시작했다. 그놈들은 통나무 뒤로 달리더니 넘실거리는 불길에 휩싸여 경련을 일으키며 타죽어 갔다.

나는 황급히 그 통나무를 모닥불 밖으로 내던졌다. 다행히 많은 개미가 생명을 건질 수 있었다. 어떤 놈은 모래 위로 달리기도 하고 어떤 놈은 솔가지 위로 기어오르기도 했다.

그러나 이상한 일이다. 개미들은 좀처럼 불길을 피해 달아나려 하지 않는다. 가까스로 엄청난 공포에서 벗어난 개미들은 방향을 바꾸더니 다시 그 통나무 둘레를 맴돌기 시작했다. 그 어떤 힘이 그놈들을 내버린 고향으로 다시 돌아오게 한 것일까?

많은 개미가 활활 타오르는 통나무 위로 기어 올라갔다. 그러고는 통나무를 붙잡고 바둥거리면서 그대로 거기서 죽어가는 것이었다.

'연결하기' 습관은 다양한 생각과 정보를 연결하기도 하지만 나의 현재 문제점이나 상황의 핵심을 간결하고 정확하게 만드는 것이 필요하다. 내 생각을 날카롭게 정리할수록 연결점을 더욱 날카롭게 찾을 수 있기 때문이다. 날카롭게 한다는 것은 본질에 가까워진다는 의미다.

최근 기업 비즈니스에서 '연결'이 가치 창출을 위한 가장 중요한 요인으로 떠오르고 있다. 모든 정보가 디지털화되고, TV와 태블릿PC, 스마트폰 등 다양한 단말기를 통해 접근성이 높아졌기 때문이다. 연결을 통한 혁신은 새로운 비즈니스 모델로 발전하고 확장된다.

스티브 잡스가 출시한 애플 아이폰뿐만 아니라 인터넷의 영향으로 기존 산업의 진입 장벽이 무너짐에 따라 온라인 DVD 대여업체인 넷플릭스, 자동차 공유업체인 집카처럼 새로운 비즈니스 모델을 발굴한 업체들이 계속 생겨나고 있다. 새로운 가치를 창출하는 기업들은 오래된 방식을 바꾸는 데 주저하거나 두려워하지 않는다. 그리고 이 같은 변화는 시간이 지날수록 더 가속화될 것이다.

5번째 습관 '연결하기'에서는 혼자 존재할 수 없는 세상이 도래했음을 인식해야 함을 강조한다. 연결 능력이 창의성의 핵심이며 모방을 통한 새로운 창조의 길임을 제시한다. 시간적인 모방 차원에서 과거에 세계적인 발명을 이룬 사람들의 연결 능력에 대한 구체적인 방법도 제시한다.

"창의력은 그냥 여러 가지 요소를 연결하는 능력이다.
창의적인 사람에게 어떻게 그렇게 했느냐고 물으면
대답하지 못할 것이다.

왜냐하면 그들은 실제로 무엇을 한 게 아니라

단지 보았기 때문이다.

시간이 지난 뒤 명백하게 보였을 뿐이다."

- 스티브 잡스(Steve Jobs)

1.

양심의 가책 없이 훔치는 것이 창조다

모방은 '다른 것을 본뜨거나 본받음'이라는 사전적 의미가 있다. 오데드 센카(Oded Shenkar)는 《카피캣》[1]에서 모방이란 '있는 그대로의 것을 베끼거나 아니면 변형 또는 수정하는 것'이라고 정의하고 있다. 모방이 무엇인지 이해할 수 있는 가장 적절한 표현은 피카소가 말한 "좋은 예술가는 그대로 따라 하고, 위대한 예술가는 훔친다.(Good Artists Copy, Great Artists Steal.)"이다. 이 말은 스티브 잡스가 인터뷰에서 다음과 같이 언급하면서 더욱 유명해졌다.

"피카소가 말하기를, 좋은 예술가는 그대로 따라 하지만, 위대한 예술가는 훔친다고 했습니다. 애플은 위대한 아이디어를 훔치는 것을 조금도 부끄러워하지 않습니다. 세상은 그것 때문에 더 나은 곳이 되니까요."

그런데 피카소가 말했다고 알려진 이 문장은 시인 엘리엇(Thomas Stearns Eliot)의 "어설픈 시인은 흉내 내고 노련한 시인은 훔친다.(Immature poets imitate, mature poets steal.)"에서 온 것이다. 엘

1 오데드 센카, 이진원 옮김, 청림출판, 2011.

리엇이 한 말 역시 "재능이 있는 이는 빌리고 천재는 훔친다.(Talent borrows, genius steals.)"라는 오스카 와일드(Oscar Wilde)의 말에서 나온 것이라고 하니 모방에 대한 정의와 형태를 이보다 잘 표현한 것은 지금까지 없는 것 같다.

출처가 어찌 되었든 이 내용에서는 '카피'와 '스틸'이라는 두 가지 개념이 나온다. 카피는 기존의 것을 그대로 따라 하는 낮은 단계의 모방이다. 반면, 스틸은 기존의 것을 연결, 변형, 확장하는 높은 단계의 모방으로 창조적 모방이라 할 수 있다. 카피와 스틸의 가장 큰 차이는 아이디어를 어디서 가져왔는지 제3자가 눈치챌 수 있느냐 없느냐에 있다.

카피형 모방이 나쁘고, 스틸형 모방이 좋다는 말은 아니다. 카피가

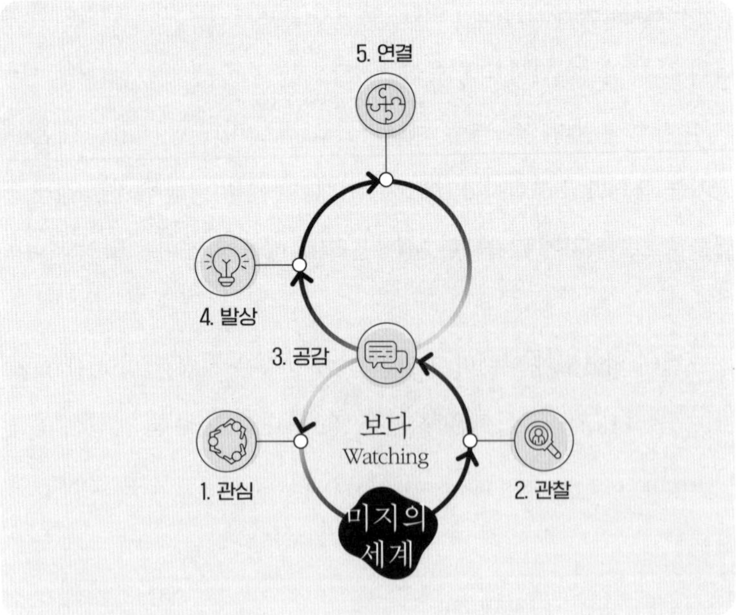

비록 낮은 단계의 모방 행위이지만 창의성이라는 면에서 보면 의미가 있다. 피카소도 엘리엇이 카피한 시인을 어설픈 시인이라고 했는데 그는 좋은 예술가로 평가받고 있다고 말했다. 즉, 피카소는 따라 하고 베끼는 것을 부정적으로 보지 않았다는 의미다.

잘 훔치는 법

스틸형 모방이 의미 있는 이유는 창조의 과정이기 때문이다. 거의 모든 창조적인 산물들은 스틸형 모방의 결과물이다. 아인슈타인은 "창의성의 비밀은 그 창의성의 원천을 숨기는 방법을 아는 데 있다.(The secret to creativity is knowing how to hide your sources.)"라고 했다. 일잘러는 잘 훔치는 방법, 즉 내 아이디어의 원천을 아무도 모르게 숨기는 방법을 알아야 한다. 비윤리적이라고 생각하는가? 절대로 그렇지 않다.

세계 최초라고 하는 약 600년 전 구텐베르크의 활판인쇄술을 사례로 보자. 인쇄술이 등장하기 전에는 책을 만들 때 필사본이나 목판 인쇄를 이용했다. 구텐베르크는 조폐국에서 금화 제조를 하던 아버지의 기술을 어깨 너머로 배웠다. 그는 금화 제조술을 응용하여 주형으로 제작한 인쇄용 금속활자를 틀에 하나씩 심어 조판하는 방법을 고안해낸 것이다. 구텐베르크는 여기에 더해 포도주를 만드는 압착기의 구동 원리에서 착안하여 활판을 인쇄기에 넣고 세게 압착하여 종이에 찍어내는 인쇄 방식을 개발했다. 그의 인쇄술은 주화 생산 방식을 활자 생산에 모방하고 포도주를 만드는 압착기 원리를 인쇄에 모방한 것이다. 이런 모방이 비윤리적이라고 보는가?

현대 무용의 개척자인 마사 그레이엄(Martha Graham)은 "나는 도둑이에요. 최고의 아이디어를 훔치는 도둑입니다. 플라톤, 피카소 같은 위대한 인물들의 아이디어를 훔칩니다. 그리고 저는 이것을 매우 자랑스럽게 생각합니다. 나는 내가 훔치는 아이디어들의 가치를 알기에 그것을 언제나 소중히 여깁니다. 그것들을 개인의 소유물이 아닌 문화유산으로서요."라고 했다.

창의적인 사례들은 자신의 분야와 상관없는 분야에서 영감을 받는 경우가 많다. 눈에 바로 보이는 외형적 형태와 거리가 먼 이면의 원리를 전혀 다른 맥락으로 결합하는 것이 중요하다. 먼 곳의 의미는 영역 간의 거리뿐만 아니라 시간의 거리도 포함된다. 위대한 도약을 이루어내는 사람들은 현재의 대상을 넘어서 아주 오래된 것에서 영감을 얻는 경우가 많다. 훌륭한 시인은 옛 작가들의 작품이나 다른 나라의 언어로 쓰인 작품 또는 자연에서도 다양한 것들을 빌려 온다. 이렇게 서로 관련 없어 보이는 분야에서 아이디어의 원천을 가져오고 상관없는 대상이나 개념 사이에서 유사성을 발견하고 연결하는 것, 이것이 창조적 무한의 비결이다. 이것을 '유추'라 한다.

연결 능력

모방의 반대말이 무엇일까? 창조다. 모방에 대한 우리의 인식은 창의성과 동떨어져 있다. 왜 그럴까? 모방이 독창성을 방해한다고 생각하기 때문이다. 독창성이 무(無)에서 유(有)를 만드는 완전한 새로움을 의미한다면 모방의 반대말은 창조라고 할 수 있다.

그런데 독창성이 정말로 '완전한 새로움'을 의미하는가? 아니다. 기존의 것을 확장하거나 다른 부분에 응용하거나 그로부터 유추하는 것 자체로도 독창적일 수 있다. 우리는 완전히 새로운 것을 만들어낼 수는 없다. 컴퓨터가 입력하지 않은 정보를 출력할 수 없듯이 인간의 뇌 역시 입력되지 않은 무언가를 창조해내는 능력은 거의 없다. 미켈란젤로는 "오직 신만이 창조한다. 우리는 단지 모방할 뿐"이라고 했다. 대다수 사람은 자신이 한 번도 듣지도 보지도 못한 것을 생각했다고 여기지만 사실 과거 언젠가 어디에선가 입력되어 있던 것들이다. 단지 그 사실을 기억해내지 못한 것뿐이다.

그런데 컴퓨터와 달리 인간만이 지닌 독창성은 어떻게 가능한 것일까? 그것은 바로 '연결하는 능력' 때문이다. 이미 존재하는 것들을 빌려와 연결하는 능력, 그것이 창의적 사고의 근간이다. 창의적 아이디어란 기존에 있던 요소들의 새로운 결합에 지나지 않는다. 창의성은 관련성을 볼 줄 아는 능력에 달려 있다. 구약성서 전도서 1장 9절에는 '하늘 아래 새것이 있을 리 없다.'라고 했다. 이 말은 창조라는 것이 무(無)에서 유(有)를 만드는 것처럼 완전히 새로운 무언가를 만들어내는 행위가 아님을 의미한다.

상상과 창조 활동은 이미 만들어진 토대 위에서 이루어지며 새로운 아이디어는 늘 기존의 것과 결합해서 탄생한다. 그러므로 모방을 부정적으로 인식할 필요는 없다. 아리스토텔레스가 "모방은 창조의 어머니"라고 말한 것처럼 모방을 통해 창의적인 아이디어가 탄생할 수 있다. 있는 그대로 모방하느냐 추가적이고 발전적인 행위를 덧붙이느냐에 따라 모방과 창의성이 구분될 수 있다.

거인의 어깨 위에 서기

창의성은 배움에서부터 시작한다. 어떤 분야든 경지에 오르기까지 사람들은 끊임없이 기존의 지식을 배우고 익힌다. 이러한 배움이 창의의 원천으로 작용하는 것이다. 이러한 배움의 과정에 모방이 있다. 그러므로 모방은 나만의 것을 만들어가는 과정으로 인식하는 것이 좋다.

우리는 따라 하는 과정을 통해 대상을 더 깊이 이해할 수 있다. 그 작품을 만들거나 문제를 푸는 사람의 입장을 떠올리며 창조 과정을 간접적으로 배울 수 있고, 그의 스타일이 자신과 맞는지도 살펴볼 수 있다. 모방 행위는 독창성에 대한 부담에서 벗어나 단순하게 시작할 수 있도록 이끌어 주기도 한다. 처음부터 너무 많은 것을 기대하기보다 거인의 어깨 위에 올라서기 위해 일단 거인에게 다가가 보는 것이 좋다. 뉴턴은 "내가 더 멀리 보았다면 이는 거인들의 어깨 위에 올라서 있었기 때문이다."라며 겸손해했다. 그런데 일잘러가 이 문장에서 주목할 것은 겸손뿐만 아니라 거인이다. 거인의 어깨 위에서 더 멀리 보려면 거인 즉 롤 모델을 먼저 정해야 한다.

그대로 따라 하는 모방의 경우 표절이나 특허 침해 같은 문제를 야기한다. 창의성을 발휘하는 삶을 목표로 한다면 모방은 배움의 과정으로 삼아야 한다. 따라 하기를 가장 잘 하는 이들은 아이들이다. 아이들은 그야말로 모방의 천재들이다. 그런데 아이들과 어른의 모방에는 차이가 있다. 아이들이 보여주는 모방의 핵심은 호기심을 갖고 순수하게 따라 하는 것이다. 그런데 어른들은 의도를 가지고 모방하기 때문에 문제가 될 때도 있는 것이다. 어른이 아이처럼 순수한 호기심으로 모방하기는 어렵겠지만 배움의 과정으로 인식하고 청출어람(靑出於藍)하는 접근 방법이 필요하다.

시인 앤서니 헥트(Anthony Hecht)는 다른 사람의 시를 접하면 본인의 독창성이 떨어질 것을 우려하는 젊은이들에게 이렇게 조언했다. "모든 종류의 시들을 암기해서 자신의 피와 살로 삼아라." 이 말은 일단 많은 정보를 습득하고 지식을 익혔을 때 그 안에서 융합되고 녹아든 또 다른 창조가 일어날 수 있다는 의미다. 들어간 것이 없는 배에서는 나올 것도 없는 이치다. 《대통령의 글쓰기》[2]의 작가 강원국은 글쓰기 스승을 한 명 정하고 그의 책과 글을 모조리 읽고 죽을 듯이 필사할 것을 강조했다.

필자가 박사과정을 공부하는 중 논문 때문에 고심하고 있을 때 지도교수님이 가슴에 와닿는 조언을 해주셨다. "일단, 아버지 논문을 찾아라. 그리고 그 논문을 스무 번만 읽고 그런 다음 써봐라. 그러면 논문을 쓸 수 있을 것이다." 아버지 논문이란 자기가 쓰고자 하는 논문과 같은 분야의 주제이거나 유사한 접근을 한 선배 논문을 말하는 것이다.

일잘러로서 창의성을 발휘하기를 원한다면 자신의 분야에서 동경하는 최고의 롤모델을 정하고 그 사람을 따라 해보는 것부터 시작하면 좋

2 강원국, 메디치미디어, 2014.

다. 창의적으로 무언가 떠올려야 한다는 생각을 지우고 그가 하는 방식을 일단 그대로 옮겨 보는 것이다. 익숙해질 때까지 그렇게 하는 것이 좋다. 창조적인 자기 생각은 그다음에 찾아오는 선물과 같다.

제한 없는 지성, 유추

유추는 닮음과 달리 관련 없어 보이는 대상이나 개념 간의 내적인 유사성을 찾아내는 것, 다시 말하면 '숨겨진' 닮음을 찾아내는 것이다. 그리고 대상 간의 사이가 멀면 멀수록 관련 없어 보이는 정도가 클수록 창의적인 유추라고 할 수 있다. 흔히 시(詩)에서 보이는 은유적인 표현도 마찬가지다. '내 마음은 호수'(김동명), '이것은 소리 없는 아우성'(유치환) 같은 은유적 표현은 우리에게 깊은 감동을 선사한다.

유추의 강력한 힘을 가장 잘 나타내는 사례는 헬렌 켈러(Helen Adams Keller)[3]의 일화다. 헬렌 켈러는 어떻게 여러 개의 언어를 습득하고 설득력 있게 사람들의 마음을 움직였을까? 그녀는 자신이 세상을 이해할 수 있었던 것은 자신이 직접 할 수 있는 것들과 그렇지 못한 것들 간의 수많은 연관과 유사성을 끌어낼 수 있었기 때문이다.

"나는 관찰한다. 나는 느낀다. 나는 상상한다. 나는 셀 수 없을 만큼 다양한 인상과 경험 그리고 개념들을 결합한다… 내가 손에 들고 있는 꽃의 신선함은 내가 맛을 본 갓 딴 사과의 신선함과 닮았다. 나는 이러

3 헬렌 에덤스 켈러(Helen Adams Keller)는 미국의 작가, 교육자이자 사회주의 운동가이다. 그녀는 인문계 학사를 받은 최초의 시청각장애인이다. 헬렌 켈러의 장애로 인해 가지고 있던 언어적 문제를 앤 설리반 선생과 자신의 노력으로 극복한 유년 시절을 다룬 영화 〈미라클 워커〉로 인해 그녀의 이야기는 전 세계적으로 널리 알려지게 되었다.

한 유사성을 이용해 색에 대한 개념을 확장한다. 내가 표면과 떨림과 맛과 냄새들의 특질에서 이끌어낸 유사성은 보고 듣고 만져서 찾아낸 유사성과 같은 것이다. 이 사실이 나를 견디게 했고 눈과 손 사이에 놓인 간극에 다리를 놓아주었다."

유사성을 인식하는 능력이야말로 지성의 핵심이다. '하나를 듣고 열을 안다.'는 속담이 있다. 이는 영리하고 총명함을 이르는 말이다. 자신이 알지 못한 것을 기존에 알고 있던 것들과 연결 지으며 이해의 폭을 빠르게 확장하는 능력, 즉 유추의 힘은 그 끝을 알 수 없다.

2.

연결은 의미를 전환하는 것이다

《파괴적 혁신 4.0》[1]으로 유명한 클레이튼 크리스텐슨(Clayton Christensen) 교수는 '조선일보 위클리 비즈 인사이트'와의 인터뷰에서 "파괴적 혁신이란, 현재 시장의 대표적인 제품의 성능에 미치지 못하는 제품을 도입해 기존 시장을 파괴하고 새로운 시장을 창출하는 것"이라고 했다. 기존 고객이 아닌 사람이나 덜 까다로운 고객들을 사로잡는 간단하고 편리하고 저렴한 제품을 출시하는 전략이 여기에 속한다. 이는 비즈니스 혁신을 위해 반드시 독보적인 기술력이 필요하다는 생각에서 벗어나야 한다는 것이다.

새로운 관점에서 제품이나 서비스를 재해석하고 기존과 전혀 다른 방식으로 사용자에게 가치를 전달하는 비즈니스 모델로도 시장 파괴적 혁신이 가능하다. 의미 전환적 혁신을 반드시 대단한 성공 사례에서 찾아야 하는 것은 아니다. 우리가 자주 접하는 제품이나 서비스 대상에서도 그런 의미를 새롭게 찾을 수 있다. 그 대상이 무엇이든 관계없다. 자

1 클레이트 크리스텐슨, 김태훈 옮김, 세종서적, 2018.

신이 담당하는 제품이나 서비스는 이미 고정화된 가치와 정의를 지니고 있다. 그러나 지금까지 누구나 생각했던 대상에 대해 다른 관점으로 재해석할 수 있는 가능성은 얼마든지 열려 있다.

예를 들어, 블루투스 이어폰은 휴대폰의 확대와 함께 많은 대중이 사용하는 필수적인 아이템이 되었다. 그런데 이어폰의 목적을 듣는 것 하나로만 한정할 필요가 있을까? 귀에 무엇인가를 꼽는 행위는 블루투스 이어폰뿐만 아니라 체온을 잴 때 체온기를 귀에 꼽는 경우도 있다.

그렇다면, 블루투스 이어폰을 체온 측정기로도 활용할 수 있지 않을까? 귀를 통해서 얻을 수 있는 또 다른 건강 정보가 있다면 다양하게 그 내용을 발췌하고 발굴하여 블루투스 이어폰으로 연결한다면 새로운 의미로 재해석될 수도 있을 것이다.

체험에서 체감으로

건강하던 사람이 아픈 증상이 발견되어 병원을 이용하려고 할 때는 두려움을 느끼게 된다. 그래서 여러 방법을 통해 병원 또는 자신의 아픈 증세에 대한 정보를 구하는 행동을 한다. 이 과정에서 어느 병원, 어느 과에서 진료받을 것인지를 결정하고 그 분야의 가장 유명하다는 의사를 찾아 진료받는 것이 일반적인 패턴이다.

이때 환자들은 그 질환이 중요하거나 심각할수록 처음 방문한 병원에서 곧바로 진료를 받기도 하지만 다시 여러 번의 수소문과 확인 과정을 통해 자신의 질환이 정말 중요한 질환이 맞는지 확인하는 과정을 거친다. 왜 그럴까? 그것은 그 환자에게는 처음 경험하는 두려움이기 때문이다.

그러므로 건강한 상태에서 갑자기 아픈 상태로 바뀐 사람에게 중요한 문제는 그 질환을 치료하는 과정에 앞서 병원을 찾을 수밖에 없는 두려움을 줄여주는 것이다. 자신의 질환을 잘 치료할 수 있다는 확신을 갖도록 하는 것이다. 치료는 이 확신이 성립된 후 가능하다. 즉 건강한 사람이 처음 질환을 발견했을 때 그 사람에게 중요한 것은 두려움을 낮춰주는 것이다.

필자는 최근에 전자레인지와 오븐이 같이 결합된 신상품을 구입했다. 오븐이 마련되자 빵을 좋아하는 아내는 빵 만들기 과정에 돌입했다. 처음으로 시도한 빵은 마들렌이었다. 마들렌 빵을 만들기 위해 필자와 아내는 밀가루, 베이킹소다, 꿀, 소금 등 여러 가지 구매 품목 리스트를 만들었다. 집에서 가까운 마트로 물건을 구매하러 가야 했기 때문이다.

그런데 이 구매 품목 리스트를 보다가 갑자기 '우리는 품목만 정하지 특정하지 않는 구매 의도를 갖고 있구나'라는 직관적인 생각이 들었다. 우리는 필요한 물품을 적긴 했지만 브랜드를 특정하지 않는 패턴을 갖고 있다. 밀가루는 다양한 브랜드가 있는데 단지 '밀가루'라고만 적었던 것이다. 소비재 제품은 현장에서 이벤트나 쿠폰 할인이 많고 또 마트마다 구비되어 있는 제품들이 다르므로 특정 브랜드를 적을 필요가 없다. 상황에 따라 브랜드를 결정한다는 인사이트를 얻은 것이다.

소비자의 이런 행동 패턴은 제조사나 유통사의 입장에서 보면 매우 큰 의미를 담고 있다. 아직 브랜드가 특정되지 않았지만 소비자가 살 것이 확실한 구매 품목! 이것은 제조사나 유통사의 마케팅 측면에서 보면 가장 큰 값어치가 있는 정보다. 가락공판장의 구매 품목 리스트와 마찬가지로 구매 직전까지 브랜드를 결정하지 않은 고객의 선택을 받기 위해 어떤 마케팅을 펼쳐야 할까? 이것이 통찰이다.

일본은 우리나라보다 고령화 현상이 심각하다. 때문에 일본은 거동이 불편한 지역 노인들을 대상으로 찾아가는 트럭 슈퍼마켓 서비스가 발달하고 있다. 카드 결제도 갖추고 원하는 물건을 미리 주문할 수도 있는 이동형 슈퍼인 셈이다. 얼핏 생각하면 예전에 시골 동네마다 돌아다니던 만물상 트럭과 비슷한 유형이다.

이런 유형의 서비스가 일본의 고령사회에 다시 나타난 것이다. 이 서비스는 고령 소비자에게 인기가 많아 점점 확대되고 있다. 기존에는 한 달에 한 번 한꺼번에 구매했지만 이제는 신선한 재료를 매일 구매하는 소비 패턴으로 바뀌었다고 한다. 소비자의 구매 의도를 파악하기 위해 다양한 플랫폼 서비스 아이디어를 낼 수도 있지만 일본의 도쿠시마루와 같은 이동형 트럭 서비스로도 충분히 비즈니스 기회를 만들어낼 수 있는 것이다.

일본 고령사회에 등장한 이동형 슈퍼[2]

---

2 출처: "日서 노년층 직접 찾아가는 이동 슈퍼마켓 급성장", 조선일보, 2021년 1월 18일자

이런 비즈니스 통찰을 얻기 위해서는 마트가 반드시 일정 장소에 고정형으로 있어야 한다는 고정관념을 버려야 한다. 어떤 대상을 깊이 있게 들여다보고 나와 전혀 다른 대상과 비교하면서 유사한 패턴을 찾을 수도 있고, 서로 다른 차별점을 발견할 수도 있다. 통찰은 객관적인 데이터뿐만 아니라 일잘러로서의 직관과 협력적 토론으로 얼마든지 뽑아낼 수 있다.

3.

창의적 연결은 하나를 더 얹는 것이다

새로운 아이디어는 주로 어디에서 어떻게 떠오를까? 아이디어는 전혀 예기치 못한 장소에서 나올 수 있다. 《해리 포터》의 흥행으로 영국 여왕보다도 많은 부를 축적한 작가 롤링(J. K. Rowling)은 연착된 기차에 앉아 있다가 우연치 않게 《해리 포터(Harry Potter)》를 구상했다. 니콜라 테슬라(Nikola Tesla)는 여유롭게 산책하다가 교류 전기의 아이디어를 떠올렸다. 어떻게 그럴 수 있었을까?

알쏭달쏭한 연관성을 찾고 창의성을 활성화하는 방법

❶ 생각나는 모든 아이디어를 기록한다.

아이디어, 생각, 관찰, 메모 등은 입력하면 할수록 더 많은 연관성을 발견할 수 있다. 그러므로 모든 것을 기록하는 것이 중요하다. 이런 기록이 바탕이 되면 두 사물 사이의 연관성을 찾는 수준에서 나아가 전에는 무관했던 두 아이디어 사이에서 흥미로운 연관성을 찾을 수 있다.

신규 프로젝트나 문제 해결을 위해서는 머릿속에 떠오르는 모든 것을 기록으로 남기는 것이 좋다. 생각은 예고 없이 불쑥불쑥 생겨난다.

그러므로 생각이 아직 미완성된 것이라도 모두 기록해야 한다. 각각의 내용이 왜 필요하고 그게 왜 영감을 주는지 이해하지 못해도 괜찮다. 그런 연관성은 나중에 찾아도 된다. 일단 떠오르는 아이디어를 모두 기록한 후 일주일에 한 번 정도 목록을 검토하여 도드라지는 아이디어를 찾는다. 추가적으로 개발이 필요하다면 표시해 둔다. 나중에 또 그와 연관된 생각이 번뜩 떠오를 수 있기 때문이다. 어떤 아이디어가 당장은 적합해 보이지 않고 말도 안 되는 것으로 느껴지더라도 나중에 유용하지 않으리라는 법은 없다.

❷ 확산적 사고다.

친구나 동료 중에 남들이 전혀 생각지도 못한 아이디어를 떠올리는 사람들이 있다. 이들은 연관성을 찾아내는 본능을 타고난 사람들이다. 본능적으로 뛰어난 사람들도 있지만 확산적 사고를 통해 예상치 못한 장소에서 영감을 찾는 방법은 누구나 배울 수 있다. 확산적 사고는 연상기억과 새로운 개념을 바탕으로 아이디어를 서로 연결한다. 자발적이고 자유로운 사고를 하여 한 가지 문제점에서 다양한 해결책을 끌어내는 것이다.

이를 좀 더 전문적으로 실행하는 방법은 시넥틱스(Synectics) 연습이다. 시넥티스는 희랍어 'Syneticos'에서 유래한 단어로 서로 다른 성질이나 관련 없는 두 요소를 비교하여 새로운 아이디어를 발상하는 방법이다. 이는 보다 일반적인 문제와 관련시켜서 좀 더 자유분방한 아이디어를 내게 하는 방법으로 비슷한 성질이나 관련이 전혀 없는 요소들을 결합하여 새로운 아이디어를 내는 것을 의미한다.

시넥틱스적 사고는 잠재 의식적인 심리과정을 활용하여 새로운 각도에서 보고 생각하는 방법을 말하며 창조 활동에 보다 효과적인 심리상태를 유도해내는 방법이다. 시넥틱스의 창시자인 고든(W. Gordon)은 시넥틱스의 메커니즘으로 2가지 접근방법을 들고 있다.

• 이질순화(異質馴化): 처음으로 보고 들은 것을 나에게 아주 익숙한 다른 것에 사용할 수 없는가?

• 순질이화(馴質異化): 이미 잘 알고 있는 것을 새롭게 봄으로써 이질적인 관점을 찾아낼 수 없을까?

❸ 뜻밖의 요소를 대입하는 방법이다.

영감은 언제든 떠오를 수 있다. 영화를 보거나 이웃과 이야기를 나누거나 여행지에서 새로운 풍광을 보았을 때도 우리의 뇌는 얼핏 무관해 보이는 활동과 피어나는 아이디어 사이에서 연관성을 찾느라 바쁘게 움직인다. 이러한 관계를 더 쉽게 알아볼 수 있도록 뇌를 단련하고 아이디어와 메모를 충분히 모은다면 뜻밖의 요소가 추가될 때 창의성과 영감이 촉진된다.

핵심은 예상치 못한 부분에 초점을 맞추는 것이다. 뜻밖의 요소를 대입하는 것은 일상적으로는 생각하지 못하는 것을 억지로 대입해 보는 것이다. 예를 들어, BTS 음악에 취해 아미(ARMY) 활동을 하는 딸아이를 이해하기 위해 온종일 BTS 음악을 들어보는 행동 등이 이런 유형에 속한다.

이 밖에도 뜻밖의 요소를 대입하는 방법으로 다음과 같은 유형을 고려해 볼 수 있다.

• 사마천의 《사기》 읽기: 역사의 흐름 속에서 다른 사람들이 어려운 문제를 어떻게 처리했는지 영감을 얻을 수 있다.

• 새로운 취미 시작하기: 새로움은 뇌의 보상 센터를 자극하며 이것은 기억력을 개선하고 더 탐구해 보도록 자극할 수 있다.

• 새로운 장소에 가보기: 강원도 오지 산골을 가본다거나 지구상에서 가장 번화가라 할 수 있는 뉴욕을 방문해 본다거나 만리장성을 가본다. 새로운 장소에서 얻는 영감은 지금까지와는 전혀 다른 것일 수 있다.

• 새로운 사람과 대화하기: 낯선 사람 혹은 잘 모르는 누군가와 대화하면 습관적인 반응에 의존하는 대신 새로운 방향으로 생각하게 된다.

창의성의 크기는 내가 가진 레퍼런스의 두께를 넘을 수 없다. 충분한 지식을 채우는 노력이 필요하다. 그러나 지식을 채우는 것만으로는 창의성을 자극하기에 충분하지 않다. 영감을 불러일으키고 새로운 눈으로 세상을 바라보는 비결은 이미 가지고 있는 지식과 정보 사이에서 새로운 연관성을 찾는 것이다. 신규 프로젝트를 진행하거나 새로운 혁신을 떠올려야 하는 일잘러로서 창의적인 돌파구를 찾으려면 그것이 생각보다 멀지 않다는 사실을 기억하면 좋다. 잘 풀리지 않을 때도 있지만 때로는 뜻밖의 요소를 대입하여 세상에 없는 새로운 생각을 할 수 있기 때문이다.

트리즈(TRIZ)

새로운 것을 만들기 위해 구체적으로 어떻게 연결하고 모방하고 유추할 것인가?

그 구체적인 방법을 트리즈에서 찾을 수 있다. 트리즈(TRIZ)는 '발명적 문제 해결론'이라는 뜻의 러시아어로 러시아의 발명가 겐리히 알츠슐러(Genrich S. Altshuller)가 수많은 특허 분석을 통해 발명의 원리를 규명하고 제안한 체계적인 지식기반 방법론이다.[1]

알츠슐러는 특허 20만 건 중에서 창의적인 특허 4만 건을 추출하여 분석한 결과 분야와 시대를 막론하고 동일한 유형의 문제와 모순이 지속적으로 등장하고 동일한 문제 해결 유형과 원리가 반복적으로 적용되는 문제 해결의 규칙성을 발견했다.[2] 트리즈는 '모순, 자원, 이상성'이라는 3가지 기본 개념을 기반으로 다양한 도구들을 제안한다.[3]

• 모순(Contradiction): 모든 기술시스템은 모순을 극복해 가며 진화 및 발전한다는 기본적인 관점에서 발명 문제는 적어도 하나 이상의 모순을 포함하고 있다고 전제한다. 모순의 유형은 3가지인데 '행정적 모순'은 원하는 것 즉 요구사항을 알지만 어떻게 달성해야 할지 모르는 상황을 의미한다. '기술적 모순'은 시스템의 한 가지 특성을 개선할 경우 시스템의 다른 특성을 악화시키는 상황이며, '물리적 모순'은 하나의 기술적 특성이 상반된 2개의 물리적 상태를 동시에 가져야 하는 상황이다.

• 자원(Resources): 문제 해결에 활용될 수 있는 모든 것으로 이용

---

1 Savranksy, S. D.(2000). Engineering of Creativity: Introduction to TRIZ Methodology of Inventive Problem Solving. CRC Press.

2 erninko, J., A. Zusman, and B. Zlotin(1998). Systematic Innovation: An Introduction to TRIZ. CRC Press

3 Rantanen, K. and E. Domb(2002). Simplified TRIZ: New Problem-Solving Applications for Engineers and Manufacturing Professionals. CRC Press.

가능하지만 아직 활용되지 않는 것이다. 그러므로 문제 환경의 내부 혹은 외부에 존재하는 자원인 사물, 정보, 에너지 또는 물질의 특성을 최대한 활용하여 모순을 해결하면 이상적인 최종 결과에 도달할 수 있다.

• 이상성(Ideality): 더는 개선할 것이 없는 상태가 아니라 뺄 것이 없는 궁극의 상태를 의미한다. 존재하지 않으면서도 필요한 기능이 수행되는 시스템을 말한다.[4] 이상성은 존재하지 않으면서도 필요한 기능이 수행되는 시스템으로써 기술 시스템 진화의 종점이라고 명시했던 '이상적 시스템(Ideal system)에 얼마나 가깝게 접근하는가'를 보여주는 척도다. 이는 모든 시스템은 유해한 특성은 감소하고 유익한 특성은 증가하는 방향으로 진화한다는 것을 근거로 한다.

트리즈의 40가지 발명원리와 모순 테이블 등은 내용이 많아서 다음 챕터에서 별도로 자세하게 다루도록 한다.

창의적 발상 기법 SIT

체계적 발명사고(Systematic Inventive Thinking)는 이스라엘의 로니 호로위츠(Roni Horowitz)와 제이콥 골든버그(Jacob Goldenberg)가 트리즈를 기반으로 개발한 창의적 발상 기법이다.[5] 트리즈는 기술적 난제를 해결하기 위해 다양하고 강력한 도구들을 제시하고 있으나 학습 난이도가 높아서 이를 자신의 문제에 실제로 적용할 수 있을 만큼 배우고 익힌다

4 Salamatov, Y.(2005). TRIZ: The Right Solution at the Right Time: A Guide to Innovative Problem Solving. Institute of Innovative Design.

5 Goldenberg, J., R. Horowitz, A. Levav and D. Mazursky(2003). Finding your innovation sweet spot. Havard Business Review, 81 (3), 120-129

창의적 발상 기법의 5가지 사고 도구와 사례

사고 도구	설명
제거 (Subtraction)	시스템을 구성하는 요소 중 일부, 가능하면 핵심적 요소를 제거한다. (예) 다리 없는 의자(좌식 의자), 헤드폰의 커버를 제거한 귀 안에 넣는 이어폰
용도 통합 (Task Unification)	시스템을 구성하는 요소 중 하나가 다른 역할까지 수행하도록 한다. (예) 스마트폰 충전기 겸용 거치대, 광고판이 부착된 택시(또는 버스)
복제 (Multiplication)	시스템을 구성하는 요소 중 하나를 시스템 내에 추가한다. (예) 병원 내 병원(Hospital in Hospital), 하나의 화면에 2개의 영상을 보여주는 Picture in Picture TV
분할 (Division)	시스템의 구성요소들을 분할하여 자유도를 높인다. (예) 무게 조절 덤벨, 다양한 색으로 분리된 잉크 커트리지
속성 의존 (Attribute Dependency)	외부 환경이나 내·외부 조건과 내부 속성 사이에 관계를 맺어 준다. (예) 자외선에 연동되는 변색렌즈, 강수량에 따라 속도가 달라지는 자동차 윈도우 스크린 와이퍼

는 것은 쉬운 일이 아니다. 이러한 문제를 해결하기 위해 트리즈의 40가지 발명원리 가운데 용도가 제한적이거나 사용빈도가 낮은 것은 배제하고 유사한 것들은 통합하여 5가지 핵심적인 도구를 만든 기법이다.

창의적 발상 기법 전문가인 박영택은 《창의발상론》[6]에서 트리즈의 이론적 체계 중 창의적 발상 기법의 기반이 된 발명원리와 직접 관계된 트리즈의 원리를 소개하고 있다. 그것은 트리즈의 내용에서도 소개했던 기술적 모순(Technical Contradictions), 해결되지 않은 기술적 모순이 포함된 발명적 문제(Inventive Problems), 지금까지 지향한 최적의 절충점 지향을 거부하고 기술적 모순을 근원적으로 해소하는 발명

6 박영택, KMAC, 2020.

적 해결책(Inventive Solutions), 기술적 모순의 해소에 사용되는 발명 원리(Inventive Principles)와 같은 것들이다.

이러한 원리를 바탕으로 하는 트리즈에서 창의적 발상 기법(SIT)이 어떻게 나왔는지 단계별로 살펴보면 다음과 같다.[7]

• 1단계는 '이상적 해결책(Ideal Final Result)'에서 '닫힌 세계(Closed World)'의 조건 도출이다. 트리즈의 주요 개념 중 하나인 '이상성(Ideality)'은 해결책과 관계된 유익한 기능의 총량을 유해한 기능의 총량으로 나눈 것이다. 유익한 기능이나 유해한 기능을 정량적으로 측정한다는 것이 현실적으로 어렵겠지만 개념적으로 유익한 기능은 많고 유해한 기능이 적으면 이상성의 정도가 높다고 볼 수 있다.

$$\text{이상성(Ideality)} = \frac{\text{유익한 기능의 합}}{\text{유해한 기능의 합}}$$

그런데 만일 유익한 기능만 있고 유해한 기능이 없다면 이상성의 값은 무한대가 된다. 이처럼 돈이나 시간, 노력 등이 전혀 들어가지 않으면서 유익한 기능만 있는 것이 가장 이상적이다. 이러한 해결책을 '이상적 해결책(IFR)'이라고 한다. 외부 자원을 투입하지 않고 문제를 해결하면 돈이나 다른 노력이 들어가지 않으므로 이상적 해결책이 된다. 창의

7 Horowitz, R.(2001). From TRIZ to ASIT in 4 steps. The TRIZ Journal. Available from: https://triz-journal.com/triz-asit-4- steps

적 발상 기법에서는 외부 자원을 투입하지 않고 기존에 존재하던 요소들만으로 문제를 해결하는 것을 '닫힌 세계(Closed World)'의 조건이라고 한다.

• 2단계는 '모순 해결'에서 '질적 변화'의 조건을 도출하는 것이다. 트리즈의 핵심 개념은 기술적 모순을 해소하는 발명적 해결책을 찾는 것이다. 트리즈에서는 발명적 해결책을 개념적으로만 기술했으나 호로위츠는 이를 '질적 변화'의 조건으로 정의했다. 질적 변화(Qualitative Change, QC)란 문제를 일으키는 요인을 개선하더라도 이로 인한 유해효과가 증가하지 않아 더는 기술적 모순이 존재하지 않는 것이다. 그러므로 '닫힌 세계'와 '질적 변화'의 조건은 발명적 해결책의 충분조건이라 할 수 있다.[8]

• 3단계는 트리즈의 '40가지 발명원리'에서 '5가지 사고 도구'를 도출하는 단계다. 5가지 사고 도구를 새롭게 도출한 배경에는 트리즈에서 제공하는 40가지 발명원리에 다소 문제가 있기 때문이다.

첫째, 발명원리들이 적용되는 추상적 수준이 일정하지 않다. 예를 들어 '차원 변경(발명원리 17)'처럼 매우 일반적인 것이 있고 '기계적 진동(발명원리 18)'이나 '공압(空壓)과 유압(油壓)(발명원리 29)'처럼 특정 문제에만 제한적으로 사용되는 것들도 있어 수준이 다양하다.

둘째, 발명원리들의 사용빈도가 천차만별이다. '차원 변경(발명원리

8 Maimon, O. Z. and R. Horowitz(1999). Sufficient conditions for inventive solutions. IEEE Transactions on Systems, Man, and Cybernectics- Part C: Applications and Review, 29(3), 349-361.

17)'처럼 자주 사용되는 것도 있지만 '중첩/포개기(발명원리 7)'처럼 드물게 사용되는 것도 있다.

셋째, 발명원리의 수가 40가지나 되므로 너무 많다. 현실적으로 40가지나 되는 발명원리를 제대로 배우고 활용한다는 것은 매우 힘들다는 것이다.

• 4단계는 트리즈의 기타 요소를 없애는 것이다. 트리즈에는 40가지 발명원리와 이의 활용을 돕기 위한 모순 행렬, 표준해결책과 물리 효과, 기술 진화의 법칙 등과 같은 부가요소들이 포함되어 있다. 창의적 발상 기법에서는 발명원리 외의 다른 요소들은 모두 배제했다. 창의적 발상 기법은 이와 같은 4단계의 개발 과정을 거쳐 트리즈 40가지 발명원리 중에서 유사한 원리들의 통합과 사용빈도가 낮은 것을 제외하고 5가지의 사고 도구로 묶은 것이다. 이와 같은 원리를 담은 창의발상론(SIT)에 대해서도 다음 챕터에서 분리하여 다루도록 한다.

4.

모든 창조 원리는 이 안에 있다

과거에 없던 새로운 생각이나 통찰을 이루기 위해서는 질문이 필요하다. 아무리 좋은 원리가 있더라도 아무리 좋은 방법론이 있더라도 그것이 절대적으로 아이디어를 직접 만들어 주지는 않는다. 그들은 다만 그동안 생각하지 못했던 멋진 질문을 만들어 줄 수 있다.

세상의 모든 문제 또는 해결하고자 하는 과제에는 서로 맞지 않는 모순이 있다. 모순이 없다면 정상적으로 기능하고 있다는 것이며 특별한 문제가 없다는 의미다. 그러나 현재 문제가 없다고 할지라도 더 나은 상태로 발전시키거나 혁신을 이루기 위해서는 모순을 찾는 자세가 필요하다. 모순을 찾는 첫 번째 단계가 바로 질문이다.

모든 모순에는 두 가지 형태의 기술적 모순이 존재한다. 알츠슐러(Altshuller)는 TRIZ에서 모순 해결을 위한 40가지의 발명원리를 제시하고 있으므로 두 가지 기술적 모순을 곱하면 이상적 해결책은 자연스럽게 80개가 된다. 일잘러는 이렇게 다양한 방향성을 가진 원리들을 바탕으로 질문들을 만들어 봄으로써 관찰과 공감을 통해 발견한 문제를 해결할 연결을 시도할 수 있다.

40가지 발명원리

알츠슐러가 개발하고 발견한 40가지의 원리는 다음 표와 같다. 표에서 제시하는 모든 원리를 살펴보는 것은 지면 관계상 생략하고 어떻게 문제를 연결하여 발명원리를 찾고 개발했는지 몇 가지 사례를 살펴보도록 하자.

알츠슐러의 40가지 발명원리

1. 분할	11. 사전 예방	21. 고속 처리	31. 다공질 재료
2. 추출	12. 높이 맞추기	22. 해를 이롭게	32. 색깔 변경
3. 국소적 품질	13. 반대로	23. 피드백	33. 동질성
4. 비대칭	14. 구형화	24. 매개체	34. 폐기 혹은 재생
5. 통합	15. 역동성	25. 셀프서비스	35. 속성 전환
6. 다용도	16. 과부족	26. 복제	36. 상전이
7. 포개기	17. 차원 변경	27. 일회용품	37. 열팽창
8. 평형추	18. 진동	28. 기계 시스템 대체	38. 활성화
9. 선행 반대 조치	19. 주기적 작용	29. 공기 유압 활용	39. 비활성화
10. 선행 조치	20. 유한한 지속	30. 얇은 막	40. 복합 재료

• 분할(Segmentation): 1번 원리

분할은 '여러 개로 쪼개어 보라'는 원리다. 전체를 여러 개로 쪼개면 필요한 상황에 따라 조립과 분해를 마음대로 할 수 있다. 또한 분리된 것들이 서로 다른 기능을 수행하거나 독립적인 시스템으로 작동하도록 만들 수 있다. 예를 들면, 조립식 가구다. 이케아(IKEA)는 편리하게 운반할 수 있는 경제적인 조립식 가구를 선보였다. 하나의 가구를 여러 개의 부품으로 쪼개어 누구나 쉽게 분해 및 조립을 할 수 있도록 만든 것이다. 이케아는 모든 부품을 분해 및 조립할 수 있도록 제작하여 운반 및 보관이 가능하도록 만들었다. 고객들이 직접 가구를 조립해야 한다는 불편함은 있지만 대신에 자신이 만든 가구에 더욱 애착을 갖는다는 특성을 이용한 분할의 사례이다.

또 다른 분할의 사례는 커터칼이다. 커터칼은 1950년 일본인 오카다 요시오(岡田 吉夫)가 만든 발명품이다. 당시 인쇄소를 운영하던 그는 종이를 자르기 위해 칼과 면도날을 사용했는데 칼끝이 무뎌질 때마다 칼을 바꿔야 해서 시간과 돈이 많이 낭비되었다. 그러던 어느 날, 아이들이 잘라먹는 초콜릿을 먹는 것을 보고 네모난 칸으로 나눠진 초콜릿처럼 칼날도 미리 분할해 두면 쉽게 잘라서 사용할 수 있을 거라 생각하고 커터칼을 만들었다. 분할의 사례는 이 밖에도 많이 있다. 피자를 여러 조각으로 나눈다거나 커피를 일회용으로 나눈 커피믹스 등도 분할의 사례이다.

• **비대칭(Asymmetry): 4번 원리**

비대칭은 대칭을 비대칭으로 만드는 원리다. 우리 주변의 물건들은 대부분 좌우 대칭을 이루고 있다. 때문에 자신도 모르게 대칭에 익숙해져 있다. 하지만 의도적으로 대칭을 비대칭으로 바꾸면 새로운 통찰을 할 수 있다.

집안일을 할 때 사용하는 고무장갑은 좌우 대칭으로 되어 있다. 그러나 실제 고무장갑을 사용하다 보면 대다수 사람이 오른손을 더 많이 사용하므로 오른쪽만 구멍이 나곤 한다. 이 문제를 해결하기 위해 오른쪽 고무장갑이 하나 더 들어 있는 비대칭 고무장갑이 등장했다. 최근에는 냉장고에서 냉동 기능을 사용하는 사람들이 많아져서 냉장실보다 냉동실을 더 크게 만드는데 이 사례도 비대칭이다.

게 가위

겨울철 많은 사람이 즐겨 먹는 대게의 껍질을 발라먹을 수 있도록 만든 게 가위도 위아래의 길이가 다른 비대칭 원리가 적용되었다.

• 다용도(Multi-functionality): 6번 원리

하나의 요소로 여러 가지 다양한 기능을 수행하도록 만드는 다용도 원리는 하나의 요소에 다양한 기능들을 넣어서 새로운 존재로 변화시킨 것이다. 좋은 사례로 '맥가이버 칼'이라 불리는 '다기능 포켓 나이프'를 들 수 있다.

다기능 포켓 나이프

1889년 스위스군은 현대화된 제식 소총을 보급했는데 이를 정비하기 위해 군인들은 주머니에 드라이버, 가위, 펜치 등 다양한 공구를 지니고 다녀야 했다. 이러한 불편을 해소하기 위해 다기능 포켓 나이프가 탄생한 것이다. 이 제품은 스위스 군대에서 큰 인기를 얻게 되었을 뿐만 아니라 제2차 세계대전 기간에 연합군을 통해 미국에까지 알려지게 되었고 지금은 일반인도 즐겨 사용하는 다용도 공구가 되었다.

사무실에서 많이 사용하는 복합기도 다용도 사례다. 기존에는 따로 따로 사용했던 프린터, 스캐너, 복사기, 팩스 등의 다양한 기능을 하나의 기기에 모아 사용할 수 있게 만든 것이다. 이처럼 여러 가지 기능을 모아 새로운 제품으로 만든 것을 다용도 제품이라고 하는데 겸용 침대, 냉난방기 등 다용도 제품은 우리 생활 곳곳에서 많이 볼 수 있다.

• **포개기(Nesting): 7번 원리**

은평성모병원 내 김수환 추기경 기념 장기이식병원 개원식[1]

포개기는 하나의 요소를 다른 요소에 넣어서 포함하거나 통과시키는 원리다. 대형 마트에서 사용하는 쇼핑 카트는 미국에서 대형 슈퍼마켓 체인을 운영하던 실번 골드만(Sylvan Goldman)이 발명했다. 그는 고객들이 종이봉투에 담긴 물건을 양손으로 들고 다니기 어려워서 매장에 머무는 시간이 짧다는 문제를 발견하고 접이식 의자에서 힌트를 얻어 쇼핑 카트를 발명했다.

대형 병원 안에 특화된 일부 임상과를 병원으로 특화시키는 '병원 내 병원(Hospital in Hospital)'[1]도 포개기의 일종이다. 예를 들면, 서울성모병원 안에 가장 많은 환자들이 방문하고 특화시킬 수 있는 혈액병원과 암병원, 심혈관병원 등이 병원 내부에 따로 존재한다. 은평성모병원

1 출처: http://www.newsmp.com/news/articleView.html?idxno=212864

에는 김수환 추기경 기념 장기이식병원이 병원 내 병원 형태로 존재하고 있다.

이 밖에 포개기 원리를 적용한 사례는 무수히 많다. 과일, 채소, 고기 패티 등 다양한 음식을 포개어 한꺼번에 먹을 수 있도록 만든 햄버거도 포개기 사례이고, 필요할 때만 포개진 사다리를 펼쳐서 높은 곳으로 접근할 수 있도록 한 사다리차도 같은 원리이다.

• 구형화(Curvature increase): 14번 원리

구형화 원리는 곧은 것을 둥글게 만드는 것이다. 회전문은 구형화의 좋은 사례다. 문은 사람들이 쉽게 드나들기 위해서는 열려 있어야 하고 단열을 위해서는 닫혀 있기도 해야 한다. 열려 있기도 하고 닫혀 있기도 하는 모순이 존재하는 것이다. 이 모순을 어떻게 해결할 수 있을까? 회

회전교차로

전문이 그 해결책이었다. 회전문은 미국의 발명가 벤 카넬(Theophilus Van Kannel)이 1888년 특허를 취득했고, '3개의 날개가 달린 형태로 바람을 막아주는 문'이란 의미에서 회전문이라 이름 붙은 것이다.

교통이 복잡한 교차로에서 신호등 대신 설치된 '회전교차로'도 구형화의 좋은 사례다. 신호 대기로 인해 교차로를 중심으로 교통정체가 발생하는데 이를 해결하기 위해 기존 교차로를 구형화한 것이다. 회전교차로는 1960년대 영국에서 처음 도입되기 시작했는데 회전문과 동일한 작동 방식을 자동차 통행 시스템에 적용한 것이다. 이 밖에도 구형화 원리는 원기둥 모양으로 공기와 접촉하는 면이 최소화될 수 있도록 하여 온도를 유지하는 보온병, 나선형 계단 등이 해당한다.

• 진동(Vibration): 18번 원리

고정된 물체를 떨리게 하거나 때에 따라 다양하게 변화하도록 만드는 것이 진동 원리다. 모든 물체는 특정한 외부의 진동이 가해질 때 진폭이 커지면서 에너지가 증가하는 현상인 공진이 발생한다. 물체의 진동수는 물체마다 다른 고유한 특성 중 하나인데 이를 '고유진동수'라고 한다.

의학 분야에서 공진 현상을 이용하여 자기공명영상 촬영장치인 MRI가 사용되고 있다. 커피 전문점이나 음식점에서 사용하는 진동벨은 진동을 활용하여 일의 효율성을 높인 진동의 원리다. 초음파진단기는 무해한 초음파를 활용하여 인체 내부를 절개하지 않고도 볼 수 있게 해주는 장치다. 초음파진단기로 인체 내부에 초음파를 흘려보내면 초음파는 상이한 생체 조직을 다른 속도로 통과하는데 조직 사이의 경계 부위를 지날 때마다 부분적으로 반사되는 신호를 전기적으로 변환하여 영상으로 보여준다. 이처럼 진동의 원리를 파악하여 고난이도의 의료기기들까지 발명할 수 있다.

• **고속처리(Hurrying): 21번 원리**

고속처리는 해로운 요소를 배제하기 위해 고속으로 처리하는 원리다. 예를 들면, 고속도로 요금소 하이패스는 자동차가 멈추지 않고 지나가면서 통행료를 지불할 수 있는 시스템이다.

이 밖에도 고속처리 원리는 중간역을 스치고 지나가는 '급행열차', 저층에는 정차하지 않고 고층으로 올라가는 '고층용 엘리베이터', 차량에서 내리지 않고 음식을 주문하여 바로 받을 수 있는 '드라이브 스루' 등은 고속화의 원리를 적용한 것이다.

• **복제(Copying): 26번 원리**

원래 사물을 대신할 이미지나 복제품의 원리가 복제다.

복제 원리를 우리 일상생활에서 가장 흔하게 만날 수 있는 사례는 마네킹이다. 백화점이나 옷가게 쇼윈도에는 마네킹이 멋진 옷을 입고 자태를 뽐내고 있다. 옷을 전시하기 위해 모델을 고용한다면 온종일 같은 자세로 서 있어야 하는데 이는 불가능한 일이다. 또한 높은 인건비를 지급해야 하므로 이를 대신하여 만들어진 복제품이 마네킹이다.

자동차 충돌 실험에 사람 대신 사용되는 '더미'라 불리는 특수한 인형도 복제의 원리를 적용한 것이다.

자동차 실험용 더미

• 복합재료(Composite materials): 40번 원리

복합재료는 서로 다른 특성을 가진 다양한 요소들을 융합하여 새로운 특성을 지닌 결과물을 만들어내는 원리다. 샌드위치나 햄버거 같은 음식은 빵과 고기, 치즈, 채소를 조합하여 만든 복합적인 음식이다.

우리나라의 비빔밥도 복합재료의 원리를 적용한 것이다. 비빔밥은 여러 가지 유래가 존재하는데, 가장 유력한 유래는 조상에게 정성껏 제사를 지낸 후 남은 음식들을 밥에 비벼서 먹은 것이다. 이 밖에 복합재료 사례는 '종합선물세트', 주거공간과 상업공간이 복합된 '주상복합건물'과 같은 사례가 해당한다.

이상과 같이 40개의 발명원리 중 몇 가지 사례를 살펴보았다. 이 밖에 서술하지 못한 40가지 발명원리에 관한 사례들은 다음과 같다.

전주비빔밥

40가지 발명원리 및 사례

발명원리	사례
01. 분할	독립적인 하위 시스템을 만든다. 분할의 정도를 높인다
	조립식 가구, 커터칼, 조각 피자, 다이어리 속지, 커피믹스
02. 추출	방해가 되는 부분이나 특성만 추출한다.
	티백, 순살치킨, 영양제, 아웃소싱, 향수
03. 국소적 품절	전체를 똑같이 하지 않고 일부분을 다르게 바꾼다
	맥도날드 메뉴 현지화, 버스전용차로, 조조할인, 약 냉방칸
04. 비대칭	대칭형을 비대칭형으로 바꾼다
	비대칭 고무장갑, 냉장고 공간 배치, 게 가위, 젓가락
05. 통합	동질적 혹은 연속적 기능을 공간적 또는 시간적으로 통합한다
	백화점, 의료관광, 자선 콘서트, 복합전자매장, 사회적 기업
06. 다용도	하나의 요소로 여러 가지 다른 기능을 수행하도록 한다
	맥가이버 칼, 복합기, 소파 겸용 침대, 얼음 정수기
07. 포개기	하나의 요소를 다른 요소 속에 넣는다
	쇼핑카트, 풀빌라, 숍인숍, 햄버거, 사다리차, 옥상 정원

08. 평형추	들어 올리는 힘을 내는 다른 요소와 결합해 무게를 상쇄시킨다
	엘리베이터 평형추, 타워 크레인, 고속버스 화물운송, 공동구매, 지게차
09. 선행 반대조치	미리 요구되는 작용의 반대 작용을 수행한다
	예방접종, 특허출원, 무료 체험 서비스, 샘플 무료 제공
10. 선행조치	미리 요구되는 작용을 수행한다
	두루마리 화장지, 먼지 제거용 접착 매트, 씻어 파는 야채, 예약 문자
11. 사전 예방	요소의 신뢰성이 높지 않으면 미리 준비된 비상 수단으로 상쇄시킨다
	에어백, 안전벨트, 누전차단기, 블랙박스, 퓨즈
12. 높이 맞추기	효과적인 자원을 이용해 환경을 변화시켜 요구되는 수준을 맞춘다
	어린이 전용 진료실, 피라미드, 만리장성, 저상버스, 영화자막, 구연동화
13. 반대로	요구되는 작용을 뒤집거나 거꾸로 한다
	트레드밀, 스크린 골프, 콜택시, 이동도서관
14. 구형화	직선을 곡선으로, 평면을 곡면으로, 입방체를 구체로 바꾼다
	회전문, 회전교차로, 구형 타이어, 맨홀 뚜껑, 보온병, 인터체인지
15. 역동성	요소나 외부 환경의 특성을 변화시켜 단계마다 최상 성능을 획득한다
	접이식 의자, 굴절버스, 자동차 선루프, 접이식 침대
16. 과부족	원하는 효과를 100% 달성하기 어렵다면 그보다 많게 혹은 적게 한다
	저가 항공, 저온살균법, 뷔페식당, 소량 포장, 저도수 소주
17. 차원 변경	1차원에서 2차원, 3차원으로 바꾼다. 다른 각도에서 바라본다
	아파트, 어린이 버스 돌출형 위험 표시, 속도 방지턱, QR코드, 이층 침대
18. 진동	요소가 진동하게 한다. 요소의 고유 진동수 및 공진을 활용한다
	진동벨, MRI, 초음파진단기, 전자레인지, 가변차선, 가격탄력제
19. 주기적 작용	연속 조치를 주기적으로 바꾼다. 작용과 작용 사이의 간격을 이용한다
	신호등, 차량요일제, 할부거래, 안식년, 정기세일
20. 유익한 작용 지속	유익한 작용을 지속하거나 헛된 작용을 제거한다
	24시간 편의점, 회전초밥, 실내 스키장, 심야버스, 돔구장
21. 고속 처리	해로운 요소를 배제하기 위해 고속으로 처리한다. 처리 속도를 높인다
	하이패스, 급행열차, 폴라로이드 카메라, 순간 살균, 드라이브 스루
22. 해를 이롭게	해로운 요소를 활용하여 이로운 효과를 얻는다
	피아노 계단, 보톡스, 쓰레기 소각 발전소, 전쟁기념관, 퇴비
23. 피드백	상태를 확인할 수 있는 응답을 활용한다
	소셜미디어, 자동 속도 조절 와이퍼, 빈 화장실 신호등, 자동 온도 조절

24. 매개체	매개체를 활용하여 작용을 전달하거나 수행한다
	부동산 중개인, 에어비앤비, 결혼상담소, 캡슐, 안심번호, 웨딩플래너
25. 셀프서비스	스스로 보완작용을 하고 유지·보수할 수 있게 한다
	셀카봉, 옷 정리 로봇, 로봇청소기, 자동 수도꼭지, 무인도서 대출
26. 복제	불편한 원래의 요소 대신 단순하고 값싼 복제품으로 사용한다
	마네킹, 가상현실, 조화, 허수아비, 전자담배, 음식 모형
27. 일회용품	비싸고 수명이 긴 요소 대신 값싸고 수명 짧은 요소로 대체한다
	종이컵, 일회용 렌즈, 팝업 스토어, 일회용 면도기, 임시 비밀번호
28. 기계 시스템 대체	간접 작용을 직접 작용으로 대체한다. 빛, 소리 등 다른 감각을 활용한다
	휘슬 주전자, 줄 없는 줄넘기, 향기 마케팅, 기저귀 알람, 냄새 알림
29. 공기 유압 활용	단단한 것을 유동적인 것으로 대체한다. 팽창시켜 활용한다
	뽁뽁이, 에어돔, 물침대, 공기 타이어, 에어 매트, 여행용 베개
30. 얇은 막	통상적인 구조물을 얇은 막이나 필름으로 대체한다
	비닐하우스, 방수 스프레이, 선팅 필름, 음식 포장 랩, 에어 커튼
31. 다공질 재료	요소를 다공성으로 만들거나 다공성 물질을 사용한다. 구멍을 이용한다
	스펀지, 크록스 신발, 각설탕 포장지, 정수기 필터, 그물
32. 색깔 변경	요소 또는 환경의 색깔을 바꾼다. 색깔 변화로 다양한 상태를 표시한다
	테팔 프라이팬, 투명창 봉투, 소변 검사지, 충전 LED, 화면 보호기
33. 동질성	본체와 작용하는 주변 요소를 본체와 동일한 요소로 만든다
	이글루, 집단상가, 나무 무늬 바닥재, 커플링, 군복
34. 폐기 혹은 재생	기능을 마친 요소는 폐기하거나 재활용한다
	재활용 로켓 회수, 쓰레기 예술품, 리필 토너, 충전 건전지
35. 속성 변환	물리적 상태나 성질을 변환시킨다
	팝콘, 분유, 거품 염색약, 숯, 압축 물티슈, 액체 산소
36. 상전이	완전히 다른 상태로 전이시킨다
	드라이아이스, 불만 고객을 충성 고객으로, 가습기, 스팀 청소기
37. 열팽창	효과 있는 부분의 팽창 정도를 높인다. 팽창 계수를 활용한다
	열기구, 겹쳐진 그릇 분리, 교량 이음매, 금속 바퀴 테, 미끄럼 방지 그릇
38. 활성화	활성화 요소를 이용해 반응을 활발하게 한다. 산화의 정도를 높인다
	치어리더, 불꽃놀이, 핫팩, 우수사원 시상, 경품 행사, 인센티브
39. 비활성화	중성의 첨가물을 이용해 안정된 환경을 만든다
	소화기, 즉석밥, 질소 포장, 제습기, 차 없는 거리

40. 복합재료	다른 특성을 가진 다양한 요소들을 융합하여 새로운 제품을 만든다	
	비빔밥, 철근 콘크리트, 주상복합, 오케스트라, 종합선물 세트	

발명원리의 응용

발명원리를 실제 생활에 응용해 보려면 어떻게 할 수 있을까? 이를 제대로 하기 위해서는 간단한 양식을 만들고 실제 생활에서 발명원리를 파악하고 또한 적용해보는 것으로 창의성과 통찰력이 높아질 수 있다.

예를 들면, 바꿀 문제가 무엇인지, 그 문제에 적용한 발명원리는 무엇인지 생각난 것을 그림으로 그리고 간단한 설명을 붙여 발명원리를 파악한다면 새로운 시각을 가질 수 있다. 또한 새로운 발견과 발명에는 하나의 원리만 적용되는 것이 아니므로 추가적인 발명원리에 대한 의견도 덧붙여서 정리해본다면 좋은 응용 노트가 만들어질 수 있다.

새로운 발명/발견 노트 양식

관심대상(문제)	기적용 원리	나의 추가적인 생각
		불편함
		추가하거나 새로 적용할 다른 원리
		제3의 적용(연결 아이디어)

발명원리를 응용하기 위한 일잘러의 추가적인 습관은 주변에서 쉽게 접할 수 있는 것들에 관해 질문을 해보는 것이다. '네이버 지도를 어떻게 바꿀 수 있을까?', '양말을 지금과 똑같이 해야 할까?', '신호등은 항상 기둥을 세우고 공중에 붙어 있어야 할까?'와 같은 다양한 질문을 통해 새로운 발명의 원리를 파악하고 응용해 볼 수 있다.

발명원리 17번 '차원 변경' 사례는 최근 등장한 바닥에 붙은 신호등이다. 이 신호등은 노약자나 아이들, 휠체어 이용자 등을 배려한 것이기도 하지만 가장 주된 원인은 스마트폰 사용자들 때문이라고 한다. 스마트폰을 보면서 주위를 살피지 않고 걸어 다니는 사람을 '스몸비(Smombie)'[2]라고 하는데, 이들은 스마트폰에 집중하며 주위를 살피지 않고 다니므로 교통사고를 유발할 가능성이 크고 매년 증가하는 교통사고의 주범이 되고 있다.

이런 현상을 보고 ㈜에스지앤테크(Safety Global & Technology)에서 신호등 색깔에 맞춰 바닥에 불이 켜지는 '바닥신호등'을 개발했다. 에스지엔테크 윤 회장은 오래전 자신이 가르치던 학교 앞에서 제자가 교통사고를 당한 것을 계기로 교사직을 마치고 벤처기업을 설립해 LED(발광다이오드)판으로 된 '바닥신호등'을 고안하게 되었다고 한다.

모순 테이블

다양한 방법을 통해 생각한 아이디어나 발명의 원리는 그것 자체로 의미가 있지만 기존에 있던 것과 다른 특별한 원리나 실생활에 적용할

---

2 '스몸비(Smombie)'는 '스마트폰(Smartphone)'과 '좀비(Zombie)'의 합성어다.

수 있는 내용으로 연결시킬 경우 더 큰 의미를 갖는다. 스티브 잡스도 각각 존재하는 휴대전화기와 컴퓨터, 아이팟을 연결하여 아이폰이라는 21세기 최고의 발명품을 만들었다. 마찬가지로 모순 해결을 위한 다양한 아이디어를 생각한 후 이 문제를 어떻게 해결할지 연결하는 좋은 방법으로 '모순 테이블'이 있다. (266~267쪽 참조)

모순 테이블을 활용하기 위해서는 다음과 같은 4단계를 거친다.

• 첫 번째 단계는 '내 문제를 정의하는' 것이다. 발견한 기술적 모순 중 어떤 모순을 해결할지를 결정하고 선택한 기술적 모순에서 개선되는 기대 특성과 악화되는 기대 특성을 확인한다.

• 두 번째 단계는 '내 문제를 표준 문제로 변환하는' 것이다. 이를 표준화하기 위해 39가지 기술적 표준 변수를 사용한다. (264쪽 참조) 내 문제의 개선되는 기대 특성과 악화되는 기대 특성에 대해 39가지의 표준 변수 중 내 문제와 가장 가까운 변수를 선택한다.

• 세 번째 단계는 모순 테이블을 활용해 '표준 해결안을 탐색하는' 것이다. 모순 테이블에는 가로와 세로의 39가지 표준 변수가 입력되어 있다. 표준 문제로 변환하는 과정에서 나타난 개선 표준 변수를 첫 번째 세로 열에서 찾고 악화 표준 변수를 가로 행에서 찾는다. 이렇게 선택한 행과 열이 만나는 곳에 있는 숫자는 그 문제를 해결하는데 그동안의 발명자들이 사용했던 40가지 발명원리의 번호이다.

• 네 번째 단계는 표준 해결안을 토대로 '내 해결안을 도출하는' 것이다. 모순 테이블에서 제안한 발명원리를 활용하여 기술적 모순을 해결할 아이디어를 도출하면 나의 해결방안이 완성될 수 있다. 물론 제안된

39가지 기술적 표준 변수

1. 움직이는 물체의 무게(Weight of moving object), 물질 - 중력에 의한 물체의 무게, 지지물이나 매달린 것에 작용하는 힘 - 정지한 물체의 무게는 물체가 놓인 표면에 작용함	2. 움직이지 않는 물체의 무게(Weight of non-moving object), 물질 - 중력에 의한 물체의 무게, 지지물이나 매달린 것에 작용하는 힘 - 정지한 물체의 무게는 물체가 놓인 표면에 작용함	3. 움직이는 물체의 길이(Length of moving object), 공간 - 1차원의 길이, 선형 자원	4. 움직이지 않는 물체의 길이(Length of non-moving object), 공간 - 1차원의 길이, 선형 자원	5. 움직이는 물체의 면적(Area of moving object), 공간 - 2차원의 평면, 선으로 쌓인 기하 특성
6. 움직이지 않는 물체의 면적(Area of non-moving object), 공간 - 2차원의 평면, 선으로 쌓인 기하 특성	7. 움직이는 물체의 부피(Volume of moving object), 공간 - 3차원의 부피, 물체가 차지한 공간	8. 움직이지 않는 물체의 부피(Volume of non-moving object), 공간 - 3차원의 부피, 물체가 차지한 공간	9. 속도(Speed), 시간 - 물체의 속력, 과정(작용)의 진행률	10. 힘(Force), 에너지 - 물체의 조건을 변화시키는 작용력, 힘=질량x가속도
11. 응력 또는 압력(Tension / Pressure), 에너지 - 단위 면적당 힘, 인장력	12. 모양(Shape), 공간 - 물체의 겉모양, 외부 윤곽선	13. 물체의 안정성(Stability of Composition), 구조 - 시스템의 완전성(시스템 구성 부품들의 관계), 엔트로피 증가는 안정성 감소(마모, 화학적 분해, 분해 등)	14. 강도(Strength), 물질 - 외력에 견딜 수 있는 물체의 대응력	14. 움직이는 물체의 작용 지속 시간(Durability of moving object) - 물체의 기능이 작용하는 시간, 서비스 기간 및 지속성
16. 움직이지 않는 물체의 작용 지속 시간(Durability of non-moving object) - 물체의 기능이 작용하는 시간, 서비스 기간 및 지속성	17. 온도(Temperature), 에너지 - 물체의 열적인 상태, 열적 변수(열용량 등) 도 포함	18. 밝기(Brightness), 에너지 - 단위 면적당 광량(세기), 빛의 품질	19. 움직이는 물체에 의해 사용된 에너지(Energy spent by moving object), 에너지 - 에너지=힘x거리, 물체가 일을 하는데 소비한 에너지	20. 움직이지 않는 물체에 의해 사용된 에너지(Energy spent by non-moving object), 에너지 - 에너지=힘x거리, 물체가 일을 하는데 소비한 에너지
21. 력(Power), 에너지 - 단위 시간에 사용한 일의 양, 에너지 사용률, 일을 수행하는 능률	22. 에너지 손실(Waste of energy), 에너지 - 일을 하는데 기여하지 못한 에너지	23. 물질의 손실(Waste of substance), 물질 - 재료, 물질, 부품의 부분, 전체, 영구, 일시적인 손실	24. 정보의 손실(Loss of information), 정보 - 데이터(향기, 감각 등)의 부분, 전체, 영구, 일시적 손실	25. 시간 손실(Waste of time)
26. 물질의 양(Amount of substance), 물질 - 재료, 물질, 부품의 수 또는 양	27. 신뢰성, 내구성(Reliability), 시스템 - 예정된 방법이나 조건으로 시스템의 기능을 수행할 수 있는 능력	28.측정의 정확도(Accuracy of measurement), 정보 - 실체와 측정치의 근사성(정확도↑ = 측정 오차↓)	29. 제조의 정밀도(Accuracy of manufacturing), 정보 - 실제 명시(요구)된 특성과의 일치도	30. 물체에 작용하는 유해 요소(Harmful factors acting on object), 기능 - 외부 유해 요인에 영향받는 시스템의 민감성

31. 유해한 부작용 (Harmful side effects), 기능 - 물체(시스템) 작동 중에 발생한 유해요인에 의해 기능이나 효율이 저하	32. 제조의 편이성 (Manufacturability), 시스템 - 물체(시스템)를 만드는데 편리성(노력의 정도)	33. 사용의 편이성 (Convenience of use), 시스템 - 동작의 단순성(단순하면 더 많이 생산할 수 있음)	34. 유지 보수의 편이성(Repairability), 시스템 - 수리하는 데 걸리는 시간 및 편리성, 단순성의 비례	35. 적응성 (Adaptability), 시스템 - 외부 변화에 대한 시스템이나 부품의 대응 정도, 다양한 환경 및 방법에 사용 가능한 시스템
36. 장치의 복잡성 (Complexity of device), 구조 - 시스템의 요소의 수와 다양성, 복잡성은 제어의 어려움	37. 조종의 복잡성 (Complexity of control), 구조 - 만족스러운 제어에 필요한 시간이나 노력	38. 자동화 정도 (Level of automation), 시스템 - 인간의 관여 없이 기능 수행 정도, 수동→인간이 프로그래밍→기계가 스스로 감지/프로그램/감시	39. 생산성 (Productivity), 시스템 - 단위 시간당 생산량(비용, 기능 및 동작의 수)	

해결 원리가 반드시 정답은 아니다. 제안된 해결 원리는 일종의 가이드인 셈이다. 제안원리 외에 내 생각을 바탕으로 표준 원리를 찾을 수도 있다.

지금까지 설명한 4단계의 모순 테이블 활용법을 실제 단계별로 풀어보면 다음과 같다.

어떤 기술적 모순을 가지고 있는지 파악하여 모순 테이블에서 해결 원리를 찾는 첫 번째 단계이다. 여기서는 하나의 기대 특성이 개선되면 다른 기대 특성은 악화되는 상태를 기술하는 것이다.

예를 들어, 회전문이 나오게 된 과정을 단계별로 보면 '문 열기 강도'의 기술적 모순은 문 열기 강도가 세면 냉난방 등 '에너지 효과'는 좋으나 '쉬운 개폐'는 나빠진다. 이때 선택 조건은 '문 열기의 강도'이고 개선인자는 '에너지 효과', 나빠지는 악화인자는 '쉬운 개폐'가 된다.

두 번째 단계는 이를 표준 문제로 변환하는 것이다. 표준 문제란 개

악 선	1	2	3	4	5	6	7	8	9	10	11	12	13	14	15	16	17	18	19	20
1			15,8, 29,34		29,17, 38,34		29,2 40,28		2,8,15, 38	8,10, 18,37	10,36, 37,40	10,14, 35,40	1,35, 19,,39	28,27, 18,40	5,34, 31,35		6,29, 4,38	19,1, 32	35,12, 34,31	
2				10,1, 29,35		35,30, 13,2		5,35, 14,2		8,10, 19,35	13,29, 10,18	13,10, 29,14	26,39, 1,40	28,2, 10,27		2,27 19,6	28,19, 32,22	19,32, 35		18,19, 28,1
3	8,15, 29,34				15,17, 4		7,17, 4,35		13,4, 8	17,10, 4	1,8, 35	1,8, 10,29	1,8, 15,34	8,35, 29,34	19		10,15, 19	32	8,35, 24	
4		35,28, 40,29				17,7, 10,40		35,8, 2,14		28,10	1,14, 35	13,14, 17,7	39,37, 35	15,14, 28,26		1,10, 35	3,35, 38,18	3,25		
5	2,17, 29,4		14,15, 18,4				7,14, 17,4		29,30, 4,34	19,30, 35,2	10,15, 36,28	5,34, 29,4	11,2, 13,39	3,15, 40,14	6,3		2,15, 16	15,32, 19,13	19,32	
6		30,2, 14,18		26,7, 9,39						1,18, 35,36	10,15, 36,37		2,38	40		2,10, 19,30	35,39, 38			
7	2,26, 29,40		1,7, 4,35		1,7, 4,17				29,4, 38,34	15,35, 36,37	6,35, 36,37	1,15, 29,4	28,10, 1,39	9,14, 15,7	6,35, 4		34,39, 10,18	2,13, 10	35	
8		35,10, 19,14	19,14	35,8, 2,14						2,18, 37	24,35	7,2, 35	34,28, 35,40	9,14, 17,15		35,34, 38	35,6, 4			
9	2,28, 13,38		13,14, 8		29,30, 34		7,29, 34			13,28, 15,19	6,18, 38,40	35,15, 18,34	28,33, 1,18	8,3, 26,14	3,19, 35,5		28,30, 36,2	10,13, 19	8,15, 35,38	
10	8,1, 37,18	19,13, 1,28	17,19, 9,36	28,10	19,10, 15	1,18, 36,37	15,9, 12,37	2,36, 18,37	13,28, 15,12		18,21, 11	10,35, 40,34	35,10, 21	35,10, 14,27	19,2		35,10, 21		19,17, 10	1,16 36,37
11	10,36, 37,40	13,29, 10,18	35,10, 36	35,1, 14,16	10,15, 36,28	10,15, 36,37	6,35 10	35,24	6,35, 36	36,35, 21		35,4, 15,10	35,33, 2,40	9,18, 3,40	19,3 27		35,39, 19,2		14,24, 10,37	
12	8,10, 29,40	15,10, 26,3	29,34, 5,4	13,14, 10,7	5,34, 4,10		14,4, 15,22	7,2, 35	35,15, 34,18	35,10, 37,40	34,15, 10,14		33,1, 18,4	30,14, 10,40	14,26, 9,25		22,14, 19,32	13,15, 32	2,6, 34,14	
13	21,35, 2,39	26,39, 1,40	13,15, 1,28	37	2,11, 13	39	28,10, 19,39	34,28, 35,40	33,15, 28,18	10,35, 21,16	2,35, 40	22,1, 18,4		17,9, 15	13,27, 10,35	39,3, 35,23	35,1, 32	32,3, 27,16	13,19	27,4, 29,18
14	1,8, 40,15	40,26, 27,1	1,15, 8,35	15,14, 28,26	3,34, 40,29	9,40, 28	10,15, 14,7	9,14, 17,15	8,13, 26,14	10,18, 3,14	10,3, 18,40	10,30, 35,40	13,17, 35		27,3, 26		30,10, 40	35,19	19,35, 10	35
15	19,5 34,31		2,19, 9		3,17, 19		10,2 19,30		3,35, 5	19,2, 16	19,3, 27	14,26, 28,25	13,3, 35	27,3, 10			19,35, 39	2,19, 4,35	28,6, 35,18	
16		6,27, 19,16		1,40, 35				35,34, 38					39,3, 35,23				19,18, 36,40			
17	36,22, 6,38	22,35, 32	15,19, 9	15,19, 9	3,35, 39,18	35,38	34,39, 40,18	35,6, 4	2,28, 36,30	35,10, 3,21	35,39, 19,2	14,22, 19,32	1,35, 32	10,30, 22,40	19,13, 39	19,18, 36,40		32,30, 21,16	19,15, 3,17	
18	19,1, 32	2,35, 32	19,32, 16		19,32, 26		2,13, 10		10,13, 19	26,19, 6		32,30	32,3, 27	35,19	2,19, 6		32,35, 19		32,1, 19	32,35, 1,15
19	12,18, 2,8,31		12,28		15,19, 25		35,13, 18		8,35	16,26, 21,2	23,14, 25	12,2, 29	19,13, 17,24	5,19, 9,35	28,35, 6,18		19,24, 3,14	2,15, 19		
20		19,9, 6,27								36,37			27,4, 19,18	35				19,2, 35,32		
21	8,36, 38,31	19,26, 17,27	1,10, 35,37		19,38	17,32, 13,38	35,6 38	30,6, 25	15,35, 2	26,2, 36,35	22,10, 35	29,14, 2,40	35,32, 15,31	26,10, 28	19,35, 10,38	16	2,14, 17,25	16,6, 19	16,6, 19,37	
22	15,6, 19,28	19,6, 18,9	7,2, 6,13	6,38, 7	15,26, 17,30	17,7, 30,18	7,18, 23	7	16,35, 38	36,38			14,2, 39,6	26			9,38,7	1,13, 32,15		
23	35,6, 23,40	35,6, 22,32	14,29. 10,39	10,28, 24	35,2, 10,31	10,18, 39,31	1,29, 30,36	3,39, 18,31	10,13, 28,38	14,15, 18,40	3,3,6 37,10	29,35, 3,5	2,14, 30,40	35,28, 31,40	28,27, 3,18	27,16, 18,38	21,36, 39,31	1,6,13	35,18, 24,5	28,27, 12,31
24	10,24, 35	10,35,5	1,26	26	30,26	30,16		2,22	26,32						10	10		19		
25	10,20, 37,35	10,20, 26,5	15,2, 29	30,24, 14,5	26,4, 5,16	10,35, 17,4	2,5, 34,10	35,16, 32,18		10,37, 36,5	37,36, 4	4,10, 34,17	35,3, 22,5	29,3, 28,18	20,10, 28,18	28,20, 10,16	35,29, 21,18	1,19, 26,17	35,38, 19,18	1
26	35,6, 18,31	27,26, 18,35	29,14, 35,18		15,14, 29	2,18, 40,4	15,20, 29		35,29, 34,28	35,14, 3	10,36, 14,3	35,14	15,2, 17,40	14,35, 34,10	3,35, 10,40	3,35, 31	3,17, 39		34,29, 16,18	3,35, 31
27	3,8, 10,40	3,10, 8,28	15,9, 14,4	15,29, 28,11	17,10, 14,16	32,35, 40,4	3,10, 14,24	2,35, 24	21,35, 11,28	8,28, 10,1	10,24, 35,19	35,1, 16.11		11,28,	2,35, 3,25	34,27, 6,40	3,35, 10	11,32, 13	21,11, 27,19	36,23
28	32,35, 26,28	28,25, 25,26	26,26, 5,16	32,28, 3,16	26,28, 32,3	26,28, 32,3	32,13, 6		28,13. 32,24	32,2	6,28, 32	6,28, 32	32,35, 13	28,6, 32	28,6, 32	10,26, 24	6,19, 28,24	6,1 32	3,6, 32	
29	28,32, 13,18	28,35, 27,9	10,28, 29,37	2,32, 10	28,33, 32,3	2,29, 18,36	32,23, 2	25,10, 35	10,28, 32	28,19, 34,36	3,35	32,30, 40	30,18	3,27	3,27, 40		19,26	3,32	32,2	
30	22,21, 27,39	2,22, 13,24	17,1, 39,4	1,18	22,1, 33,28	27,2, 39,35	22,23, 37,35	34,39, 19,27	21,22, 35,28	13,35, 39,18	22,2, 37	22,1 3,35	35,24, 30,18	18,35, 37,1	22,15, 33,28	17,1, 40,33	22,33, 35,2	1,19, 32,13	1,24, 6,27	10,2, 22,37
31	18,22, 15,39	35,22, 1,39	17,15, 16,22		17,2, 18,39	22,1, 40	17,2 40	30,18, 35,4	35,28, 3,23	35,28 1,40	2,33, 27,18	35,1	35,40, 27,39	15,35. 22,2	15,22, 33,31	21,39, 16,22	22,35, 2,24	19,24, 39,32	2,35, 6	19,22, 18
32	28,29, 15,16	1,27, 36,13	1,29, 13,17,	15,17, 27	13,1, 26,12	16,40	13,29, 1,40	35	35,13, 8,1	35,12	35,19, 1,37	1,28, 13,27	11,13, 1	1,3, 10,32	27,1, 4	35,16	27,26, 18	28,24, 27,1	28,26, 27,1	1,4
33	25,2, 13,15	6,13, 1,25	1,17, 13,12		1,17, 13,16	18,16, 15,39	1,16, 35,15	4,18, 39,31	18,13, 34	28,13, 35	2,31, 12	15,34, 29,28	32,25, 30	32,40, 3,28	29,3, 8,25	1,16, 25	26,27, 13	13,17, 1,24	1,13, 24	
34	2,27, 35,11	2,27, 35,11	1,28, 10.25	3,18, 31	15,13, 32	16,25	25,2, 35,11	1	34,9	1,11, 10	13	1,13, 2	2,35	11,1, 2,9	11,29, 28,27	1	4,10	15,1, 13	15,1, 28,16	
35	1,6, 15,8	19,15, 29,16	35,1, 29,2	1,35, 16	35,30, 29,7	15,16	25,2, 35,11		35,10, 14	15,17, 20	35,16	15,37, 1,8	35,30, 14	35,3, 32,6	13,1, 35	2,16	27,2, 3,35	6,22, 26,1	19,35, 29,13	
36	26,30, 34,36	2,26, 35,39	1,19, 26,24	26	14,1, 13,16	6,36	34,26, 6	1,16	34,10, 28	26,16	19,1, 35	29,13, 28,15	2,22, 17,19	2,13, 28	10,4, 28,15		2,17, 13	24,17, 13	27,2, 29,28	
37	27,26, 28,13	6,13, 28,1	16,17, 26,24	26	2,13, 18,17	2,39, 30,16	29,1, 4,16	2,18, 26,31	3,4, 16,35	30,28, 40,19	35,36, 37,32	27,13, 1,39	11,22, 39,30	27,3, 15,28	19,29, 39,25	25,34, 6,35	3,27, 35,16	2,24, 26	35,38	19,35, 16
38	28,26, 18,35	28,26, 35,10	14,13, 17,28	23	17,14, 13		35,13, 16		28,10	2,35	13,35	15,32, 1,13	18,1	25,13	6,9		26,2	8,32, 19	2,32, 13	
39	35,26, 24,37	28,27, 15,3	18,4, 28,38	30,7, 14,26	10,26, 34,31	10,35, 17,7	2,6, 34,10	35,37, 10,2		28,15, 10,36	10,37, 14	14,10, 34,40	35,3, 22,39	29,28, 10,18	35,10, 2,18	20,10, 16,38	35,21, 28,10	26,17, 19,1		1
선 악	1	2	3	4	5	6	7	8	9	10	11	12	13	14	15	16	17	18	19	20

21	22	23	24	25	26	27	28	29	30	31	32	33	34	35	36	37	38	39	악 선
12,26, 18,31	6,2, 34,19	5,35, 3,31	10,24, 35	10,35, 20,28	3,26, 18,31	1,3, 11,27	28,27, 35,26	28,35, 26,18	22,21, 18,27	22,35, 31,39	27,28, 1,36	35,3, 2,24	2,27, 28,11	29,5, 15,8	26,30, 36,34	28,29, 26,32	26,35, 18,19	35,3, 24,37	1
15,19, 18,22	18,19, 28,15	5,8, 13,30	10,15, 35	10,20, 35,26	19,6, 18,26	10,28, 8,3	18,26, 28	10,1 35,17	2,19, 22,37	35,22, 1,39	28,1, 9	6,13, 1,32	2,27, 28,11	19,15, 29	1,10, 26,39	25,28, 17,15	2,26, 35	1,28, 15,35	2
1,35	7,2, 35,39	4,29, 23,10	1,24	15,2, 29	29,35	10,14, 29,40	28,32, 4	10,28, 29,37	1,15, 17,24	17,15	1,29, 17	15,29, 35,4	1,28, 10	14,15, 1,16	1,19, 26,24	35,1, 26,24	17,24, 26,16	14,4, 28,29	3
12,8	6,28	10,28, 24,35	24,26	30,29, 14		15,29, 28	32,28, 3	2,32, 10	1,18		15,17, 17	2,25	3	1,35	1,26	26		30,14, 7,26	4
19,10, 32,18	15,17, 30,26	10,35, 2,39	30,26	26,4	29,30, 6, 13	29,9	26,28, 32,3	2,32	22,33, 28,1	17,2, 18,39	13,1, 26,24	15,17, 13,16	15,13, 10,1	15,30	14,1, 13	2,36, 26,18	414,30, 28,23	10,26, 34,2	5
17,32	17,7, 30	10,14, 18,39	30,16	10,35, 4,18	2,18, 40,4	32,35, 40,4	26,28, 32,3	2,29 18,36	27,2, 39,35	22,1, 40	40,16	16,4	16	15,16	1,18, 36	2,35, 30,18	23	10,15, 17,7	6
35,6, 13,18	7,15, 13,16	36,39, 34,10	2,22	2,6, 34,10	29,30, 7	14,1, 40,11	25,26, 28	25,28, 2,16	22,21, 27,35	17,2, 40,1	29,1, 40	15,13, 30,12	10	15,29	26,1	29,26, 4	35,34, 16,24	10,6, 2,34	7
30,6		10,39, 35,34		35,16, 32,18	35,3	2,35, 16		35,10, 25	34,39, 19,27	30,18, 35,4	35		1		1,31	2,17, 26		35,37, 10,2	8
19,35, 38,2	14,20, 19,35	10,13, 28,38	13,26		10,19, 29,38	11,35, 27,28	28,32, 1,24	10,28, 32,25	1,28, 35,23	2,24, 35,21	35,13, 8,1	32,28, 13,12	34,2, 28,27	15,10, 26	10,28, 4,34	3,34, 27,16	10,18		9
19,35, 18,37	14,15	8,35, 40,5		10,37, 36	14,29, 18,36	3,35, 13,21	35,10, 23,24	28,29, 27,26	1,35, 40,18	13,3, 36,24	15,37, 18,1	1,28, 3,25	15,1 11	15,17, 18,20	26,35, 10,18	36,37, 10,19	2,35	3,28, 35,37	10
10,35, 14	2,36, 25	10,36, 3,37		37,36, 4	10,14, 36	10,13, 19,35	6,28, 25	3,35	22,2, 37	2,33, 27,18	1,35, 16	11	2	35	19,1, 35	2,36, 37	35,24	10,14, 35,37	11
4,6, 2	14	35,29, 3,5		14,10, 34,17	36,22	10,40, 16	28,32, 1	32,30, 40	22,1, 2,35	35,1	1,32, 17,28	32,15, 26	2,13, 1	1,15, 29	16,29, 1,28	15,13, 39	15,1, 32	17,26, 34,10	12
32,35, 27,32	14,2, 39,6	2,14, 30,40		35,27	15,32, 35		13	18	35,24, 30,18	35,40, 27,39	35,19	32,35, 30	2,35, 10,16	35,30, 34,2	2,35, 22,26	35,22, 39,23	1,8, 35	23,35, 40,3	13
10,26, 35,28	35	35,28, 31,40		29,3, 28,10	29,10, 27	11,3	3,27, 16	3,27	18,35, 37,1	15,35, 22,2	11,3, 10,32	32,40, 25,2	27,11, 3	15,3, 32	2,13, 25,28	27,3, 15,40	15	29,35, 10,14	14
19,10, 35,38		28,27, 3,18	10	20,10, 28,18	3,25, 10,40	11,2 13	3	3,27, 16,40	22,15, 33,28	21,39, 16,22	27,1 4	12,27	29,10, 27	1,35, 13	10,4, 29,15	19,29, 39,35	6,10	35,17, 14,19	15
16		27,16, 18,38	10	28,20, 10,16	3,35, 31	34,27, 6,40	10,26, 24		17,1, 40,33	22	35,10	1	1	2		25,34, 6,35	1	20,10, 16,38	16
2,14, 17,25	21,17, 35,38	21,36, 29,31		35,28, 21,18	3,17, 30,39	19,35, 3,10	32,19, 24	24	22,33, 35,2	22,35, 2,24	26,27	26,27	4,10, 16	2,18, 27	2, 17, 16	3,27, 35,31	26,2, 19,16	15,28, 35	17
32	13,16, 1,6	13,1	1,6	19,1, 26,17	1,19		11,15, 32	3,32	15,19	35,19, 32,39	19,35, 28,26	28,26, 19	15,17, 13,16	15,1, 19	6,32, 13	32,15	2,26, 10	2,25, 16	18
6,19, 37,18	12,22, 15,24	35,24, 18,5		35,38, 19,18	34,23, 16,18	19,21, 11,27	3,1,32		1,35, 6,27	2,35, 6	28,26, 30	19,35	1,15, 17,28	15,17, 13,16	2,29, 27,28	35,38	32,2	12,28, 35	19
		28,27, 18,31			3,35, 31	10,36, 23			10,2, 22,37	19,22, 18	1,4					19,35, 16,25		1,6	20
	10,35, 38	28,27, 18,38	10,19	35,20, 10,6	4,34, 19	19,24, 26,31	32,15, 2	32,2	19,22, 31,2	2,35, 18	26,10, 34	26,35, 10	35,2, 10,34	19,17, 34	20,19, 30,34	19,35, 16	28,2, 17	28,35, 34	21
3,38		35,27, 2,37	19,10	10,18, 32,7	7,18, 25	11,10, 35	32		21,22, 35,2	21,35, 2,22		35,32, 1	2,19		7,23	35,3, 15,23	2	28,10, 29,35	22
28,27, 18,38	35,27, 2,31			15,18, 35,10	6,3, 10,24	10,29, 39,35	16,34, 31,28	35,10, 24,31	33,22, 30,40	10,1, 34,29	15,34, 33	32,28, 2,24	2,35, 34,27	15,10, 2	35,10, 18,24	35,18, 10,13	35,10, 18	28,35, 10,23	23
10,19	19,10			24,26, 28,32	24,28, 35	10,28, 23			22,10, 1	10,21, 22	32	27,22				35,33	35	13,23, 15	24
35,20, 10,6	10,5, 18,32	35,18, 10,39	24,26, 28,32		35,38, 18,16	10,30, 4	24,34, 28,32	24,26, 28,18	35,18, 34	35,22, 18,39	35,28, 34,4	4,28, 10,34	32,1, 10	35,28	6,29	18,28, 32,10	24,28, 35,30		25
35	7,18, 25	6,3, 10,24	24,28, 35	35,38, 18,16		18,3, 28,40	13,2, 28	33,30	35,33, 29,31	3,35, 40,39	29,1, 35,27	35,29, 25,10	2,32, 10,25	15,3, 29	3,13, 27,10	3, 27, 29,18	8,35	13,29, 3,27	26
21,11, 26,31	10,11, 35	10,35, 29,30	10,28	10,30, 4	21,28, 40,3		32,3, 11,23	11,32, 1	27,35, 2,40	35,2, 40,26		27,17, 40	1,11	13,35, 8,24	13,35, 1	27,40, 28	11,13, 27	1,35, 29,38	27
3,6, 32	26,32, 27	10,16, 31,28		24,34, 28,32	2,6, 32	5,11, 1,33			28,24, 22,26	3,33, 39,10	6,35, 25,18	1,13, 17,34	1,32, 13,11	13,35, 2	27,35, 10,34	26,24, 32,28	28,2, 10,34	10,34, 28,32	28
32,2	13,32, 2	35,31, 10,24		32,26, 28,18	32,30	11,32, 1			26,28, 10,36	4,17, 34,26		1,32, 35,23	25,10		26,2, 18		26,28, 18,23	10,18, 32,39	29
19,22, 31,2	21,22, 35,2	33,22, 19,40	22,10, 2	35,18, 34	35,33, 29,31	27,24, 2,40	28,33, 23,26	26,28, 10,18			24,35, 2	2,25, 28,39	35,20, 2	35,11, 22,31	22,19, 29,40	22,19, 29,40	33,3, 34	22,35, 13,24	30
2,35, 18	21,35, 2,22	10,1 34	10.21. 29	1,22	3,24, 39,1	24,2, 40,39	3,33, 36	4,17, 34,26							19,1, 31	2,21, 27,1	2	22,35, 18,29	31
27,1, 12,24	19,35	15,34, 33	32,24, 18,16	35,28, 34,4	35,23, 1,24		1,35, 12,18		24,2			2,5, 13,16	35,1, 11,9	2,13, 15	27,26, 1	6,28, 11,1	8,28,1	35,1, 10,28	32
35,34, 2,10	2,19, 13	28,32, 2,2,4	4,10, 27,22	4,28, 10,34	12,35	17,27, 8,40	25,13, 2,34	1,32, 35,23	2,25, 28,39		2,5, 12		12,26, 1,32	15,34, 1,16	32,26, 12,17		1,34, 12,3	15,1, 28	33
15,10, 32,2	15,1, 32,19	2,35, 34,27		32,1, 10,25	2,28, 10,25	11,10, 1,16	10,2, 13	25,10	35,10, 2,16		1,35, 11,10	1,12, 26,15		7,1, 4,16	35,1 13,11		34,35, 7,13	1,32, 10	34
19,1, 29	18,15, 1	15,10, 2,13		35,28	3,35, 15	35,13, 8,24	35,5, 1,10		35,11, 32,31		1,13, 31	15,34, 1,16	1,16, 7,4		15,29, 37,28	1	27,34, 35	35,28, 6,37	35
20,19, 30,34	10,35, 13,2	35,10, 28,29		6. 29	13,3, 27,10	13,35, 1	2,26, 10,34	26,24, 32	22,19, 29,40	19,1	27,26, 1,13	27,9, 26,24	1,13	29,15 28,37		15,10, 37,28	15,1, 24	12,17, 28	36
18,1, 16,10	35,3, 15,19	118, 10,24	35,33, 27,22	18,28, 32,9	3, 27 29,18	27,40, 28,8	26,24, 32,28		22,19, 29,28	2,21	5, 28, 11,29	2,5	12,26	1,15	15,10, 37,28		34,21	35,18	37
28,2, 27	23,28	35,10, 18,5	35,33	24,28, 35,30	35,13	11,27, 32	28,26, 10,34	28,26, 18,23	2,33	2	1,26, 13	1,12, 34,3	1,35, 13	17,4, 35	15,24, 10	34,27, 25		5,12, 35,26	38
35,20,	28,10, 29,35	28,10, 35,23	13,15, 23		35,38	1,35, 10,38	1,10, 34,28	18,10, 32,1	22,35, 13,24	35,28, 2,24	35,28, 2,24	1,28, 7,10	1,32, 10,25	1,35, 28,37	12,17, 28,24	35,18, 27,2	5,12, 35,26		39
21	22	23	24	25	26	27	28	29	30	31	32	33	34	35	36	37	38	39	선 악

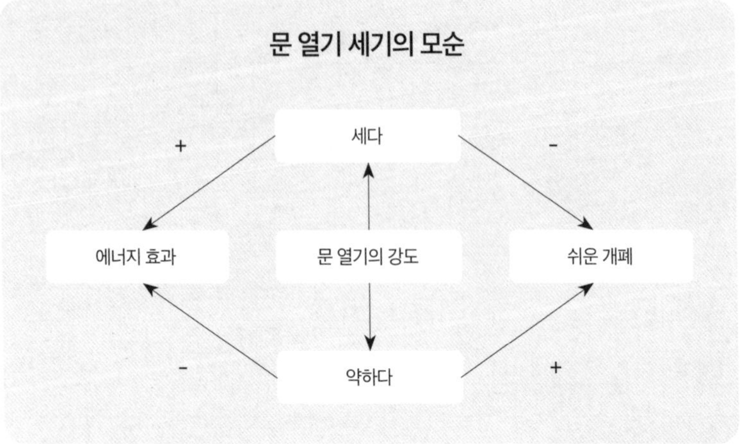

선인자와 악화인자를 앞에서 제시한 39가지 표준 변수로 변환시킨 문제를 의미한다. 39가지 표준 변환 수 중에서 가장 가까운 의미를 가진 변수를 선택하는 과정이다. 개선인자로 선택된 난방 효과는 39가지 표준 변수 중 23번의 '물질의 손실', 악화인자인 쉬운 개방은 10번 '힘' 변수가 가장 가깝다. 표준 변수에 정답은 없다. 다만 본인이 생각하기에 39가지 중 가장 유사하다고 생각하는 요인을 선택하는 과정이다. 개선인자와 악화인자를 선택했다면 해당하는 행과 열의 만나는 칸의 조합을 확인한다. 해당 칸에는 문제를 해결할 수 있는 가장 적합한 발명원리의 번호가 적혀 있다.

예시에서 보는 것처럼 '문 열기 강도'의 발명에 대한 연결은 세로축 개선인자 23번 '물질의 손실'과 가로축 악화인자 10번 '힘(에너지)'이 만나는 지점의 발명원리는 '14. 구형화', '15. 역동성', '18. 진동', '40. 복합재료'다.

이때 제안된 발명원리는 알츠슐러와 그의 동료들이 수많은 발명 특

모순 테이블 탐색 예시

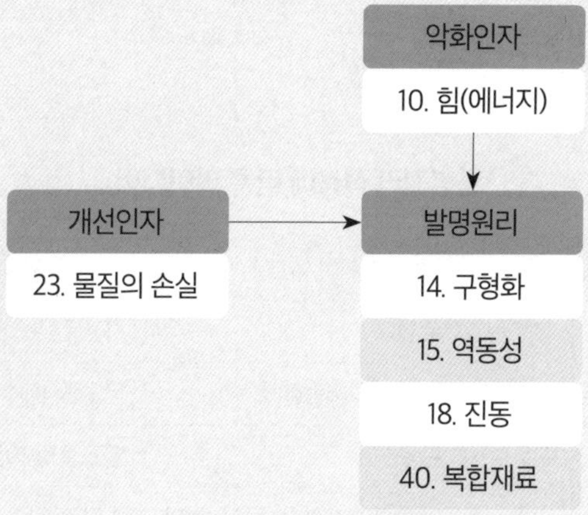

허를 분석하여 공통된 원리를 찾아낸 결과로써 그들이 제시하는 가장 적합한 해결 원리의 번호를 적어 놓은 것이다.

발명원리를 참고하면 해당 문제를 해결할 실마리를 찾을 수 있다. 물론 모순 테이블에서 제안해 주는 발명원리가 만능 해결책은 아니다. 그렇지만 일단 제안된 발명원리는 문제 해결의 단초가 될 수는 있다. 제안된 발명원리를 적용하여 아이디어를 도출하다 보면 또 다른 발명원리도 적용될 수 있겠다는 나만의 추가적인 아이디어를 찾아낼 수 있게 된다.

다음 단계는 문제 해결을 위한 발명원리를 바탕으로 내 해결안을 도출하는 단계다. 추천된 각각의 발명원리를 순차적으로 적용하여 적합한 아이디어를 도출한다. 각 발명원리를 적용할 때는 선택한 기술적 모순에 대한 이상 해결책을 어떻게 달성할 수 있을지를 생각하는 과정을 통해 문제를 해결할 방법을 찾아야 한다.

이상 해결책에 기반한 질문은 '어떻게 문 열기의 강도가 강함에도 불구하고 쉬운 개폐를 할 수 있을까?'라는 것이다. 이것을 추천된 발명원리에 적용하면 다음과 같다.

발명원리 적용에 따른 아이디어

발명원리	개선 아이디어 예시	제품 형태
14. 구형화	문을 원형으로 한다	회전문
15. 역동성	단계마다 다른 성능을 제공한다	온도센서에 따라 힘 조절
18. 진동	진동요소를 활용한다	벨을 울리면 열어주는 문
40. 복합재료	다른 제품을 융합하여 새로운 문을 만든다	스티로폼 문

이처럼 아이디어를 생각했을 때 제안된 발명원리가 바로 아이디어로 연결되는 것은 아니다. 나만의 해결책을 도출하려면 발명원리의 의미를 충분히 검토하고 실행 가능한 아이디어로 구체화하는 추론이 필요하다. 처음부터 정답이 될 수 있는 아이디어를 찾아내는 일은 극히 드물다. 그러므로 발명원리에 따른 아이데이션 과정을 통해 아주 작은 개념적인 생각이라도 발명의 의미에 맞게 아이디어들을 많이 확산하고 수렴하는 과정을 거치는 것이 필요하다.

만일 모순 테이블을 통해 제안된 발명원리로 해결할 아이디어가 도출되지 않는다면 다른 기술적 모순을 선택하여 모순 테이블을 탐색하는 과정을 다시 한번 거치거나 표준 변수를 다르게 정의하여 발명원리를 탐색함으로써 실현 가능한 아이디어를 만들 수 있다. 예를 들어 문 열기 세기 문제의 개선인자를 10번 '힘'이 아닌 11번 '압력'으로 바꿔볼 수도 있는 것이다. 또한 여러 표준 변수들의 조합을 통해 아이디어를 생성해 볼 수도 있다.

모순 테이블 적용에서 주의할 점은 이렇게 제안된 모순 테이블의 발명원리는 과거 수많은 발명 특허에서 발견된 공통점을 알츠슐러가 정리한 것이어서 알츠슐러가 사망한 이후에 발명된 특허나 발명품들의 발명원리는 포함되어 있지 않다는 점이다. 또한 모든 문제가 100% 공통 원리에 적용될 수 있다는 것도 난센스이기 때문에 알츠슐러가 제안한 모순 테이블은 일잘러가 망망대해에서 구명보트를 받은 것과 같은 것이지 안전한 선박에 구출된 것은 아니라는 점을 명심해야 한다.

5.

창의적인 사고에는 체계가 필요하다

창의성을 한마디로 정의하기는 어렵다. 그렇지만 몇 가지 공통적인 요소가 존재한다.

첫 번째 중요한 요소는 '독창성'이다. 체계적 발명사고(SIT)를 제창한 호로위츠 교수는 "모순처럼 들릴 수도 있겠지만 창의성을 이해하기 위한 첫걸음은 발명적인 해결책들이 어떤 면에서 남다르고, 독특하며, 독창적인가에 초점을 둘 것이 아니라 오히려 그것들이 가진 공통점에 주목해야 한다."라고 했다. 창의적인 생각을 할 때 새롭고 독창적인 것을 생각해내려고 씨름할 것이 아니라 그들의 공통점을 추출하여 응용해 보면 역설적으로 새로움을 찾을 수 있다.

두 번째 공통점은 '제거하는 것'이다. 무언가 더 좋은 것을 추가하는 것이 아니라 반대로 기존의 요소를 제거해야 한다. 간소화하는 차원의 곁가지가 아니라 핵심적인 요소를 제거하는 것이다. 핵심을 제거함으로써 역설적이지만 창의성이 발휘될 수 있다. 핵심이 아닌 주변을 제거할 경우 부분적인 변화는 나타날 수 있지만 본질적인 요인은 그대로 남아 있어서 창의적인 사고를 방해하게 된다.

일례로, 1882년 토머스 에디슨이 전기 모터로 날개를 돌려 선풍기를 발명한 이래 100년 이상 별다른 변화가 없었으나 다이슨사의 '날개 없는 선풍기'는 선풍기의 역사를 획기적으로 바꿨다. 선풍기에서 가장 핵심인 날개를 제거함으로써 혁신을 이룬 것이다.

컴퓨터에서 가장 중요한 기능 중 하나는 모니터인데 모니터를 제거하면 어떻게 될까? 책상 위에 있어야 할 모니터를 없앤다면 〈아이언맨〉에 나오는 자비스처럼 허공에 모니터를 띄울 생각을 하거나 CES 2022에서 발표된 것처럼 유리창을 모니터로 사용하는 획기적인 방법을 생각하게 된다.

20세기 미국의 전위 음악가였던 존 케이지(John Cage)의 가장 유명한 작품은 '4분 33초'이다. 3악장으로 구성된 이 작품은 총 길이가 4분 33초인데, 1악장이 33초, 2악장이 2분 40초, 3악장이 1분 20초다. 존 케이지는 이 작품이 악기의 종류에 상관없이 독주나 합주가 모두 가능한 곡이라고 소개했다. 그 이유는 음표가 하나도 없기 때문에 연주 자체가 없으므로 어떤 형태든지 가능한 곡이라는 것이다.

음표가 없는 작곡이 어떻게 있을 수 있으며, 연주가 없는 음악회라니 말이 안 된다고 생각할 수도 있다. 그러나 "우리가 하는 모든 게 음악."이라는 존 케이지의 말처럼 그는 악기가 내는 소리만을 음악의 영역이라고 생각하지 않았다. 바람 소리, 빗소리, 관객들의 기침 소리, 웅성거림, 삐걱거리는 의자 소리 등도 음악이 될 수 있다고 접근한 것이다. 이런 사고방식에 따라 '4분 33초'라는 작품의 공연에서 피아노 연주자는 아무 소리를 내지 않고 각 장의 시간만큼 피아노 앞에 앉아 있다가 시간이 지나면 피아노 뚜껑을 덮는 것으로 연주를 대신했다. 그러자 관객들이 웅성웅성하는 소리, 피아노 뚜껑을 여닫는 소리, 의자 끄는 소리 등 모든 소리를 들을 수 있는 상황이 연출되었으며, 존 케이지는 그것이 바로 연주라고 했다. 이와 같은 접근은 음악에서 가장 중요한 악기 소리를 뺐기 때문에 가능한 시도이다.

SIT의 5가지 사고 도구

체계적 발명사고(SIT)의 5가지 사고 도구는 '제거', '용도 통합', '복제', '분할', '속성 의존'이다.

❶ 제거(Subtraction)

창의적 제품개발을 위해서는 새로운 요소를 추가하여 기존 제품을 개량하려 하지 말고 오히려 기존의 구성요소 중 일부, 가능하면 핵심적 요소를 제거해 보라는 것이다. 줄넘기용 줄에서 줄을 빼보자. 점프스냅(JumpSnap)사는 이러한 아이디어를 상품화하고 특허로 등록했다.

줄 없는 줄넘기

줄넘기에서 줄이 없으면 어떤 장점이 있을까? 실내에서도 마음 놓고 운동을 할 수 있다. 회전하는 줄이 천장에 매달아 놓은 전등을 깨뜨릴 일도 없고, 천장이나 바닥을 때리는 소리도 없기 때문이다. 또한 아무리 기분을 내고 돌려도 줄이 발에 걸리지 않는다. 앞으로

1 출처: http://m.ezday.co.kr/bbs/view_board.html?q_sq_board=8530616

돌리고, 뒤로 돌리고, 엑스(×) 자로 돌리고, 한 번에 뛰어 두세 번을 돌려도 걸리지 않는다.

맨손으로 돌리면 될 것을 구태여 돈 주고 살 이유가 없다고 생각하는 사람도 있다. 그러나 이 줄넘기는 맨손 줄넘기와 전혀 다른 기능이 있다. 줄이 없지만 줄넘기를 돌리면 손잡이 앞에 매달아 놓은 작은 추가 돌아가면서 쌩쌩쌩쌩 소리를 내기 때문에 진짜 줄넘기를 하는 기분이 난다. 또한 손잡이에 있는 작은 액정 화면을 통해 운동시간, 회전수, 칼로리 소모량 등의 정보를 볼 수 있다. 그뿐만 아니라 손잡이 뒷부분을 열어서 무거운 쇠막대기를 넣을 수 있으므로 팔 근력운동도 함께 할 수 있다.

이 밖에 기존 제품에서 핵심적 요소를 제거하여 혁신을 이룩한 예는 안경테 없는 무테 안경, 바퀴 없는 실내 자전거, 다리 없는 좌식 의자 등 다양하다. 생텍쥐페리(Saint-Exupéry)는 "완전함은 더 추가할 것이 없을 때가 아니라 더 빼낼 것이 없을 때 이루어진다."라고 했다.

체계적 발명사고(SIT)의 사고 도구 '제거'는 심리적으로 가장 저항이 큰 경로(The Path of Most Resistance)를 따르는 것이다. 우리는 통상 기존 시스템을 개선하기 위해서는 무언가 더 좋은 것을 추가해야 한다고 생각한다. 이러한 생각의 관성을 깨뜨려야만 새로운 생각이 나올 수 있다. 이를 위해서는 심리적으로 저항이 가장 큰 경로를 의도적으로 선택해야 한다.

❷ 용도 통합(Task unification)

이것은 제품의 구성요소 중 일부가 복수의 기능을 수행하도록 하는 것이다. 전화기의 재발명이라고 불리는 아이폰의 출시는 통신기기 역사의 흐름을 바꾼 획기적 사건이었다. 아이폰의 탄생으로 세계 휴대폰 시장에서 어느 누구도 넘볼 수 없었던 거대기업 노키아가 사라지고 미국 통신기기의 역사라고 자부하던 모토롤라가 파산했다.

2007년 샌프란시스코에서 개최된 아이폰 출시 발표회에서 스티브 잡스는 아이폰의 가장 큰 특징이 혁명적 사용자 인터페이스(Revolutionary UI)라고 소개했다. 왜 그것이 혁명적일까? 기존 휴대폰의 가장 큰 문제는 플라스틱 입력 자판기였다. 사용 여부에 상관없이 키보드가 계속 붙어 있을 뿐만 아니라 이것 때문에 화면의 크기를 키울 수 없었다. 지금은 터치스크린을 통한 정보 입력이 당연시되지만 입력 자판과 출력 화면의 용도 통합이 가져온 변화는 실로 엄청난 것이었다.

용도 통합의 사례는 우리 일상생활 곳곳에서 다양하게 발견할 수 있다. 드라이버와 같은 공구들을 꽂아 만든 옷걸이, 기내 화장실 잠금장치의 '사용 중' 표시 정보, 주차장 빈 곳을 찾아주는 '녹색 점멸등'도 용도 통합의 일종이다.

❸ 복제(Multiplication)

복제란 제품의 일부 구성요소를 필요에 따라 추가하는 것이다. 복제의 개념이 적용된 대표적 제품은 이중(二重) 면도날이다. 면도날은 장시간 사용하면 무뎌지기 때문에 20세기 이전에는 매번 숫돌이나 혁대에 갈아서 사용했다. 1901년 질레트(King Gillette)는 날만 교체할 수 있는 안전면도기를 개발했다. 면도날이 2개이면 수염이 더 잘 깎이기 때문에 칼질하는 횟수가 줄어들고 이에 따라 얼굴 피부에 가해지는 자극도 줄어든다.

이 밖에 복제의 개념이 적용된 것은 자주 꺼내먹는 것을 별도 공간에 보관하여 개폐 횟수를 줄인 LG냉장고의 '매직 스페이스', 작은 세탁물과 많은 세탁물을 분리하거나 색깔 있는 옷 또는 아기 옷을 분리하여 세탁할 수 있는 '트윈 세탁기' 등은 같은 기능을 복제한 것이다.

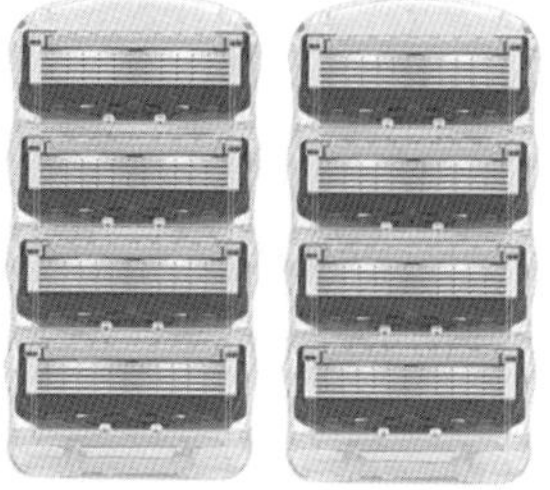

질레트 다중 면도날

❹ 분리(Division)

분리란 일체화되어 있는 기존 제품의 구성요소 중 일부를 분할될 수 있도록 하여 필요에 따라 재조합이 가능하도록 하는 것이다. 이너스코리아(InnusKorea)에서 개발한 '케이아이 에코비(KI ecobe)'라는 신발은 외부 밑창, 내부 부츠, 내부 밑창, 신발 끈을 끼우는 부분과 끈이 모두 분리된다.

구성요소별 색상은 외부 밑창이 3가지, 내부 부츠가 15가지, 신발 끈을 끼우는 부분이 15가지, 끈이 15가지가 있는데, 이를 조합하면 소비자가 선택할 수 있는 디자인은 모두 10,125(=3×15×15×15) 종류나 된

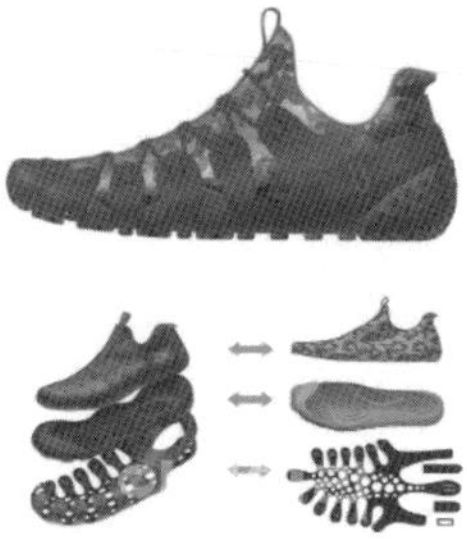

KI 에코비 친환경 신발[2]

2 출처: https://www.edaily.co.kr/news/read?newsId=02027046609503728&mediaCodeNo=257

다. 또한 신발의 특정 부분이 먼저 손상될 경우 그 부분만 교체할 수 있다. 내부 부츠만 따로 빼서 세탁할 수 있다는 장점도 있다. 이처럼 분리를 통해 다양한 고객 가치가 창조된 것이다.

분리 개념이 적용된 발명품으로는 스케이트 날과 스케이트 신발이 분리되어 신기록을 낼 수 있었던 '클랩 스케이트', 멀티탭에 여러 가지 코드를 쉽게 꽂을 수 있도록 관절처럼 마디마디가 휘고 구분되는 '피벗 파워 멀티탭'도 같은 원리이다.

❺ 속성 의존(Attribute dependency)

속성 의존 도구는 자외선이 있는 실외에서는 안경 렌즈의 색깔이 어둡게 변하는 변색렌즈처럼 제품의 내부 속성이 외부 환경의 변화에 따라 변하는 것을 말한다. 우천 시 비의 양과 자동차의 주행속도에 따라 와이퍼의 작동 속도가 자동으로 변하는 '레인센서(Rain sensor) 와이퍼'도 여기에 속한다.

CHAPTER 6

여섯 번째 습관, 실행하기

변혁을 추진하기 위해서는 도전 정신과 용기가 필요하다. 아무리 큰 깨달음이 있다 하더라도 그것을 실행하기 위한 도전과 용기 그리고 이것을 끝까지 이루어 내겠다는 집념이 없이는 통찰이 완성되지 않는다. 오현호[1]는 "도전의 가장 큰 적은 경험해보지 않은 사람의 조언이다."라고 했다. 혁신을 추구하는 과정에서 가장 많이 흔들리게 되는 이유는 주변 사람들의 시선이나 의견 때문이다.

2019년 은평성모병원을 개원할 때 필자는 개원 준비 사무국장으로서 여러 가지 새로운 시도를 할 수밖에 없었다. 다른 병원과 똑같고 다만 규모만 다르게 하는 것만으로는 경쟁력을 가질 수 없었기 때문이다. 그중 몇 가지 혁신 사례를 소개한다.

❶ 표지판

제일 먼저 관심을 가진 것은 고객들이 병원에 도착한 다음 길을 찾기 위한 표지판(Way finding)이다. 대형 병원의 경우 환자들이 병원에 처음 방문하면 어디로 가야 할지 혼란스럽다. 그 이유는 동선이 복잡하고 환자와 보호자의 온 신경이 건강에 대한 염려로 불안정하기 때문이다. 따라서 평상시 눈치 빠르고 현명한 사람일지라도 병원에 도착하면 머릿속이 하얗게 변하기 마련이다.

이런 고객의 불편을 고려하여 '어떻게 하면 고객이 쉽게 원하는 장소를 찾을 수 있을까?' 하는 것이 첫 번째 관심사였다. 이런 이유로 개원준비단을 대표하여 디자인 회사에 제시한 조건은 2가지였다. 첫째, 예쁘

1 오현호, 《부시파일럿, 나는 길이 없는 곳으로 간다》, 한빛비즈, 2021.

면서도 고객인 환자들이 잘 찾을 수 있는 표지판을 만들어 달라. 둘째, 메인 메시지는 반드시 숫자로 해달라.

이와 같은 조건을 기준으로 디자인 회사와 실무진이 여러 차례 콘셉트 회의를 가졌지만 결과는 기존 국내 병원에서 볼 수 있었던 표지판보다 약간 더 나은 수준의 표지판으로 개선되는 제안에 머물렀다. 확실한 대안이 없었지만 그렇다고 100% 마음에 들지 않았던 표지판 문제를 해결할 수 있었던 것은 전혀 예상치 않은 곳에서 이루어졌다.

필자가 2017년 은평성모병원 설립 주체인 학교법인 가톨릭학원 및 향후 은평성모병원을 운영할 예비 보직자 등과 함께 일본으로 벤치마킹을 갔을 때의 일이다. 일본은 전 세계 초고령사회로서 매년 시니어 박람회를 통해 노인들에게 필요한 음식, 의료기기 및 생활용품 박람회를 연다. 이 박람회에서도 여러 가지 좋은 아이템을 얻을 수 있었지만 오사카 박람회를 마치고 우연치 않게 동경 건강장수의료센터(우리나라 요양병원)에서 사용하는 색다른 표지판을 보게 되었다. 노인들이 이용하는 의료센터이므로 그들 눈높이에 맞도록 큰 글씨로 표지판을 만들었는데 처음 방문한 사람도 쉽게 길을 찾을 수 있는 표지판이었다.

여기서 인사이트를 얻어 은평성모병원에 적용한 것은 사람 크기의 숫자로 된 표지판이다. 1층에는 1~9까지의 숫자로, 2층에는 20~29까지의 숫자로, 3층에는 30~39까지의 숫자로 대별하고 중간에 새로 생기거나 부속실인 경우 23-1, 23-2와 같이 좀 더 작은 글씨로 세분화하여 설치함으로써 누구라도 해당 위치까지 찾아가는 데 문제가 없게 설치했다.

은평성모병원 외래 진료실 표지판

❷ 환자들이 먹는 식사

환자들은 병원에서 진료를 받는 동안에는 병원 식단을 이용하므로 먹는 음식에 신경 쓰지 않아도 된다. 그러나 막상 병원에서 퇴원하고 난 후에는 "그동안 고생 많았다", "몸보신을 해야 한다."는 주변인들의 추천으로 의사의 권고를 무시하고 몸에 좋다는 음식을 먹는 경우가 많다. 물론 의사의 지시에 따라 음식을 조절하더라도 핵가족화로 인하여 모두가 경제활동에 참여하는 가족 구조상 날마다 식사를 만들어 먹는 것이 현실적으로 어렵다. 이런 문제로 환자들은 퇴원과 동시에 음식 관리의 어려움에 처하게 된다.

그런데 이 문제에 대하여 우리나라보다 먼저 경험한 일본의 시니어 박람회에는 환자들이 퇴원 후 먹을 수 있는 다양한 반조리 식품이 개발되어 전시되고 있었다. 심지어 각 편의점에서 쉽게 구입할 수 있을 만큼 환자 및 노인을 위한 식사가 전시회 품목의 대다수를 차지했다.

이 또한 좋은 인사이트의 계기가 되어 서울성모병원 암병원과 함께 암환자를 대상으로 퇴원 후에 주문하여 먹을 수 있는 '닥터의 도시락'을 출시한 것이다. 현재 '닥터의 도시락'은 암환자뿐만 아니라 일반인도 주문하여 먹을 수 있는 다양한 종류의 도시락이 개발되고 있는 상태다.

서울성모병원 암병원과
미셀푸드가 개발한 닥터의 도시락

앨버트로스(Albatross)는 현존하는 새 중에서 가장 높이 그리고 가장 멀리 나는 새다. 쉬지 않고 3,200km를 날아갈 수 있다고 한다. 그 비결은 비행 전략과 적은 에너지 소모에 있다. 이 새는 일단 높은 곳으로 올라가 날갯짓은 하지 않고 글라이딩으로 하강하기 시작하여 강한 바람이 불어오면 재빨리 바람이 불어오는 방향을 향해 날개를 높은 각으로 세워 이른바 역학적 비상이라는 테크닉으로 순식간에 하늘 높이 솟아오른다. 이 과정에서도 날갯짓은 거의 하지 않는다. 그 후 또 글라이딩하며 가고자 하는 방향으로 하강하면서 비행을 계속한다.

한편 크기도 6cm밖에 안 되고 날개도 아주 작은 벌새는 1초에 60번 이상 날갯짓하며 800km까지 날아간다. 그러나 엄청난 에너지 소모로 목적지까지 도달하면 몸무게가 출발 때보다 3분의 1까지 줄어든다고 한다. 앨버트로스는 벌새와 달리 날개의 크기가 무려 3.5m나 되어 글라이딩하며 날아가는 것도 몸의 크기에 비하여 엄청나게 큰 날개 때문이라고 한다.

앨버트로스는 멀리 나는 것뿐만 아니라 40년간이나 장수한다고 한다. 그렇지만 벌새는 끊임없이 날개를 빨리 흔들어야 하기 때문에 기껏해야 수명이 4년에 불과하다.

제6장 '실행하기'에서는 체계적인 시스템적 실행의 필요성을 강조한다. 열심히 일한다고, 부지런하다고 반드시 성과가 나는 것은 아니다. 앨버트로스가 시사하는 것은 열심히 하는 데 그치지 않고 탁월한 시스템과 통찰을 통해 바른 방향으로 핵심 역량을 갖추는 것이다. 시스템적 사고에 의한 전략을 통해 보다 경쟁력 있게 나아가는 것이 실행의 요체다.

"창의성은 성공적인 사람들의 결과물로 만들어진다기보다는
실패와 난관을 극복하는 과정에서 누적된
경험과 지식을 통해 구축된 사고의 결과물이다."
- R. J. 스턴버그(Robert J. Sternberg)

1.

통찰에 오르는 계단은 실행이다

어떻게 통찰의 단계에 오를 것인가? 알고 있는 것과 그것을 실행하는 것은 전혀 다르다.

《장자(莊子)》 '천도(天道)' 편에 나오는 수레공 노인의 우화 첫머리에서 장자는 "세상에서 도(道)라 하여 귀중히 여기는 것은 서책이다. 하지만 서책은 말에 불과하고 그 말에는 귀하게 여기는 뜻이 있다. 그 뜻이 가리키는 것은 말로는 전할 수가 없는 것인데 세상은 말을 중시하여 서책을 전한다. 슬프구나. 세상 사람들은 모양과 색깔, 이름과 소리만으로 도(道)의 실정을 알 수 있다고 한다. 하지만, 모양과 색깔, 이름과 소리로는 도(道)의 참모습을 알기에 부족하다."라고 안타까워한다.

어느 날 제(齊)나라 환공(桓公)이 대청마루 위에서 서책을 보고 있었다. 이때 윤편(輪扁)이라는 수레공이 마루 아래에서 수레바퀴를 깎고 있다가 망치와 끌을 내려놓고 마루 위를 쳐다보며 환공에게 아뢰었다.

"감히 여쭈온데, 대왕께서 읽고 계신 것은 무엇입니까?"

"성인의 말씀이다."

"그 성인은 지금 살아 계십니까?"

"이미 돌아가셨다."

"그렇다면 대왕께서 지금 읽고 계신 책은 아마도 옛사람의 찌꺼기일 것입니다."

환공이 벌컥 화를 내며 말했다.

"과인이 책을 읽고 있는데 수레바퀴나 만드는 네놈이 감히 시비를 건단 말이냐? 만일 이치에 맞는 설명을 한다면 무사하겠지만 그렇지 못하다면 죽음을 면치 못할 것이다."

그러자 윤편이 대답했다.

"제가 평소에 하는 일의 경험에 비추어 말씀드리겠습니다. 수레바퀴를 깎을 때 많이 깎으면 굴대가 헐거워서 튼튼하지 못하고 덜 깎으면 빡빡하여 굴대가 들어가지 않습니다. 더도 덜도 아니게 정확하게 깎는 것은 손짐작으로 터득하고 마음으로 느낄 수 있을 뿐 입으로 말할 수 없으니 바로 비결입니다.

물론 더 깎고 덜 깎는 그 어름에 정확한 치수가 있을 것입니다만 제가 제 자식에게 깨우쳐 줄 수 없고 제 자식 역시 저로부터 전수받을 수가 없습니다. 그래서 나이 칠십임에도 불구하고 손수 수레바퀴를 깎고 있는 것입니다. 옛 성인도 그와 마찬가지로 가장 핵심적인 깨달음은 책에 전하지 못하고 세상을 떠났을 것입니다. 그러니 대왕께서 읽고 계신 것이 옛사람의 찌꺼기일 뿐이라고 말씀드린 것입니다."

인간은 유한한 존재다. 위대한 성인 또한 그가 살았던 시대에 한정된 의미를 지닐 수밖에 없다. 따라서 윤편은 군주에게 자신의 경험에 비추어 책만으로는 도(道)를 깨닫기가 어렵다고 간하는 것이다. 예를 들어, 수레를 깎는 사람의 몸 상태, 나무의 재질과 상태 등 작업의 여건은 일정하게 유지될 수 없기 때문이다. 윤편은 그 변화의 모습에 따른 장인의 기술을 글로써 모두 전할 수 없어 오직 스스로 실천을 통해 몸소 느껴야 함을 강조하고 있다. 이처럼 진리의 진정한 체득은 실천을 통해 이루어지는 것이다.

실행도 마찬가지다. 많은 책에서 얻은 지식은 책상 앞에서 얻은 정보일 뿐이다. 미지의 세계에서 오랜 관찰을 통해 유용한 정보를 도출하여 지식으로 만들고 지식에 대한 실행과 실천이 있을 때 비로소 변화와 혁신이 이루어진다. 실행과정은 여러 가지 발상과 연결을 통해 구체적인 실행이 이루어지는 것이며 여러 번의 성공적인 실행이 축적되었을 때 통찰이 이루어진다.

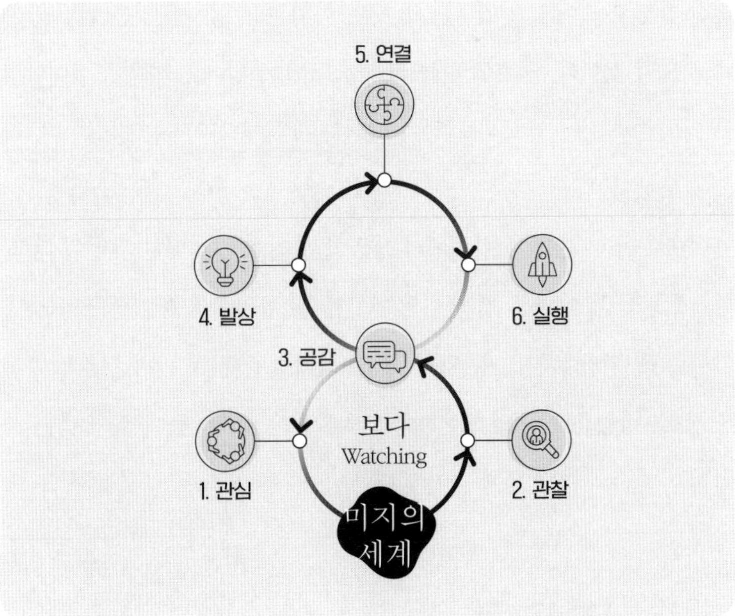

실패가 중요한 이유

이전에 해보지 않았던 것을 시도하는 창조적 과정은 본질적으로 '실험'이다. 아마존 창업자 제프 베조스(Jeff Bezos)는 "1년에 하는 실험 횟수를 2배로 늘리면 당신의 창의력도 2배가 된다."라고 말하며 혁신을 말할 때 다른 무엇보다 실험을 강조한다.

스티븐 앤더슨(Steve Anderson)의 《베조스 레터》[1]에서는 제프 베조스의 사고방식을 자세히 다루고 있다. 베조스는 주주들에게 보내는 연례 서한(2015년)에서 "실패와 혁신은 쌍둥이다. 이것이 우리가 1,000억 달러의 매출을 내면서도 끊임없이 실패에 도전하는 이유다. 나는 아마존을 가장 성공한 회사보다 가장 편하게 실패할 수 있는 회사로 만들고자 한다."라고 했다. 2018년 주주들에게 보내는 연례 서한에서는 "회사는 커졌는데 그 실패의 규모가 커지지 않았다면 무엇인가 변화를 이끌 만한 발명과 멀어지고 있다는 뜻이다. 아마존은 덩치에 맞는 일탈을 계속 시도할 것이다. 덩치에 맞는 거대한 도전, 일탈에 가까운 모험이야말로 아마존과 같은 규모의 기업이 고객과 사회에 기여하는 방법이다."라고 강조했다.

아마존이 추진한 사업 중에서 성공한 사업보다 실패한 사업이 더 많다. 예를 들면, 아마존 웹 페이퍼(전자결제), 아마존 파이어폰(스마트폰), 아마존 월릿(전자지갑), 뮤직 임포터(음악재생 플랫폼), 아마존 로컬(부동산 정보), 아마존 엔들리스(온라인 여성패션 전문매장) 등 수없이 많은 사업이 아마존의 영광 뒤에 숨어 있다.

---

1 스티브 앤더슨, 한정훈 옮김, 리더스북, 2019.

실패가 창조 과정에 중요한 이유는 효과적인 배움의 과정을 제공하기 때문이다. 실패한 사람들이 다시 실행했을 때 성공할 확률, 즉 재도전을 통한 성공의 가능성이 크다. 실패한 상황만큼 창의적인 문제는 없기 때문이다. 자신이 낸 아이디어가 현실에서 적용되지 못했고 방향을 새롭게 바꿔야 하는 딜레마에 놓인 상황 자체가 창의적인 문제 해결에 가장 큰 깨우침을 주기 때문이다. 그리고 그 상황을 회피하지 않고 적극적으로 해결하기 위해 뛰어들 때 자신의 창의성을 끌어내는 자극이 될 수 있다.

성장 마인드셋

실패를 진정한 배움으로 받아들이려면 어떤 마음가짐을 지녀야 할까? 픽사의 공동설립자이자 디즈니월드의 사장을 겸한 에드 캣멀(ED Catmull)은 《창의성을 지휘하라》[2]에서 이렇게 주장한다. "답은 간단하다. 경영자가 자신의 실수나 실패의 경험을 솔직하게 털어놓으면 직원들은 실패해도 괜찮다고 생각하게 된다. 경영자는 절대 실패에서 도망치거나 실패가 존재하지 않는 척하지 말아야 한다."

브레네 브라운(Brene Brown)은 《리더의 용기》[3]에서 리더가 실패에 대하여 두려워하지 말고 자신도 부족한 점이 있다는 점을 솔직하게 인정하는 것이 진정한 용기라고 말한다. 실패하되 현명하게 실패하는 방법이 필요한 것이다. 실패는 용서할 수 있어도 실패를 통해 아무것도 배우지 못하고 재도전할 용기를 얻지 못한다면 용서받을 수 없다.

2 에드 캣멀, 에이미 월러스, 윤태경 옮김, 와이즈베리, 2014.
3 브레네 브라운, 강주헌 옮김, 갤리온, 2019.

그렇다면 현명하게 실패하는 방법은 무엇일까? 카네기 멜론대학의 스티븐 도(Steven Dow) 교수는 '현명한 시행착오'를 위해 날달걀 보호하기 실험을 진행했다. 이 연구는 실험 참가자를 A, B 두 팀으로 나눈 후 달걀을 나눠주고 떨어뜨리도록 하는 실험이다. 이 실험의 목표는 날달걀을 땅에 떨어뜨려도 깨지지 않는 보호장치를 만드는 것이다.

A와 B팀은 그들에게 주어진 철사 끈, 아이스크림 막대, 골판지, 고무줄, 거품, 휴지를 이용해 25분 동안 보호장치를 설계하고 15분 동안 제작한다. 그런데 두 팀에게 주어진 조건 중 한 가지 차이점이 있다. 제공되는 달걀의 숫자이다. A팀에게는 달걀 한 개만 주고, B팀에게는 '5분 간격으로 낙하 시험을 해보라'는 권유와 함께 달걀 한 판을 주었다. 결과적으로 달걀을 많이 받은 B팀이 우수한 보호장치를 만들었다. B팀은 평균 185cm까지 버텼고, A팀은 100cm밖에 버티지 못했다.

이 실험을 통해 한 가지 아이디어나 제품을 완벽하게 만들려고 했을 때보다 여러 가지 실험을 하고 실패를 반복해서 수정할 때 훨씬 더 좋은 효과가 나온다는 것을 알 수 있다. 즉, 위험이 낮은 작은 실패를 반복하는 것이 성공의 가능성을 높일 수 있다. 이러한 실패의 원리는 스타트업을 꿈꾸는 창업자들에게도 적용된다.

에릭 리스(Eric Ries)는 《린 스타트업》[4]에서 자신의 아이디어가 성공할 수 있는지를 최대한 부담이 적게 낮은 비용을 들여 시장에서 검증해 보라고 권고한다. 실패한 후 재도전하는 것은 처음 도전할 때보다

---

4 에릭 리스, 이창수, 송우일 옮김, 인사이트, 2012.

더 어렵다. 그래서 이러한 과정을 개선하기 위해 린 스타트업은 빠르게 아이디어를 시연해 보고 시행착오를 통해 아이디어를 보완하는 방법, 즉 만들고(Build) 측정하고(Measure) 배우는(Learn) 일련의 과정을 제시한다.

여기서 첫 단계인 MVP(Minimum Viable Product), 즉 최소 기능만 가진 제품을 되도록 빠르게 만드는 것이 중요하다. 이 과정을 통해 고객의 반응을 분석하고 빠르게 개선한다. 만일 아이디어의 가설이 잘못되었으면 빠르게 가설을 수정한다.

실패에 대한 위험 부담을 줄이는 핵심적인 방법은 생각을 지나치게 오래 품지 않는 것이다. 가능한 빨리 남들 앞에 프로토타입(Prototype) 또는 MVP를 내놓고 신속한 피드백을 받아야 한다. 아이디어를 더 오래 잡고 있을수록 애착을 더 갖게 될 뿐이다. 그러면 점점 더 아이디어를 버리기 어려워지고, 실패를 통한 배움의 기회를 놓치게 되며, 결국 더 큰 실패를 감당해야 한다.

누구에게나 실패는 끔찍한 일이지만 이를 받아들이는 사람의 태도는 두 갈래로 나뉜다. 하나는 실패를 자신의 무능함으로 치부하고 주저앉는 부류, 또 하나는 실패를 배움과 노력의 기회로 여기고 성장하는 부류이다. 스탠퍼드 대학교 심리학과 캐럴 드웩(Carol Dweck) 교수는 이를 고정 마인드셋과 성장 마인드셋으로 구분했다.[5]

이 연구에서 흥미로운 점은 고정 마인드셋이 형성되는 과정이다. 그

5 캐럴 드웩, 김준수 옮김, 《마인드셋》, 스몰빅라이프, 2017.

는 지능 검사를 마친 아이들을 두 집단으로 나눠 각각 다른 방식으로 칭찬했다. 한 집단에게는 "와~ 정말 높은 점수를 받았네. 너는 상당히 똑똑한 아이구나."하는 식으로 지능을 강조하고, 다른 집단에게는 "와~ 정말 높은 점수를 받았네. 정말 열심히 노력했구나."라며 노력이나 끈기를 인정하고 문제를 풀어낸 과정에 대해서 칭찬했다.

그리고 두 집단의 아이들 모두에게 똑같은 질문을 던졌다.

"이제 어떤 문제를 풀고 싶니? 네가 풀어 왔던 쉬운 문제, 아니면 못 풀 수도 있겠지만 새로운 것을 배울 수 있는 문제 중에 무엇을 고르겠니?"

그러자 지능에 대해 칭찬을 받은 집단에서는 대체로 친숙하고 자신 있는 문제를 뽑았다. 반면에 과정에 대해 칭찬을 받은 집단에서는 배움

고정 마인드셋과 성장 마인드셋 비교(캐럴 드웩의 《마인드셋》 재편집)

고정 마인드셋	성장 마인드셋
• 자신의 재능과 능력이 변하지 않고 고정되어 있다고 생각한다. • 아무리 노력한다고 해도 이를 바꿀 수 없다고 믿는 부류이다. • 이들은 세상이 자신을 계속 증명해 보일 것을 원한다고 생각하여 실수와 약점을 숨기고 똑똑해 보이고 인정받는 것에 집중한다. • 자칫 자신의 능력에 결함이 있다는 것이 드러날 수 있어서 섣불리 새로운 도전을 하지 못한다. • 늘 잘하는 것만 하려고 하고 어려운 일은 시도하지 않는다. • 한 번 실패를 맛보면 재기하지 못하고 주저앉아 버린다.	• 누구나 재능과 능력을 성장시킬 수 있다고 믿는다. • 실패를 배움의 자연스러운 과정으로 받아들인다. • 실패로부터 회복하는 속도가 빠르다. • 과거의 나보다 현재의 내가 얼마나 더 성장했는지를 스스로 비교하는 데 의미를 둔다.

으로 이어지는 어려운 문제를 선택하는 비율이 압도적으로 높았다. 그 다음에는 두 집단 모두 어려운 문제를 제시했다. 그 결과 지능을 칭찬받은 아이들은 자신감을 잃은 반면 과정을 칭찬받은 아이들은 자신감을 유지했다.

이제 우리는 그동안 자신도 모르게 사용했던 고정 마인드셋 언어를 성장 마인드셋의 언어로 바꿔야 한다. "이걸 잘하기 위해서 어떤 걸 키워줘야 하는 거지?" "과정 속에서 많은 걸 배울 수 있도록 노력하자." "내가 이걸 해낼 수 있는 방법을 배울 수 있을까?"와 같은 성장 마인드셋 말들이 필요하다. 도전하는 삶은 언제나 실패를 안고 가야 한다는 것을 기억해야 한다.

생각과 실행

성공과 실패는 함께할 수밖에 없다. 위대한 성취를 이룬 인물들의 단골 멘트는 "실패를 두려워하지 말고 도전하고 실행하라."이다. 누구나 이 말에 고개를 끄덕이지만 직접 실행하는 것은 쉽지 않다.

광고인 박웅현은 《여덟 단어》[6]의 서문에서 '돈오점수(頓悟漸修)'를 언급하고 있다. '갑작스럽게 깨닫고 점차적으로 수행하다.'라는 의미다. 그런데 돈오점수를 생각할 때 수행이 먼저인지 깨달음이 먼저인지 음미해 볼 필요가 있다. 우리 인류사에 커다란 영향을 미친 많은 천재와 발명가의 전기를 보면 대부분 많은 고행과 노력 및 거듭된 실패 후 깨

6 박웅현, 북하우스, 2013.

달음을 얻는 것이 대부분이다. 통찰을 이루기 위해서는 '수행 → 깨달음 → 수행 → 깨달음 → 수행 → 깨달음'의 연속 과정이라는 이해가 필요하다. 이 선순환 과정의 시작은 '수행'에서부터 시작한다는 것을 인지할 때 통찰을 얻을 수 있는 준비가 된 것이다.

반 고흐(Vincent van Gogh)의 불꽃 같은 열망과 고독한 내면을 그린 《반 고흐, 영혼의 편지》[7]에서는 고흐가 동생 테오에게 "우리에게 뭔가 시도할 용기가 없다면 삶이 도대체 무슨 의미가 있겠니?"라고 말한다. 고흐의 말처럼 모든 생각은 시도해야 완성된다.

1990년 스티브 잡스는 어느 인터뷰에서 "저는 이 업계에서 15년을 일했고 그 과정에서 많은 사람이 성공하고 실패하는 것을 지켜봤습니다. 그래서 깨달은 점은 실행하는 자들이 생각을 가장 많이 하는 자들이라는 것입니다."라고 말했다. 이 업계를 변화시킨 무언가를 만든 사람들은 그 뭔가를 생각하는 사람들인 동시에 그것들을 실현한 사람이다. 아이디어를 생각하는 사실만 가지고 자신을 높이는 것은 매우 쉬운 일이다. "나 이거 이미 3년 전에 생각했었어."라고 말하기는 정말 쉽다. 그러나 실행이 없으면 아무것도 안 한 것이나 마찬가지다.

누군가 무엇을 실행했다는 의미는 어떤 식으로든 창의적 문제 해결 과정의 모든 단계를 거쳤다는 것이다. 실행은 문제 해결의 마지막 단계이다. 문제 해결 과정은 문제를 발견하고 분석하고 모으는 준비 단계,

---

7 빈센트 반 고흐, 신성림 옮기고 엮음, 위즈덤하우스, 2017.

아이디어를 내는 아이디어 생성 단계, 아이디어를 평가하고 구체적으로 체계화시키는 실행계획 단계, 마지막으로 준비한 것들을 현실화하는 행동으로 옮기는 실행 단계로 마무리된다. 이러한 단계들은 직선이라기보다는 순환적이다. 그러므로 실행은 문제 해결의 완성 단계이자 새로운 시작점에 놓이게 하는 기폭제 역할을 한다.

창의성 분야의 작가 데이비드 코드 머레이(David Kord Murray)는 《바로잉》[8]에서 1945년에 프랑스의 수학자 자크 아다마르(Jacques Hadamard)가 아인슈타인에게 "창의성이 어떻게 발생되는 것이냐?"라고 묻는 사례를 소개하고 있다. 아인슈타인의 대답은 "결합해 보는 행위(Combinatory play)"였다. 즉 최적의 해결책을 만들기 위해서 여러 가지 연결을 시도하는 과정에서 창의성이 나온다고 본 것이다. 실행한다는 것은 그 문제에 대해 가장 많이 생각했다는 것이다. 그러므로 실행은 창의적 문제 해결에 완성이자 더 나은 출발점을 만들어 주는 생각의 과정이다.

기능적 고착

'나비 효과(The Butterfly Effect)'[9]는 나비의 작은 날갯짓이 엄청난 날씨 변화를 일으키는 것처럼 미세한 변화나 작은 사건이 추후 예상하지 못한 엄청난 결과로 이어지는 것을 의미한다. 나비 효과처럼 서로 관련

8 데이비드 코드 머레이, 이경식 옮김, 흐름출판, 2011.

9 나비 효과는 혼돈이론(카오스 이론)에서 초기값의 미세한 차이에 의해 결과가 완전히 달라지는 현상을 뜻한다.

없어 보이지만 관련되어 있다는 점을 인정하는 것, 이것이 바로 창의적 사고의 시작이다. 현재 자신이 무엇인가에 꽂혀 있다면 그 관심과 노력이 앞으로 자신의 삶에서 다른 무엇인가와 연결된다는 확신이 자신이 선택한 행동에 대한 자신감을 심어 줄 수 있다.

다양한 문화에 대한 경험이 창의성을 향상시키는 요인이다. 기능적 고착과 관련하여 해외 체류 경험이 있는 대학생과 그렇지 않은 대학생 집단으로 나눠 똑같은 실험을 한 결과 해외에서 살아 본 경험이 있는 학생들이 고정된 틀에서 벗어난 해답을 내놓는 비율이 훨씬 높았다.[10] 이와 같은 연구 결과를 직접 실현하고 있는 대학이 바로 '미네르바 대학(Minerva School)'이다.

미네르바 대학은 일반적인 대학교처럼 지정된 캠퍼스는 없지만 세계가 캠퍼스인 대학교이다. 미네르바 대학은 미국의 벤처투자자 벤 넬슨(Ben Nelson)이 미국대학연합체(Keck Graduate Institute)의 인가를 받아 2010년 개설한 대학이다. 모든 수업은 100% 온라인으로 진행된다. 캠퍼스가 없는 대신 서울, 런던, 베를린 등 7개의 도시에 기숙사만 있을 뿐이다.

2020년 기준, 서울대의 합격률은 14%(수시 일반전형), 하버드는 5.6%, 예일대는 6.3%다. 그런데 합격률 0.8%로 2만 5,000명이 지원해서 단 200명만 합격한 학교가 미네르바 대학이다. 미네르바 대학이 이처럼 인기가 높은 이유는 7개 도시의 기숙사를 경험하면서 다양한 문

---

10 William Maddux & Adam Galinsky, 〈Journal of Personality and Social Psychology〉, 2009. 5.

화를 접할 수 있고 이를 통해 고식적인 습득형 교육이 아닌 문화와 지식을 연결하고 융합하는 교육을 실시하고 있기 때문이다.

2.

모델을 바꿔 해결책을 찾는다

문제에 대한 본질적인 해결책을 찾는 실행 과정에서는 반드시 '모델을 어떻게 바꿀 것인가?' '무엇과 연결하여 어떻게 새로워질 것인가?'를 생각해야 한다. 현상 뒤에 숨어 있는 모델은 아무리 많은 문제가 있더라도 나름대로 돌아가기 마련이다. 그러므로 현상을 바꾸려고 하면 당연히 저항이 뒤따른다. 따라서 문제를 근본적으로 해결하려면 임시적인 개선이 아니라 근본적인 해결을 해야 한다.

그러나 이미 오랜 시간을 두고 그럭저럭 돌아가고 있는 모델을 버리고 새로운 모델을 만드는 것은 보통 어려운 일이 아니다. 가장 효과적인 방법은 레버리지 포인트(Leverage Point)를 찾는 것이다. 레버리지 포인트는 작은 힘으로 무거운 물체를 드는 지렛대의 원리처럼 모델 수정에서도 작은 쐐기가 큰 변화를 만들어낼 수 있는 지점을 말한다. 레버리지 포인트는 최소한의 노력으로 최대한의 효과를 얻을 수 있는 최적의 도구이므로 문제를 해결할 때는 항상 염두에 두어야 한다.

레버리지 포인트를 어떻게 발견할 것인가? 레버리지 포인트는 근원적 드라이버와 관련이 있거나 모델 내부의 욕조 안에 있는 요소인 경우가 많다. 욕조에 물이 넘치려고 하면 배수구 마개를 빼는 작은 조치로 문제를 해결할 수 있다. 욕조에 조그만 구멍을 만들어 새로운 전환점을 만들어 보는 것이다.

너무 바쁜 나머지 부모님을 오랫동안 찾아뵙지 못했을 때 부모님들이 이해는 하시지만 서운한 감정을 가지고 있다는 소식을 들었을 때 어떻게 하겠는가? 문제의 근원적 드라이버는 '부모님의 서운함'이다. 이 서운함이 한계를 넘으면 부모와 자식 간의 관계가 멀어지는 것이다. 그러니 문제를 해결하기 위해서는 모델 내부에 쌓여 있는 부모님의 서운함이라는 요인을 정기적으로 줄여주는 것이 필요하다. 만약 내 취미가 화초를 가꾸는 것이라면 매월 첫 주 토요일을 '부모님과 함께 화초 가꾸는 날'로 정하고 정기적으로 부모님을 방문하는 것이 해결 방법이다. 스티븐 코비(Stephen R. Covey)는 《성공하는 사람들의 7가지 습관》[1]에서 가장 소중한 것을 먼저 하라고 했다. 미리 '부모님과 함께 화초 가꾸는 날'을 지정해두면 바쁘다고 잊어버리는 일도 없고 다른 일이 있어도 가능하면 그 일을 우선할 수 있다.

마이클 레빈(Michael Levine)의 《깨진 유리창의 법칙》[2] 사례처럼 뉴욕의 범죄를 획기적으로 감소시킨 레버리지 포인트는 환경을 개선하는 일이었다. 자그마한 쐐기 하나가 거대한 변화를 만들어낼 수 있는 것, 이것이 바로 레버리지 포인트다.

학교법인 가톨릭학원은 1936년 명동성모병원에서부터 시작하여 8

---

1 스티븐 코비, 김경섭 옮김, 김영사, 2017.

2 마이클 레빈, 김민주 옮김, 흐름출판, 2006.

개의 부속병원을 운영하는 90년 역사의 국내 최고, 최대의 의료 네트워크다. 그런데 이렇게 오랜 역사를 지닌 대규모 조직은 외부 환경이 변화되었을 때 쉽게 변화를 가져오기 어렵다. 그동안 쌓여온 역사와 전통은 그 자체로 견고한 시스템이 되므로 안정성을 유지하는 요인이 되기도 하지만 빠른 변화를 저해하는 요인이 되기도 한다.

그렇다면 어떻게 해야 할까? 이 네트워크의 미래 성장을 위한 변화의 레버리지 포인트는 구성원들이 창의성을 발휘할 수 있고 그것을 성과로 만들어서 다시 네트워크 안으로 공급하는 선순환 루프가 필요하다.

그 선순환 레버리지 포인트를 위해 필자가 부센터장으로 있는 '겨자씨키움센터'는 구성원들의 창의적인 생각과 혁신 아이디어를 구체화하고 이를 통한 조직혁신을 도모하는 창의적인 공간이다. 구성원들의 창의성과 혁신적인 아이디어를 발굴하고 지원하는 겨자씨키움센터는 욕조에 꽉 찬 물을 빼내는 조그만 배수구지만 강력한 레버리지 포인트가 될 수 있다.

문제 해결 접근 방법

레버리지 포인트를 통해 해결책을 찾는 방법을 살펴보자.

첫 번째 방법은 '전제조건을 그대로 받아들이지 않는 것'이다.

도요타의 간판 방식(Just in Time)은 필요할 때 필요한 양만 생산해서 품질을 유지하고 과다재고를 발생시키지 않는 생산 방식이다. 기존의 생산 방식에서 가장 중요한 관리 포인트는 발주 비용과 재고 비용 사이의 균형이다. 발주 비용 측면에서는 부품을 결제할 때마다 여러 비용이 발생하므로 한꺼번에 많은 부품을 발주하는 것이 유리하다. 그렇다고 발주 빈도를 줄여 한꺼번에 많은 부품을 발주하면 재고를 보관하는 비용이 증가한다. 따라서 발주 비용과 재고 비용이 균형을 이뤄 전체 비용을 최소화하는 것이 핵심이었다. 그런데 도요타는 이 전제조건을 부정하기 시작했다. 생산의 기본 전제조건인 재고를 더는 인정하지 않기로 한 것이다. 전제를 부정하자 기존의 생산 방식은 변화할 수밖에 없었다. 재고를 인정하지 않고 그때그때 필요한 양을 생산하는 다른 차원의 생산 방식을 찾게 된 것이다.

다른 사람이 내린 결론을 전제조건으로 삼고 별다른 이견 없이 다음 사고 과정으로 넘어가는 것은 위험하다. 예를 들어 "비트코인(Bitcoin) 산업은 매우 크고 매력적이어서 당장 뛰어들어야 한다."라고 누군가 주장했다면 다음과 같이 의심해봐야 한다.

- 시장이 지금만 반짝 커진 것 아닌가?
- 다른 회사는 왜 뛰어들지 않았는가?
- 우리 회사가 뛰어들어 경쟁 우위를 차지할 수 있는가?

이때 '원래?'라는 키워드를 대입하여 생각하면 전제를 의심하는 좋은 방법이 된다. '원래?'라고 생각하면 자신이 현재 직면하고 있는 문제가 정말로 풀어야 할 문제인지 의심해 볼 수 있다. '원래' 지금 하는 일의 목적은 무엇인지, '원래' 어떤 모델(구조)과 다이너미즘(인과) 때문에 이런 문제가 발생했는지를 생각해 보는 것이다.

예를 들어, 일이 산더미처럼 쌓여 있으면 '원래 이렇게 일이 많을까?'라고 생각해 보는 것이다. 그러면 산더미처럼 쌓인 일을 눈앞에 두고 단지 그것을 해내기 위해 고민하던 상황에서 벗어날 수 있다. 그리고 '원래 무엇을 위해 이 일을 하고 있는가?' 혹은 '원래 고객이 정말 원하는 것은 무엇인가?'라는 전제조건을 확인하며 필요한 일과 필요 없는 일, 지금 해봤자 소용이 없는 일과 나중에 해도 되는 일, 나아가서는 정말로 해야 할 일이 무엇인지 눈에 보이게 된다.

두 번째 방법은 '눈앞의 일에 구애되지 않는 것'이다.

유럽 최대의 글로벌 전략 컨설팅회사 롤랜드 버거(Roland Berger)의 컨설팅 전제조건에는 "원인과 결과는 시간적, 공간적으로 가까이 붙어 있지 않다."라는 명제가 있다. 대부분의 조직에서는 혁신안이 나오지 않을 경우 경영자는 추가 인력을 투입해서라도 당장 성과를 내려고 한다. 이것이 전형적인 '지금 당장(Right now)'의 발상이다. 그러나 새로운 것은 기존의 것을 진부하게 만들 위험성이 있다. 그래서 기존의 조직은 새로운 싹을 짓밟는 저항 세력으로 작용한다.

그렇다면, 어떻게 기존 세력의 저항을 뒤로하고 혁신을 이룰 수 있을까? 본진에서 떨어진 현장의 작은 조직에서 차분히 혁신을 마련하는 방법을 적용해야 한다. 이것이 바로 '나중에 다른 곳'에서의 발상이다. 변방에서 태어난 혁신안이 가까운 미래에 회사 전체를 구할 수 있다.

예를 들어, 어떤 병원이 건강보험심사평가원의 주목을 받는 일이 발생했다. 왜냐하면 그 병원에서 최근 원칙에 맞지 않는 부당 청구가 부쩍 늘었기 때문이다. 이런 부당 청구가 많아지게 되면 건강보험심사평가원에서는 왜 그런 일이 발생하게 되었는지 현장조사를 하게 된다. 이런 현장실사 위험성이 다가오자 해당 병원에서는 청구가 제대로 이루어지도록 의무기록을 정비하자는 대책을 세웠다. 그런데 의무기록만 정비함으로써 문제가 해결된 것일까? 실제로 문제가 발생한 원인은 기록의 문제가 아니라 인사에 불만을 품은 어떤 의료진의 반발 때문에 상호 간의 협조가 이뤄지지 않아 발생한 문제일 수도 있다. 그렇다면 이 문제의 레버리지 포인트는 무엇일까? 기록을 철저히 하는 것일까? 아니면 인사 시스템을 개선하는 것일까? 당연히 인사 시스템을 개선하는 것이다. 바로 눈앞에 보이는 현상이 아니라 변방에서 또는 다른 곳에서 인사 시스템을 개선함으로써 문제를 근본적으로 해결할 수 있게 되는 것이다.

세 번째 방법은 '생각하는 범위를 확대해서 관계가 있을 만한 요소를 전부 파악하고 있는지 자문자답해 보는 것'과 '문제에서 조금 떨어져 보는 방법'이다.

제대로 문제를 보기 위해서는 최소한의 거리가 필요하다. 문제를 너무 가까이에서 보면 실제로 풀어야 할 문제 대신 엉뚱한 문제에만 집착하게 된다. 누구나 당장 눈앞의 문제에 매달리게 되어 있다. 왜냐하면 그 문제만 눈에 보이기 때문이다. 이 문제를 풀어야 다음 문제를 풀 수 있을 것 같다는 직선적인 사고방식에 길들어져 있기 때문이다. 하지만 일잘러는 뭔가 잘 안 풀리고 있다고 느끼면 바로 생각에 브레이크를 걸고 넓은 시야를 확보하는 사람이다.

네 번째 방법은 '준비태세를 갖추는 것'이다.

일을 시작하기 전에 무엇을 먼저 확인해야 하는지, 무엇이 확실하면 의사결정에 도움이 될 수 있을지까지 구체적으로 생각하는 사람은 많지 않다. 신규사업에 진출할 때 시장규모, 핵심 고객, 경쟁사 분석 등은 누구나 기본적으로 실시한다. 하지만 '시장규모가 얼마 이상이면 뛰어들 것인가?' '우리 제품이 경쟁사 제품 대비 장점이 있지만 단점도 있다면 어떻게 할 것인가?' 등의 구체적인 사항을 문제 삼고 준비하는 경우는 많지 않다.

비즈니스 현장에서 의사결정을 위한 여러 요소 중 시기(Timing)는 매우 중요하다. 그런데도 기본적인 분석만을 가지고 시장에 뛰어드는 것은 더 큰 문제를 야기할 수 있다. 분석에만 치우친 나머지 적시에 시장에 뛰어들지 못하면 낭패를 당할 수도 있다. 그러므로 '현상을 어떻게 생각할 것인지' 생각하는 순서나 판단 기준을 정하는 것은 문제 해결을 위해 반드시 고려해야 할 요소이다.

보이는 기술

머릿속으로 생각하거나 글로 쓰는 것보다 그림으로 그리면 본질이 잘 보인다. 통찰하기 위해서는 겉으로 드러난 현상 중에 숨어 있는 본질을 찾아야 한다. 본질을 찾는다는 것은 무슨 뜻일까? 한마디로 '가장 중요한 것을 가장 단순한 그림으로 표현한다.'는 것이다. 겉으로 드러난 현상 뒤에 숨어 있는 그 무엇인가를 찾기 위해 그림으로 각 요소 사이의 인과관계가 눈에 보이도록 하는 것이다. 머리로만 생각하면 사고는 깊어지지 않는다. 그렇지만 그림을 그려 자신의 생각을 시각적으로 환원하면 한 단계 더 깊은 곳에서 사고를 할 수 있다. 그림은 하나의 모델이다. 단순한 낙서라도 생각이 그 위에 얹히면 일정한 구조를 갖게 되고 그 구조는 곧 모델이 된다.

모델을 그릴 때는 2가지 조건이 있다.

첫째, 생각해야 할 요소와 요소 간의 인과관계가 포함되어 있어야 한다. 그렇지 않으면 단순한 낙서에 지나지 않는다. 그뿐만 아니라 현상을 나타내는 메커니즘을 고찰할 수 없다.

둘째, 모델을 몇 장씩 복잡하게 그려서는 안 된다. 반드시 한 장으로 그려야 한다. 한 장에 그리지 못한다는 것은 아직 생각이 충분히 이뤄지지 않았다는 것이다.

시스템 다이내믹스 방법론에서는 세상이 2개의 루프, 즉 플러스 루프(Plus Loop)와 마이너스 루프(Minus Loop)로 이루어져 있다고 생각한다. 플러스 루프는 과정이 반복될수록 결과가 눈덩이처럼 점점 확대되는 것을 말하는데 그 내용이 긍정적일 수도 있고 부정적일 수도 있다. 다만 플러스 루프는 과정이 진행될수록 확대되는 것이고 마이너스 루프는 균형을 취하려고 하는 것을 말한다. 가격이 상승하면 수요가 감소하고 수요가 감소하면 가격이 하락한다. 반대로 가격이 하락하면 수요가 증가하고 수요가 증가하면 다시 가격이 상승한다. 이렇게 왔다 갔다 하면서 서서히 균형점에 다가간다고 보는 것이 마이너스 루프이다.

현상으로 나타난 문제를 제대로 파악하여 해결방안과 그다음 단계를 모색하기 위해서는 먼저, 그 현상과 관련된 구성요소를 제대로 파악해야 한다. 이때 반드시 고려해야 할 5가지 요소는 '인풋, 아웃풋, 경쟁 관계, 협조 관계, 영향자'이다.

'인풋'은 모델에 투입되는 요소를 말하고, '아웃풋'은 모델에서 나오는 결과를 의미한다. '경쟁 관계'는 인풋과 아웃풋을 두고 경쟁하는 상대로 좁게 보면 동료가 될 수 있고 넓게 보면 비슷한 일을 하는 다른 사람이나 회사도 포함된다. '협조 관계'는 서로 부족한 점을 보완해 주거나 함께 일함으로써 시너지 효과를 낼 수 있는 상대를 말한다. 좁게 보면 상사와 부하직원, 일의 효율을 높이기 위한 각종 도구나 자신을 응원해 주는 가족까지 포함될 수 있다. '영향자'는 모델 전체에 영향을 미치는 간접적인 요소이다. 사장이나 인사부서장, 재무부서장 등이 해당한다.

일잘러가 비즈니스 문제를 해결하기 위해 모델을 그릴 때는 5가지 요인을 함께 고려하는 것이 중요하다.

싱가포르 항공을 이 5가지의 요소를 통해 살펴보면, 왜 싱가포르 항공이 우수한 항공사인지 알 수 있다. 싱가포르 항공은 2층짜리 비행기인 A38 등 최신 항공기를 도입함과 동시에 친절하고 매력적인 스튜어디스(인풋)가 수준 높은 기내 서비스를 제공하면서 동남아시아의 허브라 할 수 있는 싱가포르까지 이동할 수 있게 해준다(아웃풋). 싱가포르의 창이공항은 수속 이후의 시간이나 환승 시간을 의미 있게 보낼 수 있도록 상업시설과 레저시설을 확보해 매력적인 공간으로 탈바꿈했다(협조 관계). 싱가포르 자체가 아시아 허브의 역할을 하고 있는 것이나 싱가포르 항공과 창이공항이 서로 잘 협조적으로 시너지를 내고 있는 것은 정부의 역할이 매우 크다고 볼 수 있다(영향자). 아시아권에는 싱가포르 항공만 있는 것이 아니라 한국, 일본, 홍콩 등 여러 경쟁 상대가 있지만 싱가포르 항공은 '정부-공항-항공사'의 강력한 협조 및 연계로 경쟁력을 확보하고 있다(경쟁 관계).

다층구조 시각

문제 해결을 위한 모델을 그릴 때 중요하게 고려할 요소는 관찰하는 두께를 늘리는 것이다. 일잘러는 모델을 그릴 때 한 겹으로 보는 것보다 다층구조(Layer)로 보는 자세를 가져야 한다. 층위를 염두에 둔 상태에서 모델을 그리면 본질을 한층 깊이 이해할 수 있다. 모델을 종이 한 장에 그리되 그것을 구성하는 다양한 층위를 함께 보아야 한다. 다층구조를 통해 두께를 늘리는 것은 어떻게 할 수 있을까?

2021년 하반기부터 시작하여 인기를 얻고 있는 TV 프로그램 중 여성들의 축구 경기인 〈골 때리는 그녀들〉이 있다. 각 팀은 승리라는 아웃풋을 만들어내기 위해 경기 당일 날씨도 생각하고, 상대 팀에 관한 정보도 알아보고, 실제로 어떻게 게임을 풀어갈지 팀원들과 작전을 짜기도 한다. 그런데 이것만으로 승리할 수 있는 완벽한 상태를 만들 수 있을까? 이들을 지도하는 감독이나 코치는 앞에서 생각한 기본적인 고려사항뿐만 아니라 여러 가지 다층적인 생각으로 자신의 팀과 상대 팀을 분석할 것이다.

다층적인 구조로 생각해 보면, 더 깊이 있는 다른 층이 보인다. '축구 경기에서 꼭 이겨야 한다.'라는 생각 너머에 또 다른 생각 구조가 보이는 것이다. 가령, 기술이라는 층위를 하나 더 생각했다면 축구 경기에 임하기 전 세트피스(프리킥, 코너킥, 스로인 이후에 일어나는 조직적인 플레이) 같은 필살기를 만들 수 있다. 체력이라는 또 다른 생각 구조가 보인다면 스피드나 지구력을 늘리기 위한 기초 훈련을 충실히 하는 시간을 마련할 것이다. 이렇게 다층구조로 경기에 임할 경우 당연히 축구 경기 하나만의 층위를 생각할 때보다 훨씬 더 효과적이고 본질적인 방법을 찾을 수 있다.

생각의 두께뿐만 아니라 인과관계와 상관관계의 차이를 분명히 파악하는 것이 현상을 분석하는 데 도움이 된다. 인과관계는 두 요소 사이에 원인과 결과라는 논리적인 관계가 존재하는 것이고, 상관관계는 두 요소 사이의 관계가 있는 것처럼 보이지만 실제로는 원인과 결과라는 논리적인 관계는 없다. 어떤 말을 들었을 때 또는 어떤 문제를 보았을 때 '인과관계가 없을지도 모른다'라는 생각이 들면 그 뒤에 숨어 있는 제3의 요소를 찾아내야 한다. 가령 '컴퓨터를 잘하는 사람이 일을 잘한다.'라는 생각이 들면 그것이 정말로 인과관계가 있는지를 따져보는 것이다. 열심히 노력하는 사람이 컴퓨터도 잘하고 일도 잘하는 결과를 만들었을 뿐 컴퓨터를 잘하는 것과 일을 잘하는 것 사이에는 아무런 인과관계가 없을 수도 있다. 열심히 노력하는 사람이라는 제3의 요소가 뒤에 숨어 있는 것이다. 이 요소를 파악하지 못할 경우 직원들에게 아무리 컴퓨터 공부를 시켜도 업무 능력은 향상되지 않을 수도 있다.

자신이 생각한 모델이 본질을 파악한 것인지 아닌지를 확인하려면 어떻게 하는 것이 좋을까? 이를 확인하기 위해서는 제3자 또는 상대방의 입장에서 생각해 보는 것이 좋다. 여러 입장으로 주어를 바꿔 자신이 만든 모델을 바라보면 모델의 질은 좋아지게 된다. 또한 자신의 흥미를 유발하는지 아닌지 파악하는 것도 검증 방법이다. 모델이 제대로 만들어지면 흥미를 유발할 수밖에 없다. 보이지 않던 사실을 새롭게 보는 것이니 흥미로울 수밖에 없다. 견고했던 고정관념이나 안목의 전제가 무너질 때 사람은 재미를 느낀다. 따라서 내가 만든 모델에 제3자 또는 이해관계자나 고객이 흥미를 느끼느냐 마느냐는 좋은 검증 방법이 될 수 있다.

콘셉트화

발상과 연결을 통해 최종 아이디어를 해결할 구체적인 방법이 결정되었으면 그것을 콘셉트화하고 구체화해야 한다. 콘셉트의 사전적 의미는 '어떤 대상의 이미지를 전달하기 위해 선택한 하나의 일관된 주장'이다. 콘셉트화 한다는 것은 아이디어를 눈으로 볼 수 있게 하거나 손으로 잡히도록 만드는 과정이다. 말이나 머리로만 정리된 아이디어는 비정형화되어 있고 추상적인 개념이다. 이 추상적인 개념을 제거하고 손에 잡히도록 개념을 구체화하는 작업이 콘셉트화이다.

콘셉트를 시각적으로 나타내는 것은 말로 하는 것보다 구체적으로 느껴지는데 이것이 바로 시각화의 효과다. 콘셉트화는 머릿속의 아이디어에 생명력을 불어넣기 위해 반드시 필요한 과정이다. 콘셉트화와 시각화는 아이디어를 한 단계 업그레이드하고 불분명한 개념에서 구체화된 개념으로 진화하는 수단이다. 콘셉트가 불분명한 아이디어나 시각화할 수 없는 아이디어는 실현하기 힘들 뿐만 아니라 이상적이거나 모순이 있는 아이디어로 남아 있을 가능성이 크다.

콘셉트화와 시각화를 위한 구체적인 방법은 프로토타입 또는 프리토타입의 방법이 있다. 이들의 차이점을 살펴보면 다음과 같다.

프리토타입과 프로토타입의 차이점

프리토타이핑: '우리가 정말 이것을 만들어야 하나?'에 답하는 과정

프로토타입: '우리가 이걸 만들 수 있나?'를 시험해 보는 물건

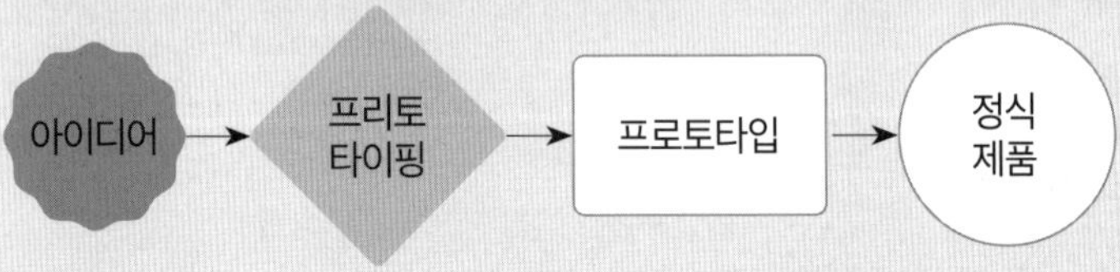

3.

성공할 아이디어를 골라야 성공한다

성공할 수 있을 거라고 판단한 좋은 아이디어라도 반드시 시장에서 성공할 수 있는 것은 아니다. 매년 약 80% 이상의 신제품이 시장에서 실패한다. 새로운 것, 색다른 것을 시도하면 실패할 확률이 성공할 확률보다 훨씬 높다. 이것이 '시장 실패의 법칙'이다.

시장 실패란, 신제품에 투자했지만 시장 결과가 기대에 못 미치거나 기대와 상반되는 경우를 말한다. 예를 들어, 비평가들의 찬사를 받으며 작품성에서는 성공했으나 흥행에는 실패하는 경우도 많다. 또한 신제품을 출시할 때 기대한 성능은 우수하지만 잘 팔리지 않았다면 기술적으로는 성공한 것이라 할 수 있으나 시장에서는 실패한 것이다. 제품이나 유형의 물건이 아닌 무형의 문화나 관습도 마찬가지다. 새로운 변화를 시도하는 것들이 비록 합리적이고 타당한 것이라 할지라도 반드시 성공한다는 보장은 없다. 실행이 성공하기 위해서는 모든 관련 요인들이 전부 잘 맞아야 하는 곱셈의 법칙이 작용한다.

성공방정식 = 적합한A × 적합한B × 적합한C × 적합한D × 적합한E 등

여기서 A, B, C, D, E는 성공의 결과를 얻기 위한 관련 요인들을 의미한다. 성공방정식이 제대로 이루어지기 위해서는 모든 요인이 다 적합해야 한다. 곱셈의 법칙을 따르기 때문에 그중 하나만 잘못되면 실패하므로 만반의 준비가 필요하다. 예를 들어, 병원 하나를 개원한다고 하면 장소(입지), 의료장비, 구성원, 자금과 재무관리, 홍보 마케팅, 운영전략뿐만 아니라 통제 불가능한 경제 상황과 경쟁 병원 등이 모두 적합하게 맞아야 한다. 그리고 만일 이 중 하나라도 잘못되면 실패를 각오해야 한다. 그만큼 성공은 어렵다는 역설적인 표현이다.

왜 실패하는 것일까? 구글 최초의 엔지니어링 디렉터이자 혁신 전문가인 알베르토 사보이아(Alberto Savoia)는 《아이디어 불패의 법칙》[1]에서 '실패의 패턴(FLOP)'에 대하여 '실패(Failure)는 출시(Launch)나 운영(Operation) 또는 전제(Premise) 때문'이라고 했다. 즉 실패는 런칭 시 상품 그 자체나 채널 및 홍보 등의 한계가 있거나 운영상의 장애나 품질적인 이슈 및 상품이 전달하는 고객 가치 자체가 고객이 원하는 바가 아닌 것으로 판명될 때 실패하는 것이다. 대부분의 신제품이나 혁신 활동이 실패하는 것은 설계나 개발 및 마케팅이 허술해서가 아니라 그냥 그 제품이나 활동이 시장이 원하는 게 아니기 때문이다. 즉, 잘못된

1 알베르토 사보이아, 이지연 옮김, 인플루엔셜, 2020.

전제를 가지고 시작한 것이었기 때문이다.

그런데 왜 많은 경우 안 될 아이디어에 빠져 시간과 돈을 낭비할까? 그동안 수많은 단계를 거쳐 관찰하고 아이디어를 내고 시장을 조사하고 다듬어 왔는데 실패에 이르는 이유는 무엇일까? 그것은 '생각랜드(Thoughtland)' 또는 '책상고객(Desk customer)'에 매몰되었기 때문이다. 생각랜드는 정확한 고객 또는 아이디어의 수혜자가 아니라 실패해도 아무것도 잃을 것이 없는 사람들이 증거 없이 던지는 '생각과 추측'에 불과하다. 따라서 생각만으로는 성공할 수 있는지 없는지 결정할 수 없다. 이와 같은 생각랜드 또는 책상에서 추출한 아이디어는 2가지 오류를 범하고 실패하게 된다.

❶ '긍정 오류'다.

아이디어에 대한 근거 없이 긍정적인 생각과 의견으로 실패할 수 있는 아이디어에 과도한 투자를 하는 경우이다. 예를 들어, 1989년 9월에 창간한 〈마리안느〉 잡지는 3가지가 없는 잡지를 구상하고 고객에게 방문 설문조사를 했다. 3가지는 섹스, 스캔들, 루머가 없는 잡지를 지향한 것이다. 방문 설문조사 결과 고객들은 대환영 의사를 나타냈다. '우리는 이런 고품격 잡지를 기다렸다'는 반응이 95%였다. 그러나 이 설문조사 결과를 바탕으로 의욕적인 잡지를 출간한 매거진하우스는 1990년 2월 1년 5개월간의 잡지 발행과 25억의 부채를 안고 도산했다. "됐어, 여성 고객들의 95%가 기다리고 기다리던 잡지니 대박이 날 거야."라는 긍정적인 오류를 범한 것이다. 실제 이 설문에 참가한 여성들은 방문 설문자들을 면전에 두고 '그런 내용이 없는 잡지가 무슨 잡지야? 그런 재미있는 내용이 없으면 차라리 책을 읽지 왜 잡지를 읽겠어?'라는 본심을 표현하지 않았던 것이다.

❷ '부정 오류'다.

아이디어에 대한 근거 없는 부정적인 생각과 의견으로 충분히 성공할 수 있는 아이디어를 내다 버리는 경우이다. 전 세계 여행객들의 폭발적인 인기를 끌고 있는 에어비앤비의 경우 부정적인 오류를 저지른 사람들의 반응은 이런 것이다. "알지도 못하는 사람들에게 하룻밤 방을 빌려준다고?", "그런 식으로 자기 집 문을 열어줄 사람이 얼마나 있을까? 또 낯선 사람 집에서 기꺼이 자려는 사람이 그렇게 많이 있을까? 바보 같은 소리지."라는 반응 말이다. 이런 2가지 오류는 현상을 바로 보지 못하고 판단까지도 엉뚱한 방향으로 결정하게 된다.

그렇다면, 어떻게 성공할 아이디어를 찾을 수 있을까? 지금까지 진행해 온 마지막 아이디어에 대한 나만의 데이터를 수집하는 것이다. '생각랜드'나 '책상고객'에게 제공된 2차 데이터[2]를 넘어선 세상에 존재하지 않는 나만의 데이터를 만드는 것이 성공할 수 있는 방법이다.

2차 데이터는 나만 아는 것이 아니라 그도 알고 경쟁자도 아는 데이터이므로 그 자체만으로 성공을 이루기는 쉽지 않다. 물론 2차 데이터라 하더라도 보는 사람에 따라 데이터 안에서 다른 의미를 찾아내고 직

---

2 2차 자료는 과거에 다른 연구 목적으로 이미 수집된 자료로 현재의 연구에도 사용 가능한 자료를 의미하며, 대외적으로 공개된 자료를 의미하기도 한다.

관적인 판단을 할 수 있는 소수의 천재성을 지닌 사람도 있다. 그러나 대부분의 경우는 보는 눈이 비슷하기 때문에 차별화된 기회를 찾기 어렵다.

알베르토 사보이아는 《아이디어 불패의 법칙》에서 나만의 데이터를 수집하는 방법으로 프리토타이핑(Pretotyping(Pretend + Prototype))을 제시한다. 프리토타이핑은 아이디어가 추구하고 만들 가치가 있는지를 값싸고 빠르게 검증하는 방법이다.[3]

프리토타이핑의 구체적인 5가지 유형을 살펴보면 다음과 같다.

첫 번째 유형은 '기계적인(Mechanical Turk) 프리토타이핑'이다.

IBM은 어떻게 음성인식으로 자동글자 입력이 되는 컴퓨터를 개발할 수 있었을까? IBM은 음성인식 기술을 개발하기 위한 수십 년간의 R&D에 투자하기 전에 먼저 사용자들을 모아놓고 재미있는 테스트를 했다. 잠재고객 몇 명에게 혁신적인 음성인식 컴퓨터의 시제품이 나왔

음성인식 기술 프리토타이핑[3]

---

3 https://uxplanet.org/pretotyping-prototyping-5f94d298ec3a

다고 발표하고 지원자에게 기계에 관해 설명한 뒤 그들의 음성이 2초 후 컴퓨터 화면에 그대로 글씨로 뜨는 테스트였다. 그런데 이들은 진짜 제품을 개발한 것이 아니라 IBM이 고용한 타이피스트가 보이지 않는 곳에 숨어서 사람들이 마이크에 대고 말하는 소리를 듣고 화면에 쳐서 보여주고 있었던 것이다.

두 번째 유형은 '피노키오 프리토타이핑'이다. 이 유형의 사례는 개인정보단말기(Personal Digital Assistant) 아이디어를 떠올린 제프 호킨스(Jeffrey Hawkins)가 파일럿을 개발할 때의 형태다. 그는 실제 막대한 개발 비용이 필요한 PDA를 완성하여 만든 것이 아니라 나무토막에 화면을 인쇄해서 붙이고 나무젓가락을 깎아 스타일러스를 만든 후 몇 달 동안 컴퓨터인 '척'하면서 필요한 데이터를 모았다. 이 사례를 통해 하루 평균 몇 번을 꺼내는지, 일정 약속 정도는 몇 %를 사용하는지, 전화나 주소 확인 용도는 몇 %인지, 할 일 목록 추가 또는 확인은 몇 %인지 등 나만의 데이터를 확보할 수 있다.

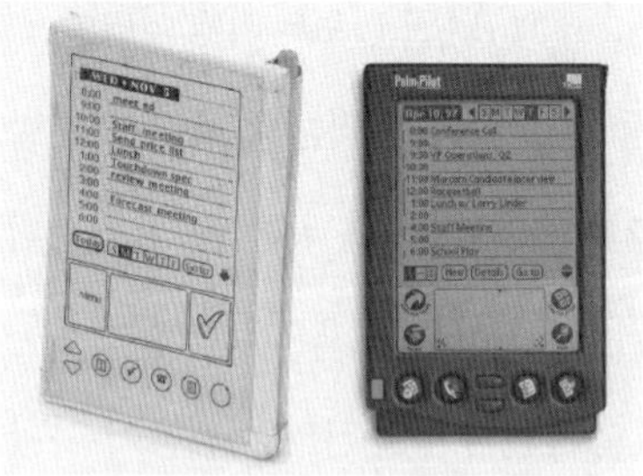
PDA개발 프리토타이핑[4]

이런 식으로 자신이 만들 제품의 아이디어를 업그레이드해서 제품 개발에 적용할 수 있다. 이와 같은 팜 파일럿은 엄청난 성공을 거두었을

4 https://www.blender.nz/2017/05/pretotyping-pretending-prototype/

뿐 아니라 스마트폰이라는 제품이 나오는 길을 닦는 계기가 되었다.

세 번째 유형은 '가짜 문 프리토타이핑'이다. 실제로는 아무것도 없는데 어떤 제품이나 서비스가 실제로 존재하는 것처럼 보일 만한 '현관문'을 설치하면 얼마나 많은 사람이 그 가짜 문을 두드릴지 즉, 아이디어에 관한 관심을 가질지 나만의 데이터를 얻을 수 있다.

네 번째 유형은 '외관 프리토타이핑'이다. 외관 프리토타이핑은 구현하고자 하는 서비스의 일부만 구현해서 일종의 맛보기를 하는 것이다. 예를 들어, 아직 구체적으로 내용이 확정되지 않은 온라인 자동차 판매 웹사이트를 만들고 얼마나 많은 사람이 관심을 두는지를 확인하는 나만의 데이터를 얻을 수 있다.

다섯 번째 유형은 '잠입자 프리토타이핑'이다. 아직 개발되지 않은 제품에 대하여 양해를 구한 후 기존 제품의 라벨을 붙여 고객의 반응을 살피는 프리토타이핑이다. 중고 거래 사이트에서 중고 이케아 직원 셔츠를 사서 입고, 이케아 제품처럼 보이는 라벨과 가격표를 제작해서 포장한 신제품을 이케아 매장에 가서 기존의 매장에 몇 개의 신제품을 끼워서 진열하고 고객의 반응을 지켜봄으로써 나만의 데이터를 확보하는 방법이다.

이 밖에도 새로운 아이디어에 대한 '동영상'이나 '연극' 등 다양한 방법을 통해 기존에 없는 데이터를 확보할 수 있다. 프리토타이핑 또는 시제품 테스트를 거친 후 정식 제품으로 출시되기 위해서는 단순히 나만의 데이터만 확보하면 되는 것이 아니고 수집된 정보가 확실한 준거가 될 수 있는지를 확인하는 작업이 필요하다.

이에 대한 데이터의 핵심 기준 3가지는 다음과 같다.

구분	내용
신선함	새로 나온 최신의 데이터일수록 좋다. 데이터는 유효기간이 표시되어 있지 않으므로 신선도에 의심이 가면 과감하게 버려야 한다.
확실한 관련성	해당 데이터는 평가하려는 특정 제품이나 의사결정에 직접적으로 적용할 수 있어야 한다.
알려진 출처	의사결정을 내릴 때 다른 프로젝트를 위해 수집된 데이터에 의존해서는 안 된다. 데이터 수집과 편집 요약 과정에서 어떤 영향력과 필터링이 개입되었는지 알 수 없기 때문이다.

아이디어 시각화 방법

여기까지 왔으면 이제 화룡점정(畵龍點睛)할 단계다. '구슬이 서 말이라도 꿰어야 보배'라는 속담처럼 지금까지 아무리 훌륭하고 좋은 것으로 선택하고 다듬어 왔다 하더라도 이를 잘 정리하고 쓸모 있게 만들어 놓지 않으면 값어치가 없어지게 된다.

아이디어도 마찬가지다. 도출된 아이디어를 구체화하고 실행할 수 있도록 만드는 과정이 있어야 세상에 선보일 수 있다. 아이디어를 구체화하는 단계는 4가지로 구분할 수 있다.

먼저, '양보다 질'을 중시해야 한다. 이전 단계에서 아이디어 회의를 할 때 무조건 개수를 늘리기 위해 질보다 양이라는 정신으로 아이디어를 도출했다면 이 단계는 거꾸로 가야 한다. 양보다는 질이라는 규칙을 염두에 두고 아이디어의 품질을 높이고 다듬고 가감하여 간결하게 표현하는 노력을 해야 한다. 질적으로 우수하고 실현 가능성을 높여야 한다.

조셉 맥코맥(Joseph Mccormack)은 《브리프: 간결한 의사소통의 기술》[5]에서 간결한 것이 전문성이라고 했다. 전문적이지 않고 핵심이 없을 때 길게 사족을 붙이고 제대로 표현하지 못하는 것이다.

두 번째 단계는 아이디어가 실행될 수 있도록 실현 가능성을 높여야 한다. 아이디어의 장점을 현실에 어떻게 반영할 수 있을지를 검토해야 한다. 비용이 많이 들 것으로 예상되는 아이디어라면 어떻게 하면 비용을 들이지 않고도 유사한 장점을 유지할 수 있을지 검토해야 한다.

세 번째 단계는 아이디어를 통합하는 것이다. 단편적인 아이디어들을 결합하여 양질의 실용적인 아이디어로 발전시키는 것이 좋다. 서로 결합되었을 때 더 큰 효과를 낼 수 있도록 아이디어를 모으는 것이다. 세부적인 것을 추가하거나 말도 안 되는 아이디어들을 서로 끼워 맞추는 것도 좋은 방법이다. 한마디로 가감하는 과정을 통해 아이디어를 다듬는 단계이다.

네 번째 단계는 비판을 유보하는 것이다. 지금까지 오랜 단계를 거쳐 여기까지 왔지만 아직도 비판 거리는 남아 있을 수 있다. 그럼에도 불구하고 아이디어의 실현 가능성을 높이기 위해 될 수 있으면 비판적인 태도를 유보하고 긍정적인 태도를 유지하는 것이 좋다. 부정적인 측면에서 안 되게 하는 방법을 생각하기는 매우 쉽다. 그러나 여러 가지 어려운 상황에서 될 수 있는 한 가지를 찾아내려는 태도가 중요하다. 이 단계는 아이디어의 장점을 극대화하기 위한 방안과 예상되는 단점을 보완하기 위한 방안을 추가하는 단계이다.

5 조셉 맥코맥, 홍선영 옮김, 더난출판, 2015.

시각화하는 것은 글보다 훨씬 다양한 의미를 동일한 공간에 표현할 수 있다. 색종이 몇 장으로도 아이디어의 핵심 개념을 시각화할 수 있다. 가시화된 결과를 소개할 때는 아이디어의 장점뿐만 아니라 예상되는 단점을 함께 언급하되 반드시 그 단점을 극복하는 방안도 함께 제시하는 것이 좋다. 색종이, 끈, 스티커 등의 간단한 재료를 활용하여 구체적인 콘셉트나 시제품을 만들어 보는 것도 좋은 구체화 방법이다. 실제 완성된 제품이 아니라도 시제품을 활용하면 말로 설명하는 대신 눈에 보이게 할 수 있어 보다 쉽게 아이디어의 의미를 전달할 수 있다. 이 단계에서 아이디어를 완벽하게 구현하기 위해 많은 시간과 노력을 쏟을 필요는 없다. 오히려 쉽게 버릴 수 있는 재료들로 짧은 시간 안에 간단하게 만들어 보는 것이 바람직하다.

4.

콘셉트는 보여야 한다

콘셉트는 사람들이 사용하려는 제품이나 서비스의 특성을 쉽게 이해하고 돈을 지불하면서까지 사고 싶게 만드는 구체적인 이유이다. 콘셉트를 생각하는 것은 눈에 보이는 최종 결과물을 만들어내는 수렴의 과정이다. '비즈니스는 콘셉트와의 싸움이다'라는 말이 있을 정도로 신상품 개발에서 콘셉트는 무엇보다 중요하다.

콘셉트는 제품이나 서비스, 공연, 예술 작품 등에서 밖으로 드러내고자 하는 인사이터의 구체적인 의도를 말한다. 콘셉트는 아이디어를 구체적인 상품으로 구현할 수 있도록 돕는 실질적인 가이드라인이 된다. 뿐만 아니라 대내외적인 커뮤니케이션 수단으로도 작용한다. 그렇다면 콘셉트는 어떤 특성과 속성을 가지고 있을까? 《끌리는 컨셉의 법칙》[1]의 저자 김근배 교수는 마치 구슬처럼 무질서하게 흩어져 있는 것은 아무런 가치가 없고 그것이 흩어져 보이지 않게 꿰어 보배로 만드는 것이 콘셉트의 힘이라고 했다. 콘셉트는 흩어져 있는 여러 개의 아이디어나 기능을 누가 보더라도 명확한 하나의 이미지로 엮은 것이다.

1 김근배, 중앙북스, 2014.

콘셉트의 어원은 라틴어 Conceptus로 Con(함께)과 cept(취하다)가 합쳐진 단어이다. '함께 취하여 하나의 핵심으로 엮은 것'이라는 의미를 내포하고 있다. 비즈니스에서 콘셉트는 아이디어나 브랜드, 비즈니스 모델 등과 혼용되어 사용되기도 한다. 아이디어는 '어떤 주제와 관련해 특정 행위와 결과물을 예측할 수 있는 적극적인 생각이나 의도'라고 할 수 있다. 콘셉트는 이해관계자의 제공 가치, 구체적인 기능, 기술적, 사업적 타당성 등이 충분히 검토된 상태에서의 개념이기 때문에 단순한 아이디어와는 다르다. 브랜드는 제품이나 서비스를 식별하는데 사용되는 명칭, 기호, 디자인 등의 총칭이다. 김근배 교수는 제품과 상표가 합쳐진 것을 브랜드라고 하듯이 제품과 상표 콘셉트가 합쳐진 것을 브랜드 콘셉트라고 했다.

비즈니스 모델은 어떤 상품이나 서비스를 누구에게 어떤 방식으로 전달할 것인지 그리고 어떤 마케팅 방법으로 수익을 창출할 것인지를 담은 계획서다. 비즈니스 모델은 아마존의 '원클릭 서비스'와 같이 인터넷 기업들이 사업 아이디어를 특허로 출원하면서 널리 퍼진 용어다. 질레트는 타 기업이 면도기에 집중할 때 면도날을 갈아 끼울 수 있는 면도기를 만들어 차별적이고 지속 가능한 수입원을 창출했다. 오랜 기간 당연하게 받아들여지던 전통적인 비즈니스 모델들은 정보통신기술의 발전으로 이제 새로운 도전을 받고 있다.

비즈니스 모델은 알렉산더 오스터왈더와 예스 피그누어(Alexander

Osterwalder & Yves Pigneur)의 저서 《비즈니스 모델의 탄생》[2]에서 소개한 9블록이 대표적이다. 이 모델에서는 핵심 자원, 가치제안, 채널, 고객 세그먼트, 수익원 등 비즈니스 모델을 구성하는 9개 핵심 요소를 담고 있다.

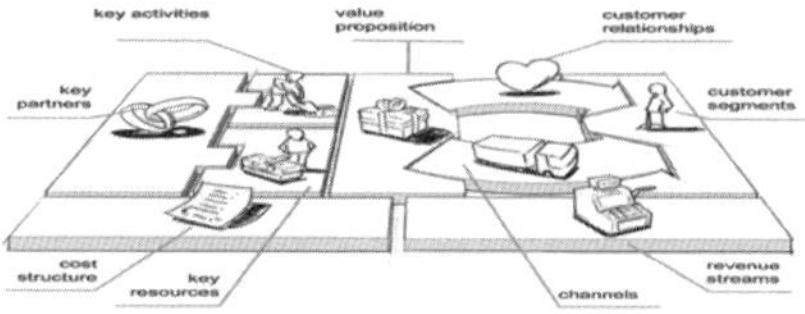

비즈니스 모델 캔버스[3]

김철수는 《인사이트, 통찰의 힘》[4]에서 콘셉트가 사용자에게 전달되는 과정을 3가지 영역으로 구분했다.

먼저, 콘셉트를 만드는 과정이다. 이 과정에서는 사용자를 이해하는 것이 무엇보다 중요하다.

두 번째는 이해관계자 또는 내부 고객들을 설득하는 과정이다. 상품 콘셉트가 실제 제품이나 서비스로 시장에 구현되기까지는 수많은 사내외 이해관계자와 커뮤니케이션을 해야 한다. 이 과정에서 자칫 사용자가 원하는 제품이나 서비스가 아니라 기존의 비즈니스 모델을 유지하기 위해 크고 작은 콘셉트의 변형이 일어날 수 있다. 사용자 공감은 관계부서 사람들은 물론 기업 내 최종 의사결정자를 설득하는 과정에서 인사이터가 콘셉트의 가치를 지켜낼 수 있는 강력한 무기가 된다.

세 번째는 상품이 실제로 소비자에게 전달되는 구매 과정이다. 이때

---

2 알렉산더 오스터왈더, 예스 피그누어, 유효상 옮김, 비즈니스북스, 2021.

3 출처: http://www.casenews.co.kr/news/articleView.html?idxno=1092

4 김철수, 비즈니스북스, 2015.

중요한 것은 콘셉트가 담고 있는 소비자 가치를 '어떻게 하면 제대로 전달할 것인가'이다. 즉 무엇을 전달할지만큼 어떻게 전달하느냐가 매우 중요하다. 이렇게 공감의 철학과 방법론은 상품을 만들어내는 인풋 과정과 그것을 고객에게 전달하는 아웃풋 과정에서도 가장 중요한 요소로 작용한다.

경영은 설득

경영은 설득이다. 생각하고 있는 내용과 수렴된 콘셉트를 내부 또는 외부의 이해관계자에게 설득시키고 그들이 충분히 공감했을 때 다음 단계가 진행되기 때문이다.

그렇다면 설득하기 좋은 콘셉트는 어떤 속성을 가지고 있을까?

❶ '단순성'이다.

콘셉트는 많은 아이디어를 결합하고 해체하는 과정에서 탄생하기 때문에 의도적으로 노력하지 않으면 복잡한 모습을 가질 수밖에 없다. 레오나르도 다빈치가 "단순함은 궁극의 정교함이다."라고 말한 것처럼 콘셉트는 무조건 단순한 것이 좋다. 그러나 단순한 콘셉트는 생각처럼 쉽지 않다. 기획 과정에서 직면하는 문제 중 하나는 단순함에 대한 두려움이다. 최상의 선택에 대한 확신이 없기 때문에 불필요한 군더더기가 붙어 있는 경우가 많다.

비즈니스 콘셉트는 '선택과 집중'을 필요로 한다. 가장 핵심적인 기능이나 서비스를 선택하고 그것을 강화하여 차별적이고 핵심적인 가치가 돋보이도록 해야 한다. 칩 히스와 동생 댄 히스(Chip Heath & Dan

Heath)는 《스틱》[5]에서 수 세기에 걸쳐 살아남은 메시지들의 6가지 공통적인 속성을 소개하고 있다. '단순성, 의외성, 구체성, 신뢰성, 감성, 스토리'라는 6가지 속성 중 단순성이 가장 중요하다고 강조한다. 수십 년간 흑자를 기록한 사우스웨스트사의 성공 비결은 일관되게 지켜온 회사의 메시지 때문이다. '가장 저렴한 항공사'라는 단순한 메시지는 CEO에서부터 말단 직원에 이르기까지 30년간 의사결정의 기준이 되었다. 고객들이 맛있는 치킨 샐러드 메뉴를 요구하더라도 '가장 저렴한 항공사'라는 핵심 가치를 유지하기 위해 과감하게 고객의 요구를 거부할 수 있었던 것이다.

지금은 5G 인터넷망이 만들어지고 있는 세상이기에 식상할 수도 있지만 1990년대 후반 전지현과 이정재가 SK텔레콤의 인터넷망 LTE 선전을 하며 "잘! 생겼다"라는 단순한 멘트를 지속적으로 반복하는 광고가 있었다. 이 광고 역시 단순한 의미의 "잘! 생겼다"라는 메시지를 전달함으로써 LTE의 특성을 잘 전달했다.

2019년 개원한 은평성모병원의 핵심적인 메시지는 '오늘'이다.

'오늘', 우리는 당신에게 집중합니다.

'오늘', 우리는 당신의 취미를 찾아드립니다.

'오늘', 우리는 당신의 행복을 되돌려 드립니다.

이와 같이 '오늘'이라는 단순한 콘셉트를 통해 '오늘' 은평성모병원을 방문한 모든 고객에게 최선을 다하겠다는 메시지를 전달한 것이다. 현

---

5 칩 히스, 댄 히스, 안진환, 박슬라 옮김, 엘도라도, 2009.

대인들은 복잡하게 많은 것을 담고 있는 메시지보다는 단순하더라도 확실한 하나를 선택하는 경향이 강하다. 현대 소비자의 특성을 감안하면 콘셉트는 하나의 명확한 이미지나 키워드를 가지고 있어야 한다.

은평성모병원의 캐치프레이즈[6]

❷ '가치성'이다.

돈을 주고서라도 물건이나 서비스를 사게 만드는 명확한 이유가 있어야 한다. 이것을 '고객 가치' 또는 '사용자 가치'라고 한다. 그러므로 가치성은 돈을 주고 구입하고 싶은 사용자의 욕구를 말한다. 소비자 입장에서 보면 사용자의 심층적 니즈를 담고 있는 콘셉트 가치는 다른 상품과 차별화될 수 있다. 그러므로 콘셉트를 정할 때 사용자에게 어떤 가치를 줄 수 있는지 정리해보는 것이 매우 중요하다. 상품의 가치는 기능적 가치와 감성적 가치로 구분된다. 그 제품이나 서비스의 고유 기능이 가치 있어야 할 뿐만 아니라 그것이 담고 있는 메시지가 감동을 주어야 가치성이 있다.

콘셉트를 개발할 때는 사용자 가치뿐만 아니라 회사나 조직에 어떤 가치를 창출할 수 있는지도 검토해야 한다. 아무리 사용자에게 좋은 가

6 은평성모병원 홈페이지

치를 제공하더라도 상품을 만드는 기업에 이득이 되지 않는다면 콘셉트는 상품화될 수 없다. 메타, 구글, 넷플릭스 등 생산자와 소비자를 연결하는 플랫폼 기업이라면 고객이 누구인지 불명확하므로 누구에게 어떤 가치를 전달할지 더욱 복잡해질 수밖에 없다. 눈에 보이는 제품을 생산해 소비자에게 가치를 전달하는 것이 아니라 잘 드러나지 않는 생산자와 소비자 양쪽의 가치를 모두 고려해야 하기 때문이다.

❸ '독창성'이다.

독창성이란 다른 경쟁자와의 차별성을 의미한다. 독창성을 갖기 위해서는 'VRIO 프레임워크'를 염두에 두어야 한다. 가치 있고(Valuable), 드물고(Rare), 모방할 수 없고(Inimitable), 조직화할 수 있는(Organized) 요소를 갖추어야 한다. 다른 경쟁자가 이미 제공하는 핵심 기능이나 서비스를 그대로 따라 한다면 창의적인 콘셉트라기보다는 단순한 모방 제품에 지나지 않는다. 하루에도 수백 개의 신상품이 쏟아져 나오는 현실에서 자신만의 독창적인 차별화 요소를 담지 못한다면 시장에서 성공하기 어렵다. 진부함은 사람들의 머릿속에 각인되지 못하고 쉽게 잊히게 된다.

홍성태 교수와 조수용 대표는 《나음보다 다름》[7]에서 "경쟁하지 말고 차별화하라"라고 강조한다. 한동안 세계에서 가장 큰 화장품 회사에서 만든 제품이 좋았던 때가 있었다. 그러나 지금은 프랑스의 어느 작은 마

7 홍성태, 조수용, 북스톤, 2015.

을에서 하루에 100개밖에 못 만드는 화장품이 더 비싸게 팔리는 시대다. '크다' 또는 '세다'가 미덕인 시대가 지난 것이다.

옥수동 화덕피자 시그니처 '비스마르크'[8]

옥수동에는 피자의 성지 중 하나인 '옥수화덕피자'라는 조그마한 음식점이 있다. '생활의 달인' 657회 사워도우 화덕피자 달인으로 소개되며 꾸준한 인기를 끌고 있는 집이다. 2018년도 '생활의 달인 10대 맛집'으로 선정되기도 했다. 옥수동 화덕피자 집은 옥수역에서도 상당한 거리에 있고 고갯길을 올라가야 하는 골목 2층에 있지만 많은 사람이 이곳을 찾는다. 재수 좋은 날이면 바로 옆 테이블에서 유명 연예인이 식사하는 모습을 볼 수도 있다.

이 집이 화려하고 좋은 위치에 있는 유명 프랜차이즈보다 더 인기 있는 이유는 무엇일까? 수십 년간의 내공을 바탕으로 여느 집과 다른 독특하고 맛있는 피자를 만들기 때문이다. 이곳 피자는 일반 피자와 다르게 산미가 도는 사워도우를 사용하는 독창성이 있다. 사워도우는 효모로 반죽을 잘 부풀려야 할 뿐만 아니라 유익균을 잘 조율해야 하므로 숙련된 기술이 필수인데 셰프가 제빵사 출신이기 때문에 가능한 것이었다.

8 출처: http://www.veritas-a.com/news/articleView.html?idxno=127473

독창성이 필요하다고 해서 그 콘셉트가 세상에 없는 유일한 것일 필요는 없다. 콘셉트를 디자인하다 보면 늘 유사한 서비스를 만나게 된다. 사람들의 생각이 그물망처럼 연결된 사회에서 비슷한 제품이나 서비스는 존재할 수밖에 없다. 비즈니스에서 콘셉트의 독창성은 우리 삶의 보편성을 위해서 존재해야 한다. 독창성은 어제의 독창성이 오늘은 진부하게 되므로 바뀌는 역동적인 시장 환경에서는 '얼마나 빨리 실행할 수 있는가'가 관건이 된다.

❹ '구체성'이다.

콘셉트는 누구나 쉽게 그 의도를 이해할 수 있고 구체적인 기능이나 세부적인 구조를 알 수 있어야 한다. 그 콘셉트의 가치가 사용자의 손에 전달되는 구체적인 과정이 그려져야 하는 것이다. 콘셉트를 구체적으로 설정하는 이유는 무엇일까? 콘셉트가 구체적이지 않으면 스스로 무엇을 계획하고 어떻게 실천해야 할지 모호해지기 때문이다. 의사결정자나 이해관계자들이 무엇을 판단해야 할지 명확하지 않을 수도 있다. 반면, 콘셉트가 구체적이면 이해관계자들이 무엇을 어떻게 처리해야 할지 머릿속으로 그릴 수 있다. 즉 콘셉트의 전달능력이 높아지는 것이다. 제품 콘셉트는 세부적인 이미지와 구체적인 기능을 명시해야 하고 서비스 콘셉트 또한 구체적인 서비스 구조와 기능이 보여야 한다.

❺ '구현성'이다.

아무리 좋은 콘셉트라 해도 실현 가능성이 떨어진다면 상품화를 기대할 수 없다. 기술적으로 구현 가능한 것인지 사업적으로 타당성이 있는 모델인지 함께 검토되어야 온전한 콘셉트로 평가받을 수 있다.

2000년 후반기부터 코로나가 전 세계적으로 확산되면서 교회나 성당에서 여러 사람이 모여 기도를 할 수 없게 되었다. 가톨릭교회는 그동안의 신앙생활에 대한 미진함과 잘못을 고백하고 보속을 통해 용서받는 고해소가 있다. 고해소에서는 어떠한 비밀도 털어놓을 수 있고 그 비밀을 들은 사제는 그 비밀을 영원히 지키는 형태로 운영된다. 그러므로 고해소는 철저하게 독립된 공간에서 운영된다. 타인이 그 소리를 듣지 못하도록 별도의 장소에서 가림막 하나를 사이에 두고 조그만 소리로 고해하게 된다. 그러나 코로나가 유행하면서 가림막 하나를 사이에 두고 고해성사를 하는 것이 불가능하게 되었다. 너무 가까이 있기 때문에 감염의 위험성이 있었던 것이다.

그렇다면, 어떻게 코로나 팬데믹 고해소를 만들 수 있을까? 그 원리는 호스에 있다. 대다수 사람은 어릴 적 양쪽 끝에 종이컵을 매달고 실로 연결하여 전화기처럼 말을 주고받는 실험을 한 기억이 있을 것이다.

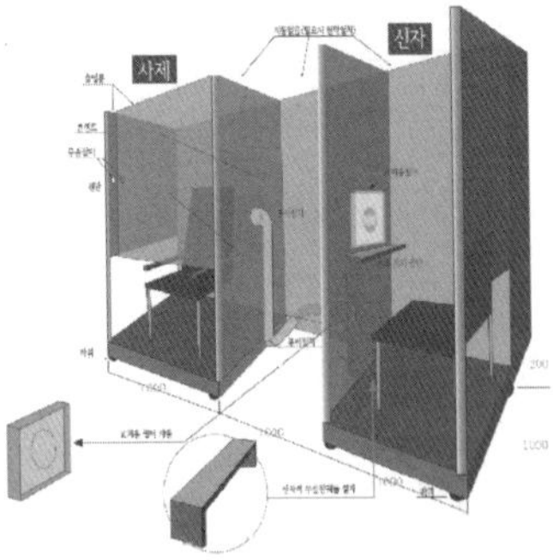

안심 고해소 사시도

그 실험처럼 파이프를 통해 말을 전달하면 잘 전달된다. 해군 함정에서도 지하 선실과 선상 간의 커뮤니케이션 도구가 파이프망이다.

코로나 팬데믹 고해소는 코로나 초기에 정부의 방침에 따라 가림막 대신 2m 이상의 거리를 두었을 경우 상대방의 말을 잘 들을 수 있도록 파이프라인을 연결해야 했다. 또한 파이프를 통해 비밀이 전달될 수 있기 때문에 파이프 중간에 필터를 끼워 비밀이 전달되지 않도록 했다. 그런데 이 팬데믹 고해소 제품은 언제 코로나가 풀릴 것인지 정부 방역 방침이 언제 바뀔 것인지 불명확한 상황에서 성당마다 설치하기에는 환경적으로 불안정했다.

코로나 팬데믹 고해소는 코로나 환경임에도 불구하고 고해소를 찾는 신자들을 위한 배려에서 좋은 의도로 만들어졌지만, 실제로 활용되기에는 구체적인 구현성은 떨어졌던 셈이다. 또한 3년째 되어가고 있는 코로나는 오미크론 형태로 변이되면서 마스크만 충실하게 착용할 경우 감염 위험이 매우 낮기 때문에 이런 복잡한 팬데믹 고해소가 불필요한 상황으로 변했다.

콘셉트의 실현 가능성을 제대로 평가하기 위해서는 상품의 실사용자 기술과 사업적 가능성을 판단할 수 있는 전문가 등 이해관계자로부터 객관적인 피드백을 받을 수 있는 시스템이 갖춰져야 한다. 이 과정에서 다양한 형태의 콘셉트 시제품을 통해 손에 잡히는 모습을 보여줘야 제대로 된 평가를 받을 수 있다. 말보다는 시제품 화면을 보여주거나 사용자 시나리오를 보여주면서 상품 콘셉트의 가능성을 타진해 볼 수 있다. 기획된 제품이나 서비스가 제대로 활용되려면 사용자와 전문가를 대상으로 한 콘셉트 검증 워크숍을 통해 사용자 니즈, 기술 구현 가능성, 사업적 타당성 등 세분화된 평가 항목들을 직접 평가하고 피드백을 받는 것이 좋다.

한 줄 표현

콘셉트를 단 한 줄로 정리하는 것은 '핵심이 무엇인가?'라는 질문에 대한 대답이다. 어떤 것을 더하여 콘셉트를 강화할 것인지 고민하기보다 불필요한 것을 제거하거나 최소화할 때 콘셉트가 강화될 수 있다.

김철수는《당신의 한 줄은 무엇입니까?》[9]에서 한 줄 콘셉트를 정의하는 방법을 3가지로 제시하고 있다.

먼저, 한 줄 콘셉트는 해당 상품을 주어로 시작해야 한다. 이는 상품에 관한 주체성을 높이게 하고 사용자에게는 콘셉트를 명확하게 인식시키기 위함이다. 둘째, 사용자 가치형 동사를 사용해야 한다. 해당 콘셉트를 통해 기업이나 조직이 기대하는 사용자 가치가 간결한 동사로 표현되는 것이다. 셋째, 이미지를 보호하는 것이다. 이를 위해 경영자에게 특별한 가치를 제공하여 최종적으로 지향하는 상품의 이미지를 한두 단어로 표현하는 것이다.

도심의 각박한 생활을 떠나 주말이면 산속 또는 바닷가로 여행을 하거나 전원생활을 즐기는 인구가 점차 늘고 있다. 필자도 강원도 횡성군 청일면에 조그만 농막을 운영하며 주말마다 시간이 날 때 전원생활을 한다. 횡성은 한우로 유명한 곳이다. 그렇다면 횡성군에서는 한우를 어떻게 간단하게 그리고 사용자들의 머릿속에 제대로 각인될 수 있도록 한 줄 콘셉트를 표현하고 있을까?

횡성군청 홈페이지에 들어가면 한우를 홍보하면서도 홍성군을 소개

---

9 김철수, 청림출판, 2014.

할 수 있는 의미로 '맛보소', '쉬어가소', '즐기소'라는 단순하면서도 명쾌한 콘셉트로 표현하고 있다. 또한 횡성 축협에서는 캘리그래피를 통해 '횡성'이라는 글자와 '한우의 머리 모습'을 결합한 이미지를 통해 횡성 한우를 표현한 것을 볼 수 있다.

횡성 축협의 한우 캘리그래피[10]

콘셉트 평가

콘셉트는 브랜드 콘셉트, 광고 콘셉트, 제품 콘셉트, 서비스 콘셉트 등 콘셉트의 활용 목적에 따라 개발 프로세스가 상이하다. 서비스 콘셉트 분야를 예로 들면 다음과 같은 프로세스로 콘셉트를 개발할 수 있다.

먼저, '콘셉트 보드'를 활용해 구체화하는 방법이다. 콘셉트 보드는 콘셉트의 실행 가능성을 평가하여 제품화할 것인지 서비스화할 것인지를 판단하기 위한 콘셉트 개발도구다. 또한 더 나은 콘셉트로 수정 보완할 수 있도록 이해관계자들이 피드백을 주는 수단이 되기도 한다. 콘셉트 보드의 구성요소는 콘셉트 명, 콘셉트 정의 및 목적, 핵심적인 기능, 해당 제품이나 서비스가 제공되는 시각적 구조 또는 흐름도, 이해관계자 제공 가치, 구체적인 사용 시나리오 등으로 구성된다. 또한 필요한 기술을 보유하고 있는지, 상품을 구현할 수 있는지, 경쟁사와 차별화 요

10 출처: '횡성한우 상징 새로고 선봬', 강원도민일보, 2004년 12월 31일자

소가 있는지, 잠재 시장의 규모가 적당한지 등도 함께 고려되어야 한다.

콘셉트 보드를 평가할 때는 콘셉트에 대한 다양한 요소를 검토한 후 이해관계자의 평가를 거쳐야 한다. 이해관계자란 제품이나 서비스를 이용하는 사용자 상품 개발에 필요한 기술적 요소를 검토할 수 있는 사내외 기술전문가, 상품의 상업적 타당성을 검토할 비즈니스 전문가 및 기획자 등 다양한 사람들을 의미한다. 콘셉트 평가는 이해관계자들이 한자리에 모여 콘셉트 워크숍을 통해 평가한다. 콘셉트 워크숍의 장점은 기획자가 콘셉트에 대해 상세하게 설명할 수 있고 참여자들과의 공감대 형성이 용이하다는 것이다. 또한 사용자는 전문가로부터 콘셉트에 대한 수정 보완 피드백을 구체적으로 받을 수 있다는 장점도 있다.

지금까지 없었던 새로운 서비스의 콘셉트를 평가할 때는 수차례 피드백을 거친 후 사용자의 반응을 조사해야 한다. 콘셉트를 평가하는 과정에서 검토해야 할 핵심 요소는 사용자 니즈다. 콘셉트는 해당 제품이나 서비스를 이용하게 될 사용자의 니즈나 실제 행동을 제대로 반영했는지 여부가 중요하다. 만약 사용자들에게 절실히 필요한 욕구를 해결하는 콘셉트라면 성공 확률이 높을 수밖에 없다.

둘째, '기술적 가능성'이다. 아무리 사용자 니즈를 반영한 좋은 콘셉트라도 10년 뒤에나 기술 구현이 가능하다면 상품화가 불가능하다.

셋째, '사업적 타당성'이다. 기업은 결국 이윤추구를 목적으로 하기 때문에 이 콘셉트를 상품화했을 때 수익을 창출할 수 있을지가 중요하다. 콘셉트 평가 과정에서 비즈니스 전문가들로부터 이 부분에 대한 피드백을 받을 수 있다.

콘셉트 평가를 받을 때 주의할 점은 콘셉트의 평가 결과가 반드시 상품의 성공 여부를 판단하는 척도는 아니라는 것이다. 좋다, 나쁘다는 일차적인 판단보다 어떤 요소를 개선하거나 강화해야 할지 힌트를 얻는 것이 콘셉트 평가의 핵심이다.

성공 예측

혁신적인 제품이나 서비스가 시장에서 성공을 거두기 위해서는 끊임없는 시행착오를 겪어야 한다. 영국의 전자회사 다이슨의 창업자 제임스 다이슨(James Dyson)은 필터 없는 청소기 아이디어를 추진하다 스티브 잡스처럼 자신이 만든 회사에서 쫓겨났다. 다이슨 경은 기존의 진공청소기는 필터의 작은 먼지들이 먼지봉투의 구멍을 막기 때문에 청소를 할수록 흡입력이 떨어진다는 사실을 깨닫고 이 문제를 해결하기 위해 온갖 노력을 기울였다. 다이슨은 무려 5년 동안 창고에 틀어박혀 5,127개의 프로토타입을 만든 끝에 필터 없는 청소기 만들기에 성공했다. 다이슨은 매일경제와의 인터뷰에서 "실패는 디자인 과정에서 믿을 수 없을 정도로 중요합니다. 우리는 실수할 때마다 새로운 것을 배우기 때문입니다."라고 했다.[11] 다이슨에게 5,126번의 실패는 실패가 아니라 완벽하게 동작하지 않는 방법을 알아내는 과정이었던 셈이다.

오늘날과 같이 빠르게 변화하는 시장 환경과 소비자의 요구에 부응하기 위해서는 기민하고 간편한 프로토타이핑의 중요성이 점점 커지고

11 "다이슨은 5,126번 실패 후 탄생, 그래서 실수로 탄생한 색 제품에 칠했죠", 매일경제, 2021년 11월 10일자

있다. 프로토타이핑이란 상품을 개발하는 과정에서 제품이나 서비스의 완제품을 만들기 전 다양한 형태의 모형을 제작하여 테스트함으로써 상품의 성공 가능성을 높이는 업무 방식이다.

프로토타이핑의 목적은 보다 완벽한 제품을 개발하기 위한 상품 최적화 과정이지만 개발자들 사이에서 서로 의사소통을 돕는 데 유용하게 활용된다. 작품의 초기 단계에서부터 완제품 출시 직전까지 제품 개발의 전 과정에서 활용할 수 있다. 그러므로 완제품에 가까운 프로토타입을 만들어야 한다는 부담을 가질 필요는 없다.

문제 해결을 위한 아이디어나 콘셉트를 보다 쉽게 표현하여 이해관계자와 소통하기 위한 수단으로 활용할 때는 아마존의 제프 베조스(Jeff Bezos)의 사례처럼 냅킨이나 메모지에 그린 간단한 이미지 시나리오도 훌륭한 프로토타입이 될 수 있다. 상품의 카테고리 및 상품 개발 프로세스에 따라 프로토타입의 유형은 달라질 수밖에 없기 때문이다.

실행이 중요한 이유

마지막으로 가장 중요한 것은 어떤 과정을 거쳤든지 그 콘셉트를 실제 실행으로 이어지도록 하는 것이다. 콘셉트는 제품이나 서비스의 전략과 상품 개발의 전체 여정을 관통하는 일잘러의 구체적인 의도이며 상품 개발의 실질적인 프로토콜이다. 그런데 콘셉트에서 가장 중요한 것은 그것을 실제 실행하는 것이다. 콘셉트의 구체화 과정은 생각보다 쉽지 않다. 단순한 아이디어를 콘셉트로 발전시키고 그것을 상품으로 현실화시키는 것은 수많은 유무형의 장애물을 뛰어넘어야 하는 어려운 과정이다. 특히 기존에 없던 혁신적인 상품의 콘셉트를 실현하는 경우는 더 어려울 수밖에 없다.

혁신적인 상품 콘셉트를 구체화해서 시장에 출시하는데 일잘러가 어려움을 겪을 수밖에 없는 이유는 무엇일까? 그리고 그런 어려움은 어떻게 극복할 수 있을까? 일잘러는 자신이 제안한 콘셉트에 대해 조직의 여러 의사결정 단계를 통과해야 하며, 상품 개발과 관련한 기술 및 비즈니스 조직과도 끊임없이 협업해야 한다. 그러나 혁신적인 콘셉트나 비즈니스 모델을 들고나왔을 때 아무리 일잘러라도 마주하게 되는 현실은 냉혹하다. 수많은 갈등과 비판을 각오해야 한다.

대부분의 조직은 기존에 형성된 견고한 시스템과 캐시카우가 존재하기 마련이다. 성장을 목표로 하는 수많은 기업 활동과 정형화된 프로세스는 아이러니하게도 기존의 관성을 뒤집는 혁신적인 모델에 대해 강력한 반작용을 일으키게 된다. 때문에 새로운 상품 콘셉트가 제시되었을 때 여기저기서 "이 제품의 콘셉트는 이런 문제 때문에 안 된다." "현재 우리 서비스와 상충된다." 등 수많은 비판을 듣게 된다. 회사에 존재하는 기존의 비즈니스 모델을 맞추기 위해 새로운 콘셉트는 수없이 수정되기 일쑤다. 그러다 보면 처음의 독창성을 잃어버린 이상한 제품이 나올 가능성도 많다.

콘셉트와 실행 사이의 갭(Gap)이 발생하는 또 다른 원인은 기획과 실행 사이에 발생하는 공감과 현실성 문제이다. 무엇인가를 실행하기 위해서는 관계 조직의 협업이 절대적으로 필요한 데 새로운 콘셉트에 대한 내부 이해관계자들의 공감 부족이 가장 근본적인 어려움으로 작용한다. 이해관계자들은 "시장의 고객들이 지금 이 콘셉트에서 제안하는 가치를 정말 받아들일까?", "비즈니스적으로 의미 있는 결과를 만들어 낼 수 있을까?"에 대한 도전을 끊임없이 시도한다. 콘셉트에 대한 공감과 현실 시장에 대한 고민은 상품의 실행을 위한 필수 조건이라 해도 과언이 아니다. 공감 없는 콘셉트는 지속성이 떨어지고 현실성 없는 콘셉트는 공허함만 남길 뿐이다.

이를 해결하기 위해서는 먼저, 이해관계자를 콘셉트 개발에 참여시키는 것이 좋다. 의사결정자나 관계부서의 구성원을 콘셉트 개발에 참여시킴으로써 관여도를 높이는 것이다. 아이데이션 워크숍이나 콘셉트 평가 워크숍에 관련 부서 구성원을 참여시키면 실행력 높은 콘셉트를 개발하는 데 도움을 받을 수 있다. 만약 혁신적 상품의 콘셉트 개발을 담당하는 혁신팀이나 프로젝트팀이 있다면 향후 해당 상품의 개발 및 실행을 주도하는 실행 조직의 구성원이 프로젝트에 직·간접적으로 참여할 수 있도록 하는 것이 중요하다.

둘째, 결과가 아닌 사용자 공감의 과정을 전달하는 것이 좋다. 때로는 사용자의 말 한마디가 임원의 주장보다 강한 힘을 발휘할 때가 있다. 사용자 입장에서 관찰하고 소통하면서 깨달은 통찰은 상품의 콘셉트에서 가장 핵심적인 사용자 가치로 표현된다. 기존에 없던 새로운 형태의 상품 콘셉트를 제시할 때는 "정말 사람들이 그렇게 생각해?", "자네 혼자만의 생각 아니야?", "나는 그렇게 행동하지 않는네?"와 같은 질문을 의사결정자나 이해관계자들로부터 듣게 된다. 이때 효과적인 것이 직접적인 사용자의 맥락적 증거를 제시하는 것이다. 사용자가 상품을 이용하는 데 어려움을 겪는 장면이나 사용자의 불만을 담은 영상 등을 1~2분 분량으로 편집하여 공유하면 효과적이다. 비록 정량적 데이터를 제시하지 않더라도 소수의 사용자로부터 얻은 통찰의 실마리를 사진이나 영상 등 생동감 넘치는 장면으로 전달하면 사용자 공감을 끌어낼 수 있다. 또 다른 방법은 정제된 보고서가 아닌 진행 과정을 있는 그대로 전달하는 것이다. 시장에서 얻은 팩트나 분석 과정에 대해 보고 형식으로 정제하지 않은 단계에서 이해관계자들에게 전달하면 사용자의 살아있는 메시지를 생생하게 전달할 수 있다.

셋째, 경쟁 제품과 비교하여 반 발짝만 앞서는 것이다. 혁신적인 콘셉트는 때로는 현실성 없는 먼 미래의 이야기로 치부되기도 한다. 구현 가능성이 결여된 콘셉트는 이해관계자들의 공감을 얻을 수 없다. 아무리 사용자가 원하는 콘셉트라도 실행의 템포 측면에서 보면 두세 발쯤 앞서간 경우가 대부분이다. 그렇다고 현재를 기준으로 현재 수준의 역량을 감안하여 제품을 개발하면 빠르게 변화하는 소비자의 욕구에 도달하지 못할 수 있다. 그래서 딱 반 발짝만 앞선 타이밍을 잡는 것이 중요하다.

그렇다면 어떻게 반 발짝 앞선 타이밍을 잡을 수 있을까? 그것은 바로 경쟁 제품과 선도 제품을 스크리닝하는 것이다. 내가 관여하는 상품군의 영역에 존재하는 경쟁사들은 어떤 신제품을 내놓고 있는지, 새롭게 떠오르는 선도 제품은 어떤 것이 있는지를 주기적으로 모니터링을 하는 것이다. 이를 통해 내가 만들어내는 미래지향적 콘셉트의 속도를 가늠할 수 있다.

넷째, 작게 시작하여 신속하게 테스트하는 것이다. 세계적으로 가장 앞선 병원인 메이요클리닉(Mayo Clinic) 혁신센터(Center for Innovation)의 캐치프레이즈는 “크게 생각하고 작게 시작하여 빨리 이동하라(Think big, small start, move fast)”이다.

메이요클리닉 혁신센터의 캐치프레이즈

오늘날과 같이 빠르게 변화하는 시장 환경에서는 ‘완벽한 계획보다 얼마나 빨리 시장에서 검증받고 수정·보완하는가’가 성공 가능성을 높이는 지름길이다. 일반 기업이나 조직에서도 시장친화적인 경영활동의 필요성이 점차 커지고 있다. 일잘러로서 인사이터가 책상에서 낸 아이디어를 상품화하여 시장에서 테스트할 때 결국 사용자 가치라는 근본적인 질문을 해결하지 못한다면 시장에서 살아남을 수 없다. 이 과정에서 사용자 공감은 가장 중요한 요소이자 필수 과정이다.

5.

평가가 성공을 앞당긴다

이제 여러 단계를 거쳐 나온 아이디어를 평가하는 단계이다. 평가하는 일은 충분한 시간을 갖고 신중을 기해야 한다. 평가 결과에 따라 멋진 아이디어가 세상에 빛을 보지도 못하고 사라질 수 있기 때문이다. 어떻게 평가할 것인가?

다양한 방법이 있지만 중요한 5가지 평가 방법을 살펴보자.

스티커 투표

가장 흔하게 많이 볼 수 있는 평가 방법이 스티커 투표법이다. 스티커 투표는 참가자들이 각자 선호하는 제품이나 아이디어에 스티커를 붙여서 평가하는 방법이다. 스티커 투표는 평가 작업에 할애할 수 있는 시간이 짧고 도출된 제품 또는 아이디어가 많은 경우에 적합하다. 직관적으로 빠르게 진행되며 모든 이들의 적극적인 참여를 끌어낼 수 있는 것이 장점이다. 스티커 투표를 진행하는 방법은 다음과 같다.

• 지금까지 도출된 제품이나 아이디어들을 모두 차트에 기록하거나 나열한다.

• 개인마다 혹은 그룹마다 같은 양의 스티커를 나눠준다.

• 배부하는 스티커의 개수는 전체 아이디어 개수의 20% 정도로 한다.

• 각자 제품 또는 아이디어를 살펴보고 평가할 시간을 준다.

• 개인별 혹은 그룹별로 선호하는 제품이나 아이디어에 스티커를 붙인다.

• 투표가 완료되면 가장 많은 스티커를 받은 제품 또는 아이디어를 정한다.

무기명 투표

무기명 투표는 많은 제품이나 아이디어에서 일부를 선택해야 할 때 활용할 수 있는 그룹 평가 방법이다. 누가 어떤 제품 또는 아이디어를 지지하는지 감출 수 있으므로 참가자 간의 의견 대립이 있을 경우 유용하게 활용할 수 있다. 투표 진행 절차는 평가자 모두에게 명확하게 고지되어야 하는데 다음과 같은 순서로 진행한다.

• 전체 과정을 진행할 사람을 선정한다.

• 도출된 제품 또는 아이디어 목록을 모든 사람이 볼 수 있는 곳에 게시한다.

• 모든 참가자에게 제품 및 아이디어에 대한 평가 용지를 배포한다.

• 각 참가자가 선정할 제품이나 아이디어 개수를 사전에 공지한다.

• 각 참가자가 제일 좋은 제품 또는 아이디어부터 순차적으로 평가하여 기록한다.

• 참가자들이 평가를 마치면 평가 용지를 수거하여 무작위로 섞는다.

• 전체 평가 내용을 취합 및 정리하여 공유한다.

이때 참가자들이 선택하는 제품 또는 아이디어의 개수는 전체의

10% 정도가 적당하다. 무기명 투표를 하면 빠르고 효과적인 의사결정이 가능하지만 각 개인의 주관에 의해 지지 여부가 결정되므로 평가의 기준이 모호한 점은 한계가 될 수 있다. 따라서 평가하기 전에 객관적인 평가 기준을 공유하는 것이 중요하다.

ABC 평가 분석법

ABC 평가분석 방법은 재고관리 방법 중 하나로, 관리가 필요한 품목을 수량과 비용 측면에서 구분하여 집계하는 방법이다. 이 방법은 수집된 전체 제품이나 아이디어를 평가할 때 가장 단순하게 3그룹으로 분류하는 것이다.

A: 매우 중요　　B: 중요　　C: 조금 중요

ABC로 구분한 제품 및 아이디어에 대하여 A그룹으로 선정된 것에 우선적으로 많은 자원을 분배하고 순차적으로 B, C그룹의 제품이나 아이디어를 검토하는 방법이다. 그러나 ABC 분석에만 지나치게 의존할 경우 핵심적인 주요 제품 및 아이디어가 제대로 평가받지 못한 채 사장될 수도 있다. 그러므로 A그룹의 제품이나 아이디어를 우선 검토한 후에도 B 혹은 C그룹에서 A그룹으로 옮길 만한 것이 있는지 살펴보는 추가 과정이 필요하다.

NAF법

NAF법은 전문적인 평가 요소를 기준으로 제품 및 아이디어에 대한 평가를 진행하는 방법이다. NAF법은 평가 기준이 비교적 명확하게 정해져 있다.

NAF 평가 양식

제품 및 아이디어 구분	새로운 정도 (1점~10점)	매력도 (1점~10점)	실현 가능성 (1점~10점)	점수 합계
제품이나 아이디어 1……				
제품이나 아이디어 2……				
제품이나 아이디어 3……				

첫 번째 기준은 '새로움(Novelty)'이다. 기존에 없던 새로운 제품이거나 아이디어일 때 더 높은 점수를 준다.

두 번째 기준은 '매력도(Attractiveness)'이다. 제품 및 아이디어가 얼마나 많은 사람의 마음을 사로잡는지를 기준으로 평가한다.

세 번째 기준은 '실현 가능성(Feasibility)'이다. 너무 황당한 제품이나 아이디어는 구현하는 데 비용과 시간이 많이 소요될 수 있으므로 실현 가능성을 기준으로 한다. 각 평가자는 모든 제품 및 아이디어들을 빠르게 검토하여 정해진 3가지 평가 기준에 따라 1점에서 10점까지의 점수를 부여하고 이를 합산하여 우선순위를 정할 수 있다.

상호비교법

상호비교법(Paired Comparison)은 각 제품이나 아이디어를 다른 것과 순차적으로 비교하여 상대적으로 우수한 제품 또는 아이디어를 선택하는 방법이다. 먼저, 모든 제품 및 아이디어에 기호를 부여하여 평가 테이블의 가로와 세로칸에 각각 나열한다. 이후 그룹별 혹은 개인별로 상호 비교 투표를 진행한다. 대각선 기준으로 2개를 비교하여 한 개만 선택하는 방법이며, 중복 없이 평가하도록 한다.

상호비교법 평가 양식

	제품/아이디어A	제품/아이디어B	제품/아이디어C	제품/아이디어D	합계
제품/아이디어A	동일	A	C	D	A: 1
제품/아이디어B	×	동일	C	D	B: 0
제품/아이디어C	×	×	동일	D	C: 2
제품/아이디어D	×	×	×	동일	D: 3

평가 결과	1순위	2순위	3순위	4순위
	제품/아이디어D	제품/아이디어C	제품/아이디어A	제품/아이디어B

가로축의 제품/아이디어A와 세로축의 제품/아이디어A가 만나는 것은 같은 것끼리 비교하는 것이니까 의미가 없으므로 평가하지 않는다. 또한 표의 아래쪽 X표시는 위쪽에서 비교한 것과 동일한 비교이므로 평가는 A, C, D로 표시되어 있는 부분만을 상호 비교하여 어느 제품/아이디어가 더 나은지를 평가한다. 투표가 끝나면 각 제품/아이디어별로 점수를 계산하여 평가 순위를 정할 수 있다. 이 평가법은 각 제품/아이디어들을 순차적으로 비교하여 상대적인 우선순위를 정할 수 있다는

점이 가장 큰 장점이다. 특히 차이가 크지 않은 제품/아이디어 간의 우선순위를 정할 때 유용하게 활용할 수 있다.

[실행 단계 요약]

혁신은 성공과 실패의 난간에 존재한다

네 번째부터 여섯 번째까지의 습관은 '실행에 이르게 하는(Acting)' 습관이다. 보이지 않던 것을 관심과 관찰을 통해 사용자 관점에서 다시 한번 정의했을 때 문제나 모순이 보인다. 네 번째 '발상하기'가 문제나 모순을 해결하기 위한 확산적 사고와 수렴적 사고 과정의 반복을 통해 실현 가능한 아이디어를 찾아가는 과정이라면, 다섯 번째 습관인 '연결하기'는 가장 적합한 해결책을 모색하는 과정이다.

보는 단계 및 실행 단계 모델

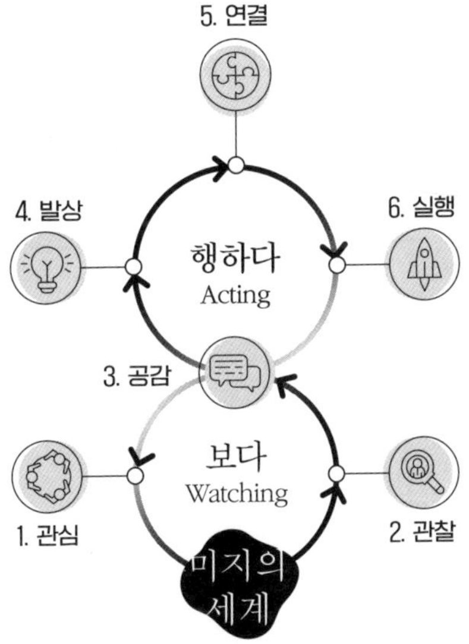

발상의 습관에서 나온 다양한 아이디어에 적합한 해결 방법을 연결하는 습관이므로 기존에 존재하는 것들을 모방하거나 기존의 것을 묶거나 연결하거나 제거하는 다양한 방법이 적용되는 단계이다. 여섯 번째 '실행하기'는 실제 아이디어를 가시화하여 만들고, 보여주고, 평가하고, 피드백 받는 과정이며 이해관계자를 어떻게 '설득'하느냐에 초점을 둔다.

기존에 없던 혁신을 추구하거나 남들과 다른 차별화를 시도하는 것은 매우 힘든 일이다. 새로운 것이기에 기존의 것에 익숙한 소비자의 정서에 파고들기 어려울 수밖에 없다. 혁신제품은 대부분 처음부터 대박 신화를 이루거나 환영받는 것은 아니다.

요즘 어느 슈퍼에 가더라도 볼 수 있는 우유가 있다. 지금은 익숙해져 당연히 배불뚝이의 노란 용기가 '바나나맛 우유'라고 인식하지만 처음부터 그랬던 것은 아니다.

바나나맛 우유[1]

1974년에 처음 출시되어 거의 50년 동안 인기를 끌고 있는 노란색깔의 빙그레 바나나맛 우유는 어떻게 이런 인기를 누리고 장수하는 음료가 되었을까?

빙그레의 전신은 대일유업이다. 1967년 설립하여 월남에 진

1 출처: http://www.bing.co.kr/brand/milk/73

출해 미군 부대를 상대로 아이스크림을 납품 중이던 대일유업은 남양주군 일대에 젖소가 많다는 사실에 착안하고 경기도 남양주군 미금면 도농리(지금의 빙그레 남양주공장)에 유제품 가공공장을 건설한다. 당시 한국에서는 유제품이 아닌 설탕물을 얼린 빙과류가 호황을 누릴 때였다. 유제품인 아이스크림을 만드는 기술도 없었거니와 생산원가가 비싸서 우유 성분을 넣은 진짜 아이스크림은 시판되지 않았던 것이다.

아직 시판된 적이 없다는 것은 곧 기회라는 사실을 간파한 대일유업은 미국 퍼모스트 메케슨사(Foremost-McKesson)와 아이스크림 기술 도입 계약을 체결하고 제조 시설을 짓던 중 부도를 내게 된다. 마침 신규사업을 모색 중이던 한국화약그룹(현 한화)의 투자로 1973년 6월부터 제대로 된 아이스크림 생산과 판매로 대박 신화를 만들었다. 한국 유가공 산업의 토대를 만든 대일유업은 1982년 회사 이름을 '빙그레'로 바꾸었다.

대일유업이 신화 창조를 이룰 수 있었던 것은 혁신적인 도전에 기반을 두고 있다. 대일유업은 아이스크림을 통해 성공을 이루었지만 아이스크림은 여름 한철 성수기를 지나면 비수기에 판매할 만한 제품이 없었다. 1970년대 초반 정부가 우유 소비를 적극 장려했지만 많은 국민이 흰 우유에 대해 정서적, 신체적으로 거부 반응을 나타내면서 큰 효과를 보지 못했고 우리나라의 낙농 산업 자체 기반도 취약했었다.

대일유업은 어떻게 하면 보다 많은 국민이 우유를 자연스럽게 마실 수 있을까 고민하던 중 바나나를 우유에 넣기로 한다. 바나나맛 우유는 당시 고급 과일이었던 바나나를 이용해 맛과 영양을 함께 갖추어 한국

가공우유 시장을 대표하는 브랜드로 성장했다. 현재, 빙그레 바나나맛 우유는 바나나 우유 시장에서 80% 시장점유율을 차지하고 있다. 하루 평균 80만 개 정도 팔리고, 2020년 기준 매출액은 수출 포함 2,000억 원에 이르고 빙그레 전체 매출의 20%를 차지하는 효자 종목이다.

그렇다면 바나나맛 우유는 단순히 바나나를 넣은 우유이기 때문에 성공한 것일까? 바나나맛 우유가 50년 가까이 장수 브랜드로 꾸준한 사랑을 받는 비결은 변함없는 맛과 영양을 유지해 온 것도 있지만 바나나맛 우유 하면 떠오르는 독특한 용기 이미지를 빼놓을 수 없다.

바나나맛 우유의 배불뚝이 용기는 당시 우유 용기의 주류를 이루고 있던 유리병 또는 비닐팩과 차별화된 폴리스티렌(Polystyrene)을 이용해 만들었다. 또한 한국인에게 가장 친숙한 용기의 외형을 가지고 있다. 어떻게 하면 한국의 정서를 담을 수 있을까 고민하던 개발팀이 우연히 도자기 박람회에서 한국 고유의 전통 '달항아리'를 보고 영감을 얻어 만든 것이다. 이 용기는 50년 가까이 소비자의 기억 깊숙이 각인되면서 이제는 바나나맛 우유 하면 떠오르는 대표적인 이미지가 되었다. 또 마실 때 부주의로 용기가 약간 기울더라도 내용물이 흐르지 않도록 입구 부분에 턱을 만들고, 바나나 원물의 노란색을 최대한 살리기 위해 반투명으로 제작함으로써 대체할 수 없는 용기가 되었다.

바나나맛 우유 용기는 다른 용기들과 비교해 제작 과정이 복잡하고 비용이 더 든다. 사출이나 압착 방식이 아닌 분리된 상, 하컵을 고속 회전시켜 마찰열로 접합하는 방식을 사용하기 때문에 비효율적이다. 또한 출시 초기 업체들로부터 배불뚝이 용기는 진열하기 어렵다는 항의를 받기도 했다. 그렇지만 빙그레는 2016년에 바나나맛 우유 용기 모양 자체를 상표권으로 등록하고 대표적인 브랜드로 자리 잡을 때까지 용기의 모양을 고수함으로써 오늘날에 이르게 된 것이다.

이처럼 세상에 없던 새로운 제품이나 변화는 출발부터 안착에 이르기까지 많은 고난과 어려움을 겪을 수 있다. 그러나 빙그레 바나나맛 우유 용기처럼 철저한 준비와 분석 및 이를 지켜내려는 노력이 어우러질 때 비로소 신화 창조가 이루어진다.

제3부

얻다

Gaining

통찰력이란 사물이나 현상을 통찰하는 능력, 즉 사물이나 현상이 움직이는 원리와 관계를 파악하는 것이다. 사물이 움직이는 기본적인 원리를 알아야 원리를 이용하거나 뒤바꿔 새로운 아이디어를 도출할 수 있다. 원리라는 것은 거창하거나 전문적인 것만은 아니다. 우주가 균형을 유지하며 존재하는 원리나 하늘이 파랗게 보이는 원리 등 다소 복잡하고 전문적인 원리도 있지만, 일상생활에서 발견할 수 있는 간단한 원리들도 많다.

예를 들어, 엄마는 아이의 우는 소리만 듣고 또는 얼굴만 보아도 무엇을 필요로 하는지 정확히 알아낸다. 또한 노인들은 '육십 넘은 사람을 속이기는 쉽지 않다'라는 말처럼 그동안의 경험과 연륜을 통해 얼굴빛만 봐도 무슨 생각을 하는지, 어떤 성향의 사람인지 쉽게 알아차린다. 이렇게 원리를 파악하면 통찰력이 생긴다.

축적의 습관인 '통찰하기'는 첫 번째 습관부터 여섯 번째까지의 습관을 종합하는 내용이다. 통찰이란 한 번의 엄청난 경험으로 세상을 바꿀 수 있는 하이콘셉트(High Concept)의 통찰을 이루었을 때 엄청난 희열과 부를 누릴 수 있지만 일반인에게는 너무 먼 이야기다. 또한 모든 사람이 그렇게 위대한 인사이터가 되는 것도 불가능하다.

우리가 목표로 하는 것은 작은 발견과 이를 개선하고 더 큰 혁신으로 바꾸는 로우 콘셉트(low Concept)의 통찰을 반복적으로 경험하는 축적을 통해 과거의 나보다 더 성장하고 발전된 나를 만드는 과정으로서 통찰을 이해하는 것이 중요하다.

"올바른 사고야말로

신이 내린 최상의 선물이다."

- 아이스킬로스(Aeschylos)

1.

꿰뚫는 것이 통찰이다

통찰은 예리한 관찰력으로 사물을 꿰뚫어 보는 것으로 사물이나 현상의 특징이나 관계 등을 명백하게 파악하는 심리적인 능력을 말한다. 통찰(Insight)은 Inner+Sight에서 유래된 말로 Inner는 내면(內)을, Sight는 시선(視)을 의미한다.

Insight의 어원[1]은 In과 Sight가 결합된 말로 그 기원은 1200년대로 거슬러 올라가며 '마음의 눈으로 보는 것(Sight with the eyes of the mind)'이라는 의미로 사용되었다. 1580년대에는 '인물의 성격이나 숨겨진 성질을 꿰뚫어 보는 이해(Penetrating understanding into character or hidden nature)'라는 의미로 사용되었다. 위키피디아에서 '통찰'은 특정 맥락에서 특정한 원인과 결과를 이해하는 것(The understanding of a specific cause and effect in a specific context)[2]을 말하며 추가적으로 다음과 같은 의미로도 사용된다.

• 정보의 한 조각(A piece of information)

• 직관적으로 보는 또는 사물의 내면을 이해하는 행동이나 결과, 그

1 http://www.etymonline.com/

2 https://www.wikipedia.org/

리스 말로 noesis(사유한다, 지각한다, 직관한다)라 불리는 것

- 내성법, 내관법(Introspection)[3]
- 사고 또는 사유라 불리는 정확하고 세밀한 관찰(Observation), 추론(Deduction), 통찰(Penetration), 인식(Discernment), 지각(Perception)
- 인공지능 모형, 맥락, 시나리오에서 관계와 행동들을 규명하는데 기초가 되는 원인과 결과의 이해

이렇게 다양한 의미로 사용되는 통찰은 쉽게 얻어질 수 있는 것이 아니다. 그렇다고 불가능한 것도 아니다. 최윤식은 《미래학자의 통찰의 기술》[4]에서 "통찰력에 대한 가장 큰 오해는 타고난 능력 또는 신비적 능력"이라고 알고 있는 것이라며, 생각의 능력을 기르고 훈련을 통해 통찰력을 높일 수 있다고 강조한다.

한편, 미래학자 제러미 리프킨(Jeremy Rifkin)은 《소유의 종말》[5]에서 인간은 0.1%의 창의적 인간과 0.9%의 통찰적 인간 그리고 99%의 잉여인간으로 구분했다. 변화를 이끄는 창의적 인간은 타고나는 것이지만 미래를 보는 통찰적 인간은 교육과 훈련으로 길러질 수 있고 잉여인간은 되지 말아야 할 것을 강조한다. 예를 들어, 자동차를 통한 혁신을 가져온 헨리 포드(Henry Ford)는 창의적 인간이다. 포드를 훌륭한 발

3 내성법 또는 내관법은 1800년대 말기와 1900년대 초기에 Wundt가 사용한 것으로, 의식적 경험의 기본 요소를 찾아내기 위해 자신의 의식 경험의 심적 과정을 관찰하여 분석하는 방법이다. 주관적이라는 한계 때문에 행동주의의 비판을 받았으며 점차 사용되지 않게 되었다. 현대에는 '사고'나 '문제 해결'의 심리 과정에 대한 자료를 수집하는 데 응용되고 있다.(네이버 지식백과, http://terms.naver.com/)

4 최윤식, 김영사, 2019.

5 제러미 리프킨, 이희재 옮김, 민음사, 2001.

명가이며 기업가로 보는 시각도 좋지만 자동차가 탄생하면서 향후 자동차 연료인 휘발유가 전 세계적으로 필요할 것이라며 미래를 내다본 록펠러(John Davison Rockefeller)는 통찰적인 인간이다.

어떻게 통찰력을 키울 것인가? 특정 대상과 변화에 관심을 두고 선입견을 버리고 근본을 살피는 관찰과 질문 및 깊은 생각과 연결 그리고 다양한 경험을 바탕으로 실행을 통해 통찰이 이루어질 수 있다. 그러므로 통찰은 재능이 아니라 훈련이다.

통찰 프로세스

통찰력이 깊어지기 위해서는 경험이 수반되지 않으면 안 된다. 생활의 달인이나 성공 프로그램 등에서 많은 사람이 찾는 맛있는 음식점의 공통점이 있다. 대대로 내려오는 것이 비법이라며 씨간장을 자랑한다. 씨간장은 오랜 시간 내려오며 숙성된 것이므로 쉽게 따라 할 수 없는 경쟁력이 된다.

같은 이치로 통찰이란 관찰이 오랜 시간을 두고 경험과 만나 화학반응을 일으켜서 얻는 힘이다. 관찰은 길러지는 힘이지만 통찰은 축적되는 힘이다. 통찰력이 중요한 이유는 통찰력이 강할수록 관찰 프로세스가 다시 강해지는 선순환이 일어나기 때문이다. 관찰로부터 개선의 아이디어를 얻어내는 선순환의 힘이 커지는 것이다. 따라서 고객의 마음을 바탕으로 관찰과 깨달음으로 이어지는 통찰의 프로세스를 반복함으로써 통찰력을 키우는 노력이 필요하다.

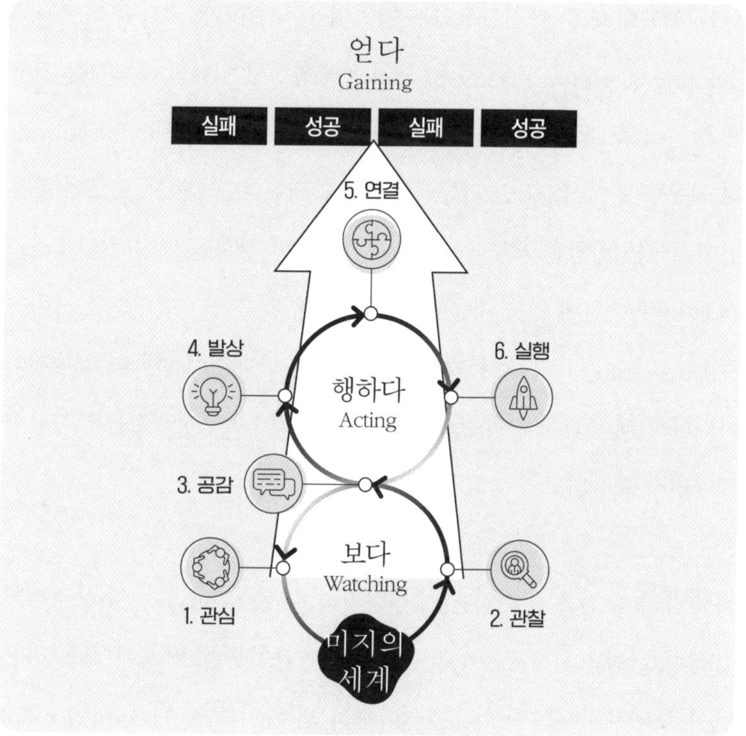

통찰의 생성 과정

통찰은 세계를 변화시키거나 산업혁명을 일으킬 만한 대단한 것으로 한 번에 이룰 수도 있지만 그것은 극소수의 위대한 인사이터에게만 해당한다. 우리가 경험하는 대부분의 통찰은 여러 번의 실패와 반복 및 작은 개선과 변화를 통해 축적되어 가는 통찰이다. 축적되는 통찰은 일시에 생성되는 것이 아니라 '뜻밖의 발견, 인접 가능성, 느린 예감, 유동적 네트워크, 굴절 적응' 등의 유기적 연결을 통해 나타나게 된다.[6]

6 스티븐 존슨, 서영조 옮김, 《탁월한 아이디어는 어디서 오는가》, 한국경제신문, 2012.

1870년대 후반 파리산부인과 병원의 의사 에티엔 스테판 타르니에(Etienne Stephane Tarnier)는 근처 동물원에서 병아리 부화기를 전시해 놓은 것을 보고 힌트를 얻어 동물원 사육사 오딜 마틴(Odile Martin)의 자문을 받아 1880년 인큐베이터를 발명했다. 이 사례를 보면 좋은 아이디어는 비범한 재능을 지닌 사람이 주변 상황을 초월해 떠올리는 게 아니라 주위에 있는 것을 이용해 새로운 것을 만들어내는 브리콜라주(Bricolage)[7]가 더 많다. 좋은 아이디어는 난데없이 만들어지는 것이 아니라 현재 존재하는 '부분들'로부터 만들어지고 구성요소들은 시간이 지나면서 확장되고 수축되기도 한다.

뜻밖의 발견을 의미하는 세렌디피티(Serendipity)는 영국 소설가 호레이쇼 월폴(Horace Walpole)이 1754년에 쓴 편지에 처음 나온 단어로 페르시아의 동화 〈세렌디프의 세 왕자(The Three Prices of Serendip)〉에서 따온 말이다. 주인공들이 '자신들이 찾지 않던 것들을 우연히 총명함을 발휘하여 발견해낸다.'라는 도전의 내용을 인용하여 '우연한 뜻밖의 발견'이란 의미로 사용되고 있다. '뜻밖의 발견'은 단지 순수하게 흥분되고 즐겁기 때문에 우연한 만남을 받아들이는 것을 뜻하지 않는다. 뜻밖의 발견은 분명 행복한 우연으로 만들어지는 것이지만 그 우연을 행복하게 만드는 것은 발견한 것이 자신에게 의미가 있다는 사실이다.

---

7 브리콜라주(Bricolage)는 주어진 재료를 가지고 최고의 작품을 만들어내는 기술을 말한다. 사전적 의미는 '만지작거리다' 또는 '손에 닿는 어떠한 재료들이라도 창조적이고 재치 있게 활용한다'는 뜻이다.

그렇다면, 이러한 뜻밖의 연결을 발전시킬 환경을 어떻게 만들어낼까? 가장 좋은 방법은 산책을 하는 것이다. 혁신의 역사는 산책하는 동안 떠오른 좋은 아이디어에 관한 이야기들로 가득하다. 충분한 시간이 주어지면 마음은 오랫동안 간과했던 연결을 만나게 되고 뜻밖의 발견을 했다는 기쁨을 느낀다. 두 번째는 독서다. 독서는 흥미롭고 새로운 아이디어와 관점을 전달받는 수단이다. 일상의 가장자리에서 새로운 아이디어를 흡수하는 것의 문제점은 기억력의 한계로 인해 잠재적 결합이 제한을 받는다는 점이다. 이러한 한계점을 해결하는 방법은 다양한 책과 에세이를 집중적으로 읽는 시간을 따로 만드는 것이다

뜻밖의 발견을 통해 새로운 개념을 생각하거나 원리를 터득했을 때 그것을 살리는 것은 '인접 가능성'이다. 인접 가능성은 더 큰 세계를 '탐구'할 수 있는 혁신의 공간을 의미한다. 그렇지만 인접 가능성에서 간과하지 말아야 할 것은 아무리 좋은 발견을 하고 인접 가능성을 높였다 하더라도 시대의 흐름이 따라주지 않는다면 대중화될 수 없다는 점이다. 그러므로 좋은 아이디어를 생각해내기 위해서 지금 시대가 무엇을 원하고 있는지 파악할 수 있는 통찰력을 길러야 한다.

1990년대 초 맥길대학교 심리학과 교수 케빈 던바(Kevin Dunbar)는 학자들의 발명에 관해 연구하기 위해 실험을 했다. 연구 결과 알아낸 사실은 대부분의 중요한 획기적인 발견이 일어났던 장소였다. 분자생물학 같은 과학에 관해 우리가 갖고 있는 이미지는 과학자가 실험실에서 혼자 고개를 숙이고 현미경을 한참 들여다보다가 중요한 발견을 하는 것이다. 그러나 던바 교수의 연구 결과, 그런 경우는 매우 드물고 대

부분의 중요한 아이디어는 10명 남짓의 학생들이 모여 형식에 구애받지 않고 최신 연구 결과에 관해 이야기를 나누는 정기적인 실험실 모임에서 나왔다. 그러므로 혁신의 시작 지점은 현미경이 아니라 회의 탁자였던 셈이다.

대부분의 위대한 아이디어는 처음에는 부분적이고 불완전한 형태를 갖는다. 위대한 아이디어에는 심오한 무언가의 씨앗이 들어 있지만 그 예감을 강력한 것으로 바꿀 수 있는 핵심 요소는 빠져 있다. 빠져 있는 요소는 다른 사람의 머릿속에 다른 예감으로 존재한다. 유동적 네트워크는 그런 불완전한 아이디어가 연결될 수 있는 환경을 만들어낸다. 갑자기 생기는 직관을 통한 순간적 판단은 강력하긴 하지만 세상을 바꿔놓을 만한 획기적인 아이디어는 드물다. 인류 역사상 중대한 혁신으로 판명되는 대부분의 예감은 훨씬 긴 시간 속에서 펼쳐진다. 그런 예감은 처음에는 모호한 느낌이다. 그리고 우리 마음의 한구석에 머물면서 새로운 연결들을 모으고 힘을 얻는다. 그러던 어느 날 경험과 지식이 쌓이면서 한쪽 구석에 있던 예감은 한층 실체를 지닌 것으로 변형된다.

예감이 중요한 통찰로 꽃피우기 위해서는 다른 아이디어와 연결되어야 한다. 예감에는 새롭고 놀라운 연결이 일어날 수 있는 환경이 필요하다. 혁신적인 변화가 만들어지기 위해서 가장 빠른 길은 새로운 연결을 만들어내는 것이다. 위대한 사람들은 덜 열정적인 사람들과 비교해 실수를 많이 한다. 이것은 단지 통계적인 이야기만은 아니다. 좋은 아이디어든 나쁜 아이디어든 구분하지 않고 많이 만들어내기 때문에 실수가 비례해서 많아질 수밖에 없다. 열정적이지 않은 사람들은 새로운 것을 만들어내지 않기 때문에 실수할 일이 적다. 양은 결국 질로 이어지는 것이다. 틀렸다는 것 자체가 인접 가능성을 향한 문을 여는 것은 아니다. 하지만 틀렸다는 사실은 우리가 그 문을 찾게 만든다. 그리고 그 문 뒤에 있는 가능성을 발견하고 세상을 변화시키는 것이다.

돌연변이와 실수, 뜻밖의 발견이 생물권의 인접 가능성에서 새로운 문을 열어준다면 '굴절 적응'은 그 문 뒤에 숨어 있는 새로운 가능성을 탐구하는 데 도움을 준다. 어두운 방을 밝히기 위해 성냥을 켰는데 문을 열자 방 안에 통나무 장작이 쌓여 있고 벽난로가 있다면 성냥은 전혀 다른 용도를 갖게 된다. 단지 어둠을 밝히는 도구가 다른 맥락에서는 공간을 따듯하게 하는 도구가 되는 것이다. 약한 연결은 아이디어의 굴절 적응을 촉진한다. 아이디어 공간에서 나온 중요한 아이디어는 일단 연결이 되면 독자적으로 서로의 관점에서 새로운 의미를 갖기 시작해 그 부분들의 합 이상인 하나의 전체를 만들어낸다.

2.

본질을 파악하고 미래를 내다본다

어느 시대나 리더의 역할은 중요하다. 요즘과 같이 급변하는 사회에서 리더의 역할은 더할 나위 없이 중요하다. 그렇다면 리더는 어떤 시각을 가지고 어떤 역할을 해야 할까? 현상이 아니라 본질을 제대로 파악할 수 있는 통찰이 필요하다. 현상만 보고 본질을 보지 못하면 큰 사고가 일어나게 된다.

어떤 문제도 쉽게 풀리는 법은 없다. 일을 제대로 하기 위해서는 언제나 뒤에 숨어 있는 본질을 꿰뚫는 힘이 필요하다. 통찰력의 핵심은 본질에서 생각하는 것이고 본질에서 생각하지 않으면 올바른 해답이 절대로 나오지 않는다. 머리가 좋고 나쁨의 큰 차이가 없음에도 성과를 내는 사람과 성과를 내지 못하는 사람이 구분된다. 성과를 잘 내는 사람들은 어떻게 정확한 판단을 내리고 올바른 의사결정을 하는 것일까? 그 차이는 전적으로 본질을 꿰뚫어 볼 수 있느냐 없느냐에 달려 있다.

기업이 승리하느냐 패배하느냐, 시장 점유율을 끌어올리느냐 뺏기느냐 역시 통찰할 수 있느냐 없느냐에 달려 있다. 조직이 실행력을 가지고 있어도 잘못된 방향으로 움직이면 그 실행력이 오히려 독이 될 수 있다. 회사가 어려울 때 일률적으로 30% 비용 삭감을 하는 전략은 조직 구성원 누구나 쉽게 이해할 수 있는 분명한 효용이 있다. 처음부터 다시 시작하는 것을 독려하는 '제로 베이스(Zero base)'의 발상도 효과가 있다. 하지만 당장 눈앞의 위기를 벗어난다 해도 핵심 경쟁력 약화로 미래에는 더 심각한 실적 악화를 초래하게 된다. 그러니 이런 해결책은 결코 옳은 처방전이라고 할 수 없다. 그런데 왜 많은 기업은 오랫동안 이런 경험을 했음에도 불구하고 잘못된 정책을 반복적으로 적용하는 것일까? 그 이유는 단 하나, 겉으로 드러난 현상만 본 채 왜 그렇게 되었는지 본질을 보지 못하기 때문이다.

본질은 무엇일까? 문제나 현상을 만드는 진짜 원인이 본질이다. 본질은 평소 문제나 현상 뒤에 숨어 잘 보이지 않는다. 본질의 반대말은 현상이나 껍데기다. 경제가 눈부시게 성장하고 기업의 경쟁이나 조직의 시스템이 비교적 단순했던 과거에는 지금보다 본질을 파악하기가 쉬웠다. 설사 본질이 잘 보이지 않는다 해도 별다른 문제가 발생하지 않았다. 그러나 현대사회는 본질을 볼 수 있느냐 없느냐에 따라 큰 차이가 나타난다. 요즘 세상은 여기저기에 정보가 넘쳐나면서 눈에 띄게 복잡해졌다. 정말로 중요한 게 무엇인지 눈에 잘 보이지 않게 된 것이다. 시선을 조금만 돌리면 수많은 키워드가 머릿속으로 뛰어 들어온다. 그러면 그 순간 다 이해했다는 느낌이 들어 생각을 멈추게 된다. 정보화가 진행되면서 오히려 사물의 본질이 보이지 않게 된 셈이다. 정보의 홍수에 빠져 시선이 현상에만 머물러 있으면 아무리 오래 생각해도 본질이 보이지 않는다. 정보가 넘쳐나는 시대일수록 통찰력이 중요하다.

미국 최대 에너지 기업으로 급성장했다가 한순간에 파산한 엔론(Enron Corperation)은 본질을 파악하지 못하고 파산한 대표적인 사례다. 엔론은 대규모 회계 부정이 드러나 2000년 파산하기 직전까지도 '인재들의 천국'이라는 이야기를 들을 정도로 사람을 중시하던 기업이었다. 인재 확보는 기업 경쟁력으로 이어진다는 것이 당시 기업의 통념이었다. 그런데 왜 엔론에서는 이 통념이 거꾸로 작용했을까? 말콤 글래드웰(Malcolm Gladwell)은 그 이유를 본질을 보지 못한 실수가 기업 파산으로 이어졌다고 했다.

1990년대 말 세계적인 컨설팅 회사 매킨지는 '인재 전쟁'이라는 대형 프로젝트를 수행했다. 각국의 기업을 직접 방문해 대대적인 조사를 벌이고 나온 결론은 인재 관리였다. 인재를 체계적으로 확보하고 관리하는 회사는 승자였고 그러지 않은 회사는 패자였다. 매킨지는 "가장 훌륭한 인재를 뽑는 데 전력투구해라. 그리고 그 인재들이 조직에서 빛을 발할 수 있게 하라. 자원을 소수 인재에게 집중시켜라. 그래야 무한 경쟁의 세계시장에서 살아남을 수 있다."라고 주장했다.

수많은 기업은 이 구호를 도그마처럼 받아들였다. 엔론은 그 어느 곳보다 이 구호를 적극적으로 실천한 기업이다. 엔론은 인재들의 천국이었다. 켄 레이(Ken Lay) 전 엔론 회장은 "엔론과 경쟁사들의 유일한 차이점은 사람들뿐"이라고 했을 정도이다. 엔론은 "우리는 매우 똑똑한 사람을 뽑아 그들의 가치보다 더 큰 보상을 해준다."라고 자랑하기도 했다. 엔론은 인재가 원한다면 무엇이든 할 수 있는 환경을 제공해 주었다.

그런데 이런 인재 정책을 적용하기 위해서는 맨 앞줄에 선 사람을 골라내기 위해 뒷줄에 설 사람도 정해야 했다. 엔론의 모든 사람은 1~2년에 한 번 관리자의 평가를 받았고, A, B, C 3등급으로 나뉘었다. A등급은 인재 반열에 올라 보상과 자유를 정확하게 보장받았고, B등급은 자극을 받아야 할 대상으로 분류됐다. C등급은 회사를 그만두거나 회사에서 C급 인생을 각오해야 했다. 잔인해 보였지만 너무나 논리 정연한 명분을 아무도 반대하기 힘들었다.

이렇게 쌓인 '인재 제일'의 탑은 왜 한순간에 무너진 걸까? 엔론은 스스로 골라낸 인재가 성과를 잘 낼 사람이라고 확신했다. 그러나 엔론의 인재관리 시스템은 능력이 뛰어난 인재를 골라낸 게 아니라 스스로 능력이 뛰어나다고 믿는 사람을 골라낸 것이다. 자기가 잘할 수 있다고 나서는 이들에게 일이 맡겨졌다. 그에게 맞는 경험이 있는지 잘할 수 있는 능력이 있는지 제대로 검토되지 않았다. 실패에 대한 책임도 지지 않았다. 큰 실패일수록 아름다운 경험으로 치장돼 이력서를 장식했다. 반면, 인재 대열에서 탈락한 사람들은 동요했다. 핵심 사업은 흔들리기 시작했고 신사업에서는 이익이 나오지 않았다. 회계부서 사람들은 나쁜 실적을 상부에 그대로 보고할 경우 인재 반열에서 탈락할지도 몰랐으므로 창의적인 방법으로 실적을 부풀리기 시작했다. 이 창의성은 나중에 모두 회계 부정과 주가 조작으로 조사받으며 파멸의 길을 걸었다. 잘못된 인재 제일주의는 능력있는 인간이 아니라 자기도취형 인간을 양성한 것이다.

능력과 자아도취가 혼동될 수 있다. 앞줄에 서서 구호를 외치는 자기도취형 인간이 인재 반열에 올라섰다. 뒷줄에서 동료들을 격려하며 궂은일을 도맡는 팀 플레이어는 C급 인간으로 치부되었다. 이런 조직에서는 구호만 남발될 뿐 성과는 없었다. 합리적이고 겸손하며 이웃과 조직을 걱정하는 진짜 인재는 엔론을 떠났던 것이다. 이면의 모델을 보여주지 못하고 다이너미즘(인과)을 예측하지 못한 엔론의 인재 정책은 결국 기업을 파멸로 몰아넣었다. 시장도 사회도 기술도 점점 복잡해지는 시대다. 단순한 피상적인 판단 대신 제대로 통찰을 해야 하는 시대가 도래했다. 이면의 진실로 사람들을 설득해 그들을 움직이게 하는 것, 이것이 이 시대의 리더인 인사이터의 역할이다.

3.

통찰은 반복적인 순환고리다

여기까지 오느라 정말 수고가 많았다. 축적의 습관인 통찰은 모든 습관을 실천하여 완성되는 단계다. 통찰은 6개의 습관을 단계별로 거쳤다고 해서 완벽하게 이루어지는 것은 아니다. 중간 단계에서 실패할 수도 있고, 잘못된 해석과 문제 정의로 엉뚱한 방향으로 해결 방안이 나아갈 수도 있다. 한편으로는 전혀 잘못된 방향으로 전개된 문제 해결 과정에서 상상하지도 못했던 뜻밖의 성과가 나타날 수도 있다. 그러므로 통찰은 단 한 번의 경험이 아니라 여러 번의 반복적인 성공과 실패의 경험을 통해 '얻어지는 것(Gaining)'이다. 학습과 노력은 과정이고 방법이 될 수 있지만, 통찰은 쌓여서 얻어진다.

이 책은 이와 같은 과정을 모델 안에 제시하고 있는데, 바로 뫼비우스의 띠처럼 연결된 순환고리가 핵심이다. 결국 통찰은 순환고리인 셈이다. 아직 아무것도 일어나지 않은 미지의 세계에서 특정 분야나 대상에게 관심(1번 습관)을 가지고 관찰하여(2번 습관) 혜택을 받거나 이용할 사용자 입장에서 공감(3번 습관)하고 문제 해결을 위한 치열한 고민(4번 습관)과 해결 가능성이 가장 높은 방법을 연결하고(5번 습관) 마침내 시제품을 넘어 완성품까지 만들어 가는 과정(6번 습관)은 언제든지 반복될 수 있다. 각 단계를 마쳐 실행 단계까지 왔지만 사용자의 반응이나 실제 시장 적용 상황에서 바람직하지 않을 때는 다시 원점으로 돌아갈 수도 있고 발상 단계를 다시 되돌릴 수도 있다.

통찰이란 반복 과정이다. 하나의 관심 대상에 대하여 문제를 해결했다고 그 해결이 영원하리라는 보장은 없다. 시간과 환경에 따라 어제의 해결책이 다시 문제가 될 수도 있다. 또한 일잘러의 비법을 모두 터득하고 나면 그것으로 완결되는 것이 아니라 비법 터득으로 인하여 대상이나 현상을 바라보는 눈이 더욱 날카로워졌기 때문에 과거에는 보이지 않던 것들이 더 많이 보이게 된다. 그러므로 다시 반복적인 일잘러의 길을 걷게 되는 것이다. 통찰을 이루는 6가지 습관의 끝은 없다. 다만 지혜의 영역이 더 넓어지는 길을 제시할 뿐이다.

이제 통찰을 이루는 6가지 습관의 실체를 확인했으면 일잘러로 살아가는 자세를 살펴봄으로써 우리의 눈을 더욱 날카롭게 지니도록 하자.

통찰의 자세와 습관

약 1평. 3.3m². 대한민국 직장인이 사용하는 사무 공간의 평균 넓이다. 깨끗한 책상, 안락한 의자 그리고 세상 모든 곳과 연결되는 고사양의 컴퓨터. 이 정도면 제품이나 서비스를 기획하는 사람들과 의사결정자들의 공간으로 부족함이 없다. 그런데 이 마법의 공간은 아이러니하게도 현실 왜곡의 공간이기도 하다. 시장의 진짜 고객 대신

나의 머릿속으로 그려낸 상상 속의 고객 즉 '책상고객' 또는 '생각랜드(Thoughtland)'에서의 고객을 매일 만나는 곳이기 때문이다.

혁신은 '기술, 비즈니스, 사람'이라는 3가지 요소가 결합되어 완성되는데 그 중심은 언제나 그것을 사용하게 될 사람이어야 한다. 이제 책상고객인 가상의 고객을 그만 만나고 시장의 진짜 고객과 소통하는 공감디자인으로 미래를 통찰해야 한다.

무심코 찍어 둔 사용자의 쇼핑 사진에서 프로젝트를 관통하는 통찰을 찾아내는 일, 오랫동안 익숙해진 나머지 누구에게나 상식으로 받아들여지는 것에서 관점을 뒤집어 아이디어를 떠올리는 일, 이 모든 결과는 고객이 느끼는 것을 나도 공감하고 고객에게 더 행복한 경험을 전달하겠다는 마음을 갖고 있을 때 가능한 일이다. 사람들은 누구나 자신이 가진 습관대로 생각하고 거기에 따른 선입관에 지배당한다. 이런 습관이 통찰을 방해한다. 통찰을 방해하는 생각 습관들은 어떤 것들이 있을까?

❶ 일반론적으로 생각하는 습관이다.

'말라 보인다 → 분명히 어딘가 아플 거야.' 이런 식으로 누구에게나 적용되는 일반적인 생각을 하게 되면 구체적인 원인이나 상황을 파악할 수 없다. 말라 보이는 이유는 아픈 경우도 있지만 애인과 헤어진 후 밥을 못 먹었을 수도 있다. 마음먹고 어떤 잡지 모델에 나가기 위해 목표를 세우고 체계적으로 운동하면서 말랐을 수도 있다. 그 이유를 파악하지 않고 무작정 아플 거라고 판단하고 아픈 사람처럼 대하는 것이 통찰을 방해한다.

내가 작성한 기획서나 사업계획서 안에서도 이런 생각 습관의 흔적이 자주 발견될 수 있다. 일반론적으로 생각하는 습관인지 아닌지를 확인하려면 본인이 작성한 기획서나 사업계획서를 보면서 문장의 주어를 다른 사람이나 다른 회사로 바꿔 검토해보면 확인할 수 있다. 주어가 달라졌는데도 위화감 없이 잘 읽힌다면 나만의 개성이나 특성을 반영하지 않은 것이다.

❷ 무조건 반대로 생각하는 습관이다.

'피곤하다 → 잠을 자자.' 이런 식으로 생각하는 사람은 현상에 대해 무조건 반대로 생각하는 습관을 가진 것이다. 잠을 자서 잠시 피곤이 사라진다 해도 다시 똑같은 패턴이 반복되므로 문제가 해결되지 않는다. 피곤의 원인을 찾아 그것을 해결하는 것이 근본적인 해결책이기 때문이다. 수많은 원인이 있을 수 있는데 단순히 지금 현상의 반대로 생각하는 것은 현상 뒤에 숨어 있는 본질에 뚜껑을 덮는 일에 지나지 않는다.

❸ 이론에 매몰되는 생각이다.

우리가 흔히 사용하는 도구 중에 SWOT 분석이 있다. 이 분석법은 해당 상황에 대한 정보를 한눈에 보기 편하게 정리하는 데 매우 효과적이다. 하지만 SWOT는 생각하기 위한 도구이지 정답을 찾아내는 방법은 아니다. SWOT로 각종 정보를 눈에 잘 보이게 정리했다면 그다음에 "그래서 뭐?(So what?)" 또는 "왜 그런가?(Why so?)"라는 질문을 하는 것이 중요하다. 전에 없던 이론을 습득하면 그것을 사용해 보고 싶어진다. 그것 자체는 결코 나쁜 일이 아니다. 그러나 그 이론에 매몰되어 의존하게 된다면 그 이론을 적용하는 것 자체가 오히려 방해가 될 수도 있다. 어떤 특별한 이론에서 주장하는 키워드만으로 모든 것을 해결한 것 같은 착각에 빠질 수 있다. 'BPR(Business Process Reengineering)이나 CRM(Customer Relation Management)이 중요하다'라고 생각하는 순간 이들 프레임 이외의 모든 생각은 사라지고 그 키워드는 생각을 가로막는 장애물로 변할 수 있다.

❹ 카테고리에 빠지는 습관이다.

"그 사람은 말을 잘해 → 당연하죠. 그 사람은 우리 회사 아나운서 아닙니까?" 이 습관은 어떤 현상의 이유를 그것이 속한 카테고리에서 찾는 것이다. 하지만 아나운서라고 모두 말을 잘하는 것은 아니다. 아나운서가 아니어도 말을 잘하는 사람은 얼마든지 있다. 이런 습관의 가장 큰 문제는 논리의 근거를 시중에 떠돌아다니는 근거 없는 말에 휩쓸려 생각한다는 것이다.

"요즘 이 병원의 실적이 안 좋대 → 코로나니까 어쩔 수 없지." "이 병원은 좋은 인재를 채용하지 못한대 → 지방병원이니까 그렇지." 코로나 시국에도 성장하는 병원이 있고, 지방병원이라도 우수한 인재를 채용하는 병원이 있다. 그런데 정확한 본질을 파악하지 않고 왠지 그럴 것이라고 생각하는 습관이다. 설사 어떤 현상이 이런 선입견에 부합하는 경우라도 이런 카테고리 분류로 원인을 찾아내는 습관은 바람직하지 않다.

❺ 처음처럼 그대로 고집하는 습관이다.

이 습관을 가진 사람들이 의외로 많다. 가설은 본래 새로운 정보나 발견에 의해 진화한다. 그래야 새로운 이론이 나올 수 있다. 초기 가설만 고집하면 진화의 길이 원천적으로 차단된다. 이 습관에 빠진 사람들의 특징은 토론 중에 "그러나……", "하지만……", "다만……" 이라는 말을 많이 사용한다. 일잘러로서 이 습관은 결코 바람직한 습관이 아니다. 토론할 때는 상대의 논점을 받아들여 생각의 폭과 깊이를 더욱 확대해야 한다.

❻ 목적을 잃어버리는 습관이다.

이 습관은 어떤 일에 지나치게 몰입할 때 나타나는 부작용이다. 어떤 문제나 현상에 관한 정보를 수집하다 보면 자신도 모르는 사이에 그것 자체가 목적이 되어 무엇을 위해 그 일을 하는지 잊어버리는 경우가 있다. 또한 수집한 정보에 매몰되어 분석을 위한 분석을 하기도 한다. 어떤 논점에 대응하기 위한 분석이었는지 잊어버리고 엉뚱한 분석 자료를 만들어 내기도 한다. 대화하는 도중에 "내가 무슨 말을 하다 여기까지 왔지?"라고 말하는 사람을 종종 목격했을 것이다. 이런 말을 자주 한다면, 생각하는 목적을 잃어버린 습관에 빠져버렸다는 것을 직시해야 한다.

❼ 주체성을 잃어버리는 습관이다.

이 습관은 본인이 생각하지 않고 다른 사람의 생각에 의지하는 것이다. 이 습관을 가진 사람의 말버릇은 "그것은 곧 이런 것이지요.", "그래서 이렇게 되지요.", "그러게 말입니다." 등이다. 이런 말은 자기 주장에 자신감이 없고 다른 사람 특히 상사의 결론을 반복하여 정리하고 동조하는 등의 특성을 나타낸다.

우리가 이런 습관에 빠지는 이유는 지금까지 배워온 교육이 논리적 사고를 중심으로 학습되었기 때문이다. 창의적 사고를 하기 위해서는 하나 마나 한 일반론적인 이야기를 탈피하려고 노력하거나 무조건 반대로 생각하지 말고 생각을 다양화할 필요가 있다. 새로운 이론을 습득했을 경우 그 이론을 적용하되 나만의 생각을 반드시 하나씩 더 추가하는 습관을 들인다거나, 키워드에만 매달리는 것 같으면 다른 키워드를 접목해 보거나 키워드를 빼고 생각해 보는 습관을 들이는 것이 좋다. 또한 처음 생각 그대로 초기 가설 생각에 빠져 더 이상 생각이 진화하지 않으면 초기 가설에 대해 반증해 본다거나 스스로 초기 가설을 부정해 보는 등의 노력을 통해 본질에 가까운 통찰력을 키울 수 있다.

epilogue

인사이터의 시각: 한국 의료에 관한 통찰

필자는 1990년부터 병원 산업에 종사해오고 있다. 33년째를 맞이하면서 많은 환경변화를 겪어왔다. 근무하는 동안 전국민건강보험 적용(1989년) 이후 의약분업(2000년), 밀레니얼 시작, EMR을 중심으로 한 정보화, 포괄수가제(2013년) 등 다양한 사건 사고와 혼란이 의료계를 강타한 것을 현장에서 직접 겪어왔다.

필자가 근무하는 학교법인 가톨릭학원 산하의 8개 부속병원이 퀀텀 점프할 수 있는 기회였던 서울성모병원 개원(2009년)과 은평성모병원 개원(2019년)의 실무 책임자로서 새로운 변화의 현장에서 미래를 향한 부푼 꿈도 꾸어 왔다. 우리 기관이 국내 최대, 최고 의료기관으로 성장 발전해 온 것에 무한한 자부심과 긍지를 느끼면서 오늘날까지 왔다. 그런데 최근 의료계에 불어닥치고 있는 4차산업혁명의 영향은 그동안 겪어왔던 경험과는 다른 속도와 파급 효과를 몰고 올 것으로 예상된다. 특히 2020년 초부터 우리나라는 물론 전 세계적인 영향을 미친 코로나19를 통해 사회적으로 나타난 현상과 현상 뒤의 본질인 스마트 변혁

(Smart Transformation)은 향후 새로운 질서에 어떤 영향을 미칠지 모른다.

시스템적 사고는 전체적인 조건들을 고려하여 통합적인 사고를 지향한다. 시스템 사고 중 가장 핵심적인 사고가 유량(Flow)과 저량(Stock)의 개념이다. 유량이 너무 많으면 이를 담고 있는 수조가 넘치게 된다. 저량이 가득 차기 위해서는 일정 시간이 필요하다. 예를 들면, 연못에 연꽃이 하나둘 필 때는 큰 문제가 되지 않지만 연꽃 하나가 다시 하나씩 가지를 쳐서 배수로 늘어나게 된다면 어느 날 갑자기 연못이 연꽃으로 가득 차는 것처럼 유량과 저량의 개념, 시간적인 개념은 매우 중요하다. 저량과 유량 개념을 통한 의료산업 분야의 변혁 상황을 예측해 보면 한국의 의료산업은 그동안 안정적인 운영 체계를 유지해 왔다. 세계적으로 유래 없는 초단기간의 전국민건강보험 적용으로 건강보험 적용 초기부터 보험 급여를 어떻게 적용할 것인지 불분명하게 출발한 문제 때문에 저수가 문제, 의료전달 체계 등의 문제가 매년 반복적인 이슈로 나타나고 있다.

우리나라 건강보험 형태는 국민이면 누구나 가입해야 하는 사회보험의 형태, 의료기관이라면 누구나 국민건강보험을 적용해야 하는 당연지정제, 의료기관을 개설할 수 있는 자격에 대한 문제, 국가가 관리하고 통제하는 수가 문제, 의료기관을 개설하는 법인체의 비영리법인 조건, 의료수익에 대한 목적사업에의 활용 등으로 우리나라 의료산업 분야는 영리가 아닌 복지사업의 한 분야처럼 인식되어 왔다. 의료산업 분야 종

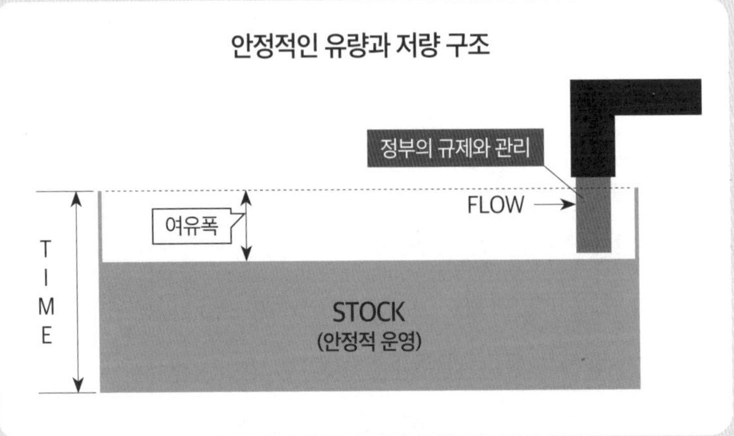

사자들의 입장에서는 정부의 규제 및 관리에 대한 불만이 있지만 다른 한편으로 보면 그와 같은 규제와 관리로 인하여 일반 영리기업체가 겪는 치열한 생존경쟁 환경은 상대적으로 덜 심각했던 것도 사실이다.

그러나 최근 의료기술 및 정보통신기술의 발전에 따라 기하급수적으로 증가하는 의료 빅데이터 이슈로 인하여 전통적인 의료산업 분야의 범위에 대한 개념적 혼선이 발생하고 있다. 지금까지 의료산업이 병원을 중심으로 한 진단과 치료 중심의 급성기 의료서비스 중심이었다면 4차산업혁명 기술의 발달로 예방과 사후관리 및 환경과 생활습관에 관심을 두는 4P 미래의료[1]로 개념이 확대된 것이다. 이와 같은 개념 변화는 의료산업 분야의 영역이 넓어졌다는 단순한 개념 변화를 넘어 일반기업들이 의료산업 분야에 진출하는 환경이 만들어졌음을 의미한다.

1 4P(Predictive, Preventive, Participatory, Personalized) 개념은 1994년, 캘리포니아 공과대학 시스템 생물학자 르로이 후드(Leroy Hood, 1938~)가 의학 학술지 Science에 처음 언급한 이후, 세계 최고 의료정책 연구 및 자문기관인 미국의 '의학연구소(Institute of Medicine, IOM)'가 2010년을 전후해 정리한 개념이다.

큐어(Cure)에서 케어(Care)로

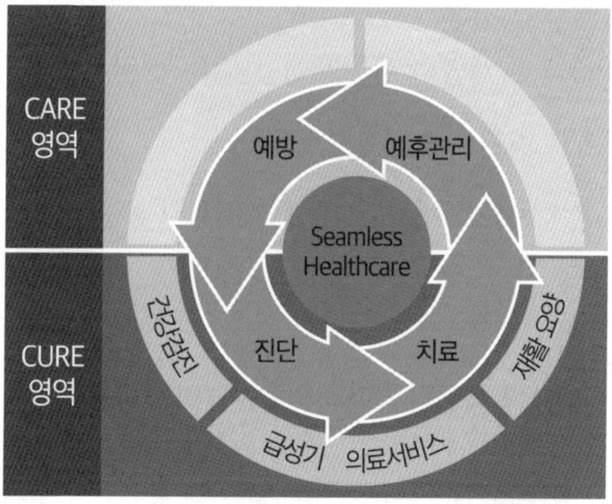

빅데이터를 기반으로 한 인공지능 기기들이 등장하고 환자 또는 일반인들까지도 건강 관리를 스스로 할 수 있는 웨어러블 기기들이 등장했다. 최근에는 정보통신기술 발전의 부작용 중 하나인 게임 치료와 약물치료, 알코올 치료 등 중독분야 치료를 위한 디지털 치료제가 등장했다. 수술실이나 심장에 대한 정보를 IT적으로 복제한 디지털 트윈(Twin) 사업, 가상현실인 메타버스 환경이 의료산업에 진출하게 되었다.

이러한 환경변화에 따라서 그동안 의료산업 분야에 관심이 없던 삼성, 현대중공업, LG전자 같은 대기업들도 헬스케어 분야 진출을 공식적으로 발표하고 다양한 사업을 추진하고 있다. 특히 4차산업혁명 시대를 대표하는 기업인 네이버와 카카오는 의료인을 영입하여 사내 병원을 만들거나 헬스케어 관련 빅데이터 사업을 시작하고 있다.

이와 같은 국내 의료환경 변화는 머지않아 국내는 물론 전 세계적으로 의료산업 분야의 대대적인 변화를 예고하고 있다. 그동안 안정적이던 의료산업 분야의 수조는 전통적인 의료산업 분야와 4차산업혁명의 영향을 받은 확대된 개념의 헬스케어 산업의 진입으로 수조가 넘쳐날 수 있는 환경으로 변할 수밖에 없다.

이와 같은 환경변화 속에서 우리는 어떤 시사점을 얻을 것인가?

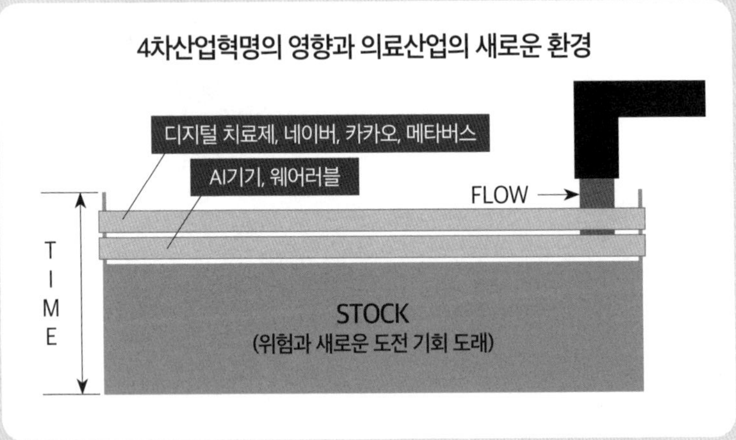

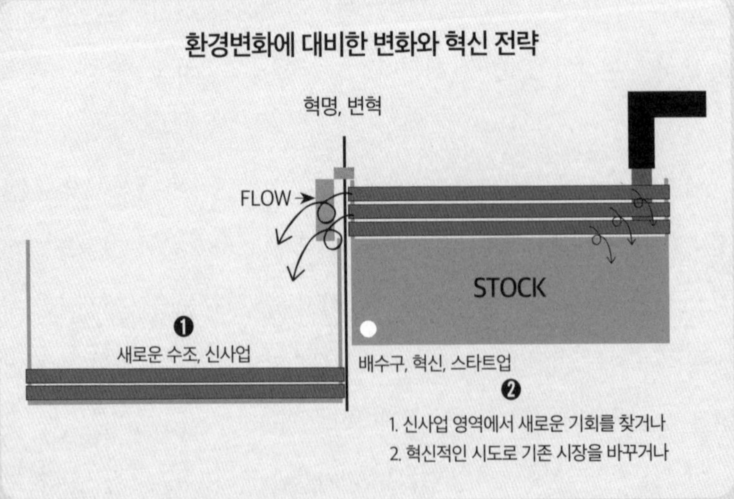

먼저, 환경변화가 지속되어 새로운 수조가 만들어지는 임계점을 파악하고 이를 대비해야 한다. 이 시점을 어떻게 파악하고 대비하느냐에 따라 명암이 갈릴 수 있기 때문이다.

둘째, 임계점이 다가올 시기가 머지않았다면 변화와 혁신 전략으로 무장해야 한다. 구체적인 방법으로 기존의 수조가 넘쳐 새로운 수조가 만들어지는 분야에 대비한 신사업 및 창업과 협업 전략이 그것이다. 주로 미래를 대비한 인공지능과 빅데이터 관련 사업 분야가 핵심이 될 것이다. 이를 바탕으로 한 각종 플랫폼 사업, 로봇 사업, 디지털 치료제, 애플리케이션 등 다양한 사업 분야를 구상해 볼 수 있다. 또 다른 전략으로는 기존의 의료산업이 속해 있는 수조에 배수구를 뚫어 혁신을 도모하는 전략이다. 오래된 수조에는 이끼와 오폐물이 있기 마련이다. 그럼에도 불구하고 수조 안에서 수십 년을 살아온 구성원들은 그 안에서 별다른 불편함을 모르고 살 수 있다. 수조의 물을 갈아주고 제대로 된 환경을 만들기 위해서는 배수구를 만들어야 한다. 혁신적인 아이디어를 장려하고 새로운 시도를 권장하는 톱다운(Top down) 방식의 리더십을 통해 외부로부터 배수구를 만드는 노력이 필요하다.

배수구를 만드는 것은 기존의 관행과 고정관념을 버리고 환경을 제대로 볼 수 있는 외부적인 자극을 의미한다. 이와 같은 자극과 구체적인 혁신 아이디어 추진을 통해 기존 수조 안의 존재들도 경쟁력을 갖춤으로써 외부에서 들어오는 유량을 조절할 수 있는 방어력을 갖추게 될 것이다.

끝으로, 이 책이 다가오는 미래의 변화를 예측하고 이에 대비하여 지금보다 더 나은 발전을 이루고자 하는 일잘러들에게 조금이라도 도움이 되는 지침서가 될 수 있기를 기대해 본다.

통찰의 도구들

1판 1쇄 발행 2022년 9월 5일
1판 2쇄 발행 2022년 9월 28일

지은이 박병태
펴낸이 이기준
펴낸곳 리더북스
출판등록 2004년 10월 15일(제2004-000132호)
주소 경기도 고양시 덕양구 지도로 84, 301호(토당동, 영빌딩)
전화 031)971-2691
팩스 031)971-2692
이메일 leaderbooks@hanmail.net

ISBN 979-11-90616-74-4 03320